"十四五"职业教育国家规划

国家林业和草原局职业教育"十三五"规划教材

森林资源资产评估实务

（第3版）

董新春　主编

中国林业出版社

China Forestry Publishing House

图书在版编目(CIP)数据

森林资源资产评估实务 / 董新春主编. — 3 版. — 北京：中国林业出版社，2021.5(2024.7 重印)

"十四五"职业教育国家规划教材　国家林业和草原局职业教育"十三五"规划教材

ISBN 978-7-5219-1190-9

Ⅰ.①森… Ⅱ.①董… Ⅲ.①森林资源-资产评估-高等职业教育-教材 Ⅳ.①F307. 26

中国版本图书馆 CIP 数据核字(2021)第 102919 号

责任编辑：范立鹏　　　　　　　　　　　责任校对：苏　梅
电话：(010)83143626　　　　　　　　　传真：(010)83143516

出版发行　中国林业出版社(100009　北京市西城区德内大街刘海胡同 7 号)
　　　　　http://www.cfph.net
印　　刷　北京中科印刷有限公司
版　　次　2010 年 8 月第 1 版
　　　　　2021 年 6 月第 3 版
印　　次　2024 年 7 月第 3 次印刷
开　　本　787mm×1092mm　1/16
印　　张　14.5
字　　数　344 千字　**数字资源**：213 千字(拓展知识 26 千字，教学课件 187 千字)
定　　价　49.00 元

数字资源

未经许可，不得以任何方式复制或抄袭本书之部分或全部内容。

版权所有　侵权必究

《森林资源资产评估实务》(第3版)
编写人员

主　　编：董新春

副 主 编：郭勇君　游彩云　肖和福

编写人员：(按姓氏笔划排序)

　　　　　王雪华　(江西环境工程职业学院)

　　　　　肖和福　(江西环境工程职业学院)

　　　　　吴小山　(赣州信元资产评估事务所)

　　　　　张志国　(江西环境工程职业学院)

　　　　　凌金桥　(江西环境工程职业学院)

　　　　　郭勇君　(江西环境工程职业学院)

　　　　　董新春　(江西环境工程职业学院)

　　　　　游彩云　(江西环境工程职业学院)

《森林资源资产评估实务》(第2版)
编写人员

主　　编：董新春

副 主 编：郭勇君　彭东生

编写人员：肖和福　凌金桥　郭勇君　黄金理

　　　　　谢　炜　曾清龙

《森林资源资产评估实务》(第1版)
编写人员

主　　编：董新春

副 主 编：叶超飞　彭东生　凌金桥　郭勇君

参　　编：黄　辉　王婷婷　袁红萍　郭　亮

　　　　　叶　青　彭　明

第3版前言

近年来，随着我国社会经济发展和人民生活水平的提高，国家对职业教育提出了更高的要求。2019 年，《国家职业教育改革实施方案》提出了"三教"（教师、教材、教法）改革的任务。在"三教"改革中，教师是根本，教材是基础，教法是途径，它们形成了一个循环的整体，旨在解决教学系统中谁来教、教什么、如何教的问题。通过多年的教学实践，本教材充分突出教学内容应用性和实践性，紧跟理论和技术发展变化，与国家现行的规范和标准相适应。

本教材总结了《森林资源资产评估实务》（第 2 版）在使用过程中存在的问题，充分吸纳学生、教师及读者的意见和建议，结合高等职业教育改革和森林资源资产评估行业发展的需要进行了重新修订。本教材以"做中学、做中教"的职业教育理论为指导，遵循专业岗位实际需求为导向的人才培养模式，对第 2 版教材教学内容进行了局部调整，增加了评估案例与分析、小案例等内容，充分吸收了最新评估技术规范和评估准则等内容，编排上保留讨论、知识点扩展、课堂实训及作业等呈现形式，突出森林资产评估方法应用的重要性，强化学生对评估知识的理解及运用。

本教材具有以下 3 个特点：一是，落实立德树人的根本任务，重视学生职业素养培养，将专业精神、职业精神和工匠精神融入人才培养过程；教学内容充分体现诚实守信、独立客观公正、勤勉尽责、科学严谨等职业素养。二是，教材内容体现先进性和实用性的统一。注重结合实用、先进、科学的观点和行业规范策划组织教材；突出重点和难点，精选实践案例，强调教材的实用性。三是，突出"工学结合"职业教育特色，在常见森林资产类型教学内容编排中，精心设计了有代表性的 1~2 个课堂实训任务和多个练习小任务，适合项目教学，重点突出培养学生的职业能力和职业素养。

本教材由董新春担任主编，负责框架设计和书稿修改、定稿工作。具体分工如下：王雪华和张志国分别参与项目 1 和项目 3 的编写工作；郭勇君编写项目 2 及各项目的案例分析；游彩云编写项目 3 和任务 5.3；肖和福编写项目 4；凌金桥编写任务 5.1 和任务 5.2；吴小山参与评估案例的编写工作。

本教材的编写得到北京中林资产评估有限公司、赣州信元资产评估事务所的支持和帮助，在此对他们表示诚挚的感谢！在编写过程中，借鉴参考了许多教材，科技图书等研究资料，在此特向有关作者表示衷心感谢和敬意！同时，本教材的编写也得到了中国林业出版社的大力支持，范立鹏、高兴荣编辑为本教材的出版付出了辛勤劳动，在此一并向所有帮助本教材编写和出版的朋友表示诚挚的谢意。

由于编者水平有限，书中难免有疏漏之处，敬请读者给予批评指正。

编　者

2020 年 6 月

第2版前言

随着我国林业产权制度改革的不断深化，市场对森林资源资产评估业务的需求越来越多，出现大量森林资源资产产权交易、抵押贷款、森林保险等经济行为，这些都需要对森林资源资产价值进行评估。森林资源资产评估是推进森林资源的流转，促进森林资源优化组合，维护森林资源资产所有者、经营者和投资者的合法权益的重要技术保障。为满足森林资源资产评估需求的日益多样化，开展森林资源资产评估理论与方法的探讨显得十分必要。本教材编者顺应形势的需要，结合自身教学、科研和评估实践，于2010年编写了《森林资源资产评估实务》（第1版），旨在让广大评估人员找到一本操作性强、参考性高的森林资源资产评估优质教材，特别是林业类高等职业院校的森林资源类专业大多开设了森林资源资产评估课程，需要与其相适应的优质教材。

本教材总结了《森林资源资产评估实务》（第1版）在使用过程中存在的问题，充分吸纳使用者、读者的意见和建议，结合高等职业教育改革和森林资源资产评估行业发展的需要进行重新修订和编写。本书基于"以森林资源资产评估工作过程为导向，基于职业岗位能力"要求，采用项目教学模式展开，以任务驱动引领教学内容。全书具体包括"全面认识森林资源资产评估、森林资源资产评估业务操作流程、用材林资源资产评估、经济林资源资产评估、竹林资源资产评估、森林景观资源资产评估"6个项目内容，在每一个项目开头导入真实的森林资产评估相关任务，合理设置任务模块内容，针对具体的任务要求，贯穿知识点的介绍，完成任务操作。本书综合了森林资产评估师的知识、能力和经验要求，强化学生实践动手能力的培养，提升学生的综合评估能力，很好地解决学校教学与企业需求之间脱节的矛盾，使学生所学的知识和技能更加贴近评估工作实际。

本教材由江西环境工程职业学院的董新春任主编，负责大纲编写和书稿修改、定稿工作；江西环境工程职业学院的郭勇君、彭东生任副主编，承担了项目1、项目3和项目4的编写工作，肖和福和凌金桥分别承担了项目5和项目6的编写工作，黄金理、谢炜、曾清龙共同承担了项目2的编写工作。

本教材可作为高等职业教育资产评估与管理、林业技术等专业教材，同时也可作为相关部门专业技术人员自学和参考用书。本书的编写得到北京中林资产评估有限公司、赣州金信资产评估事务所、赣州君和资产评估事务所、深圳市鹏信资产评估土地房地产估价有限公司赣州分公司的支持和帮助，在此对他们表示诚挚的感谢！在编写过程中，借鉴参考了许多著作、教材和其他研究资料，在此特向有关作者表示衷心感谢和敬意！同时，本书的编写也得到了全国林业职业教育教学指导委员会的大力支持，中国林业出版社的编辑也为本教材的出版付出了辛勤的劳动，在此一并向所有帮助本教材编写和出版的朋友们表示诚挚的谢意。

由于编者水平有限，书中难免有疏漏之处，敬请读者给予批评指正。

编　者
2014 年 4 月

第1版前言

森林资源是保障国民经济持续发展的重要物质资源，是人类生存的必要生态资源。森林资源资产是以森林资源为物质内涵的资产，是一种具有再生能力的自然资源资产，是自然资源资产的主要组成部分。森林资源资产评估是对森林资源资产进行价值判断、并发表专业意见的行为，是为林业产权流转提供价格参考依据，是社会全面认识森林价值的重要手段。

林权流转涉及林地使用权和林木所有权的转让、出售、联营、入股、合资、抵押、担保和租赁等经济行为，在这些经济行为中如何公平、公正、公开、合理地评估林权的价值，保护当事人的合法权益，是一个技术性很强的工作，这就需要一大批既懂林业专业知识，又懂资产评估技能的人才作保证。当前，全国范围内从事森林资源资产评估业务的机构有三类：一是具有资产评估资质的资产评估公司；二是由林业主管部门批准的，依托林业调查规划设计单位、林业科研院所设立的专职森林资源资产评估服务机构；三是其他机构，如近年成立的物价鉴定机构。这些森林资源资产评估服务机构不仅数量少，能够从事森林资源资产评估的人才更是奇缺。随有林业产权制度改革的不断深入，森林资源资产交易日趋频繁，森林资源资产流转越来越多，森林资源资产评估需求必然会越来越多。森林资源资产评估是推进森林资源的流转，促进森林资源优化组合，维护森林资源资产所有者、经营者和投资者的合法权益重要的技术保障。随着森林资源资产评估需求的日益多样化和资产评估行业理论、技术的不断完善，开展森林资源资产评估理论与方法的研究显得十分必要，以便更好满足森林资源资产评估工作的实际需要。

2004年9月，江西省在全国率先开始了以"明晰所有权、放活经营权、落实处置权、确保收益权"的林业产权制度改革，到2007年全省林业产权制度改革第一步即"明晰所有权"基本完成，这一改革极大地调动了广大林农的积极性，解放了林业生产力，得到了林农的大力支持。集体林权制度改革被誉为是继农村家庭联产承包责任制改革后又一项农村重大经济体制改革。下一步的改革目标就是如何"放活经营权、落实处置权、确保收益权"，也就是要进一步深化林业产权制度配套措施的改革，而其关键是如何使林农的林地使用权和林木所有权资产化，作为生产要素进入市场，即如何规范林权流转的问题。为了顺应江西省林业产权制度改革的需要，2007年以来全省组建了72个县级林业产权交易中心(或林业要素交易市场)，对推进森林资源资产流转、林业产权流转起到了积极作用。2009年11月，江西省在整合全省72家县级林业产权交易所基础上组建了区域性林业产权交易所——南方林业产权交易所。

为顺应江西省林业产权制度改革的需要，江西环境工程职业学院于2006年开设了资产评估与管理（森林资源资产评估方向）专业，主要培养面向林业行业企事业单位、资产评估机构，具备林业资产评估必备的理论知识和专业技能，有较高的综合素质和一定的开拓创新能力，能够从事会计核算、资产评估、森林资源调查、森林资源资产评估及其组织管理等方面工作的高素质技能型专门人才。为了办好这个专业，江西环境工程职业学院组织专业教学团队开始了对森林资源资产评估工作的理论和实践教学研究，并于2007年先后派出10多名教师对江西省部分县（市）林业产权改革及林权流转情况进行了调研，开发了《森林资源资产评估实务》《林业企业会计》和《森林资源资产评估综合实训》校内教材。2009年"基于资产评估项目工作过程为导向的项目教学法"建设的《森林资源资产评估实务》课程被评为江西省省级精品课程。2009年12月江西环境工程职业学院组织召开了"全省林业产权管理暨森林资源资产评估专业建设研讨会"，邀请了国家林业局、江西省林业厅、江西农业大学、江西财经大学、省内知名资产评估机构、省内重点林业县的领导、专家共70多人就林业产权管理、森林资源资产评估专业建设等问题进行了认真的研讨，并挂牌成立了江西省森林资源资产评估培训中心，为全省资产评估专业技术人员提供后学教育培训、森林资源资产评估科学研究提供一个高规格的平台。

本书的编写旨在为高等职业院校培养森林资源资产评估职业技术人才提供一本实用性的教材或参考书。为保障森林资源资产评估工作的科学性、客观性和公正性，本书编者认真总结过去的研究成果和实践经验，提出基于森林资源资产评估项目工作过程设计内容，形成了由森林资源资产评估业务承接、森林资源资产核查、森林资源资产评定估算、森林资源资产评估报告等五章组成的森林资源资产评估的总体框架，并收集整理了森林资源资产评估相关法规和森林资源资产评估相关技术参数。本书由董新春教授任主编，叶租飞、彭东生、凌金桥、郭勇君任副主编，黄辉、王婷婷、袁红萍、郭亮、叶青、彭明等同志参编。

本书在编写过程中得到了江西省林业厅计划财务处、发展改革处，许多县市林业部门的领导、专家、基层工作者的指导和帮助，在此表示感谢！由于时间仓促，编者水平有限，疏漏之处在所难免，欢迎指正，以便修订和补充。

编　者
2010年5月

目 录

全面认识森林资源资产评估

知识目标

1. 掌握森林资源资产评估的含义、要素。
2. 熟悉森林资源资产评估的特征。
3. 了解森林资源资产评估的必要性。
4. 熟悉森林资源、森林资源资产的概念。
5. 掌握森林资源资产的界定。
6. 熟悉森林资源资产评估目的与价值类型。
7. 掌握森林资源资产评估假设与原则。
8. 掌握森林资源资产评估程序。

技能目标

1. 能够界定森林资源资产。
2. 能够根据评估目的要求，合理选择评估假设、评估原则。
3. 能够根据评估目的、评估对象情况，合理确定价值类型。
4. 能获取并受理评估业务委托，签订评估业务约定书，制订评估工作计划，了解森林资源核查内容和方法，搜集评估资料，选择估价方法进行价格测算，撰写森林资源资产评估报告。

素质目标

结合对森林资源资产评估相关概念及程序的讲解，引导学生树立独立、客观、公正的评估意识。

任务1.1 森林资源资产评估概述

1.1.1 森林资源资产的基本概念

1.1.1.1 森林资源

森林资源是指以木本植物为主体，包括灌木和草本植物、野生动物以及森林环境在内的生物生态资源。它分布广阔，物质内涵丰富，层次结构复杂，生态功能多样，是保障人类生活与生存环境以及社会经济可持续发展的重要物质资源、生态资源、可更新自然资源。森林资源是水库、钱库、粮库和碳库，它关系国家生态安全，高质量的森林资源是打好蓝天、碧水、净土保卫战的关键一环，是生态文明建设的核心内容。

《中华人民共和国森林法实施细则》（以下简称《森林法实施细则》）规定："森林资源，包括森林、林木、林地以及依托森林、林木、林地生存的野生动物、植物和微生物。森林，包括乔木林和竹林。林木，包括树木和竹子。林地，包括郁闭度0.2以上的乔木林地以及竹林地、灌木林地、疏林地、采伐迹地、火烧迹地、未成林造林地、苗圃地和县级以上人民政府规划的宜林地。"在我国，界定森林除了林木的郁闭程度外，还有面积上的要求。天然林面积必须达0.1 hm^2，人工林、经济林等必须达1亩（1亩=1/15 hm^2）。

森林资源按其物质形态可分为森林生物资源、森林土地资源和森林环境资源。其中，森林生物资源包括森林、林木及以森林为依托生存的动物、植物、微生物等资源；森林土地资源包括有林地、疏林地、宜林地等；森林环境资源包括森林景观资源、森林生态资源等。

1.1.1.2 森林资源资产

（1）森林资源资产的概念

森林资源资产，是指由特定主体拥有或控制并能带来经济利益的，用于生产、提供商品和生态服务功能的森林资源，包括森林、林木、林地、森林景观资产以及与森林资源相关的其他资产。

对于森林资源资产的概念，主要从以下方面来理解：

森林资源资产是以森林资源为物质内涵的资产，包括林木资产、林地资产、林区野生动物资产、植物资产和微生物资产。并非所有森林资源都能成为森林资源资产，资产必须是由特定主体所拥有或控制，并能够带来经济利益的经济资源。没有经济利用价值或在当今知识与技术条件下尚不能确定其有经济利用价值的森林资源不能成为资产，如没有依法认定的森林资源，完全没有经济利用价值的森林资源，在现有技术条件下不可计量的森林资源等。

森林资源效益的多重性决定森林资源资产具有多种功能。森林资源资产作为一项生物性资产，除了为社会提供木材、果品、食用油料、工业原料和药材等经济产品，还具有景观游憩、涵养水源、保育土壤、固碳制氧、积累营养物质、净化大气环境、森林防护、保护生物多样性等生态价值。在特定目的与条件下，森林的生态功能价值可以进入市场，成为生态资产。

（2）森林资源资产的特点

森林资源资产除具备其他资产的共同特点外，还具有以下特点：

①经营的永续性。森林资源资产属于可再生资源性资产，在没有受到自然灾害和人为破坏时，通过科学合理的森林经营，森林资源资产的消耗可以得到补偿，不存在折旧问题，可长期实现保值增值。

②再生的长期性。森林资源资产是可再生性资源资产，其具有生长期长的特点，投入森林资源资产经营的资金，一般要几年、几十年，甚至上百年，待林木成熟并进行采伐时，才能收回投资。

③分布的辽阔性。森林是陆地生态的主体，分布极为广泛。南方的森林资源资产与北方的森林资源资产不同，山地的森林资源资产与平地的不同。不同地域的森林资源资产有着不同的经营属性，不能对其采取同一经营模式。分布的密集程度也直接关系到森林资源资产的价值与功效。

④功能的多样性。森林资源资产具有生态、社会和经济三重效益，评估森林资源资产的经济价值，需要关注生态效益和社会效益对森林资源资产经济价值实现的限制性影响。在特定目的与条件下，森林资源资产的部分生态价值需要纳入评估范围，评估其经济价值。

⑤管理的艰巨性。森林资源资产存在于广阔的林地上，既不能仓储，又难以封闭，大多地处偏远，致使管理十分困难，如森林火灾、病虫害、盗伐等自然或人为的灾害很难控制，增加了风险损失的可能性。

（3）森林资源资产的分类

①按形态划分。包括森林生物资源资产、森林土地资源资产和森林环境资源资产。森林生物资源资产，包括森林、林木资产，以及以森林为依托的动物、植物、微生物资源资产；林木资产是指林地上尚未被伐倒的树木，包括活立木和枯立木。森林土地资源资产，包括有林地、疏林地、宜林荒山荒地等。森林环境资源资产，包括森林景观资源资产、森林生态资源资产等。森林景观资源资产是指通过经营能为其经营主体带来经济收益的森林景观资源，主要包括森林公园、森林游憩地，以及以森林为依托的野营地、森林浴场或具有森林环境特征的旅游地等。

②按经营管理形式划分。包括公益性森林资源资产和经营性森林资源资产。

生态公益林：以保护和改善人类生存环境、维持生态平衡、保存物种资源、科学实验、森林旅游、国土保安等需要为主要经营目的的森林、林木、林地，包括防护林和特种用途林。

商品林：以生产木材、竹材、薪材、干鲜果品和其他工业原料等为主要经营目的的森林、林木、林地，包括用材林、薪炭林和经济林。

1.1.1.3　森林资源资产认定

根据资产的内涵，在评估过程中对森林资源资产评估客体的界定或确认应把握以下要点。

①现实性。即要评估的森林资源资产是现实的，在评估前业已存在的。有些虽然以前存在过，但在评估时已经消失，如林地资产改变用途，就不能作为森林资源资产的评估客体。

②控制性。作为评估客体的森林资源资产必须为某产权主体所直接控制，而享有支配、使用和收益的权利。不能为特定经济主体控制的森林资源，如森林中的野生动植物资源、微生物资源及森林生态资源由于在目前属公益性资源，因而不能作为评估客体，对其价格或价值的计算只能属于评价的范畴。但随着森林资源资产化管理的深入，某些现阶段不能作为评估客体的资源也会转化成为评估客体。另外，产权不清的森林资源资产也不能作为评估客体。

③有效性。凡资产必须有效用，即在价值形成过程，可以构成或带来经济收益。有些被特定主体控制的经济资源，由于技术经济条件的限制，现阶段不能给特定主体带来预期收益，也不能作为评估客体，如森林资源的生物多样性资源就不具备有效性。

④合法性。即特定主体对森林资源资产的控制必须是合法的，有合法的产权证明，受法律的保护，才能作为评估客体。

上述4个方面是有机联系在一起的，只有4项条件同时具备的森林资源，才能真正确认为森林资源资产，成为资产评估的客体。现分别介绍常见形态森林资源资产的认定要求。

(1)林地资产的认定

根据《森林法实施条例》第二条规定，郁闭度0.2以上的乔木林地以及竹林地、灌木林地、疏林地、采伐迹地、火烧迹地、未成林造林地、苗圃地和县级以上人民政府规划的宜林地。

林地作为一种资产，它应具备资产的特性，是以林地资源为物质财富内涵的财产。

①林地必须有明确的产权关系，为特定的法律经济主体所占有并实施有效的控制，即作为资产的林地，其所有权、使用权必须是清楚的，而且是能够有效控制的。这样，一些边远地区的不可及林地，虽然其产权关系明确，但在现阶段还无法对其实施有效控制，因此，这些林地暂时还不能定为资产，不能够进行评估，只能作为资源进行评价、管理。

②作为资产的林地必须能够进入市场，用货币计量，并进行货币交换。也就是说，作为资产的林地，企业或个人对其进行经营可获得经济效益，产生利润，并且其价值是可以通过货币进行计量和交换的。

③某些不能定为林地资产的林地，目前只能作为资源或潜在的资产存在，但随着经营条件的改变，可能转入资产。

(2)林木资产的认定

林木资产是具有资产属性的林木的总和，根据《中华人民共和国森林法》(以下简称《森林法》)的规定，林木资源按其用途主要可分为：防护林、用材林、经济林、能源林和特种用途林5种。

①经济林。大部分可认定为森林资源资产。因为它的产权通常较明确，并可实施有效的控制。而且它以生产果品、油料、饮料、调料、工业原料和药材为目的，通常有较多的投入和较高的经济效益。

②用材林和能源林。大部分应认定为森林资源资产，不能认定为资产，主要包括产权关系不明确的用材林和能源林；经营主体无法进行事实上有效控制的用材林；生产条件恶劣或林分质量极差，无法产生经济效益不能作为经营对象的森林。

③防护林。有些防护林虽以防护效益为主，但仍可产生较大的直接经济效益，如农田牧场防护林、护路林等，则应该认定为森林资源资产。其他的防护林由于其产生的社会生态效益为社会所共有，且难以用货币计价，它们暂时只能作为潜在的资产而不能直接认定为资产。

④特种用途林。它的经营目的多种多样，它们中间有一部分产权明确也不能作为森林资源资产，例如，以保护军事设施和军事屏障为主要目的国防林，自然保护区内的禁伐林等。但有些特用林以培养种子为目的的母树林，教学、实验林场的实验林，防止污染、降低噪声为目的的环境保护林等在实现目的的前提下，仍有较大的经济效益，可以作为资产经营。

（3）野生动植物资产的认定

林区野生动植物是森林资源的重要组成部分，它们的产生不是人类劳动的产物。我国通过不断完善野生动植物保护法律体系和管理制度，进一步强化野生动植物保护国际合作，大力实施野生动物栖息地保护和拯救繁育，以及野生植物就地迁地保护和回归自然等，有效保护了90%的植被类型和陆地生态系统、65%的高等植物群落、85%的重点保护野生动物种群。大熊猫、朱鹮、藏羚羊、苏铁、珙桐等珍稀濒危野生动植物种群实现恢复性增长。传统的认识是将其作为资源管理，而不认定是资产。但随着社会的进步，其价值发生了巨大的变化，而且经营方式也朝着多样化与综合利用的方向发展。在林中对野生动植物采取管护和经营利用的措施有效控制，如建设狩猎场等，这类野生动植物应认定为森林资源资产。其他的野生动植物资源只能作为潜在性资产。

（4）森林景观资产认定

景观是一个系统概念，森林景观是森林生态系统的重要组成部分。林区中的山、水、石、大气、光照、动物、植物等各种生物和非生物要素的组合，称为森林景观。森林景观的开发利用是随着森林旅游的兴旺而发展起来的。森林景观的开发，经营是以森林旅游为目的，以林地的开发为基础。森林景观能被认定为森林环境资产，除了其产权要求外，关键是看当地的旅游发展水平。交通条件好，森林环境优美，可以吸引游客的景观资源可以认定为森林景观资产；地处边远，交通困难，虽然环境优美，但无法吸引游客的景观在当前仅能是资源而不能作为景观资产。

讨论：经济林林木资源是否都可界定为森林资源资产？

1.1.2　森林资源资产评估的概念和特点

1.1.2.1　森林资源资产评估的概念

森林资源资产评估，是指资产评估机构及其资产评估专业人员遵守法律、行政法规和资产评估准则，根据委托对评估基准日特定目的下的森林资源资产价值进行评定和估算，并出具资产评估报告的专业服务行为。

对森林资源资产的评估，需要掌握基本的林学知识，熟知林业行业法律法规对森林资源资产价值的影响，了解森林资源资产生长规律、经营技术及相关参数系数，通过资源调查或资产核查，准确取得资源资产的实物量数据资料，实现资源资产实物量向价值量科学合理地转化。

1.1.2.2　森林资源资产评估的特点

森林资源资产的特点决定了森林资源资产评估有着不同于一般资产评估的特点。

（1）森林资源资产价值的关联性

森林的价值体现在林木、林地、森林景观资产以及与森林资源相关的其他资产之上，林地价值的体现又与林木、森林景观以及与森林资源相关的其他资产密不可分，森林景观资产价值依托于森林、林地、林木等资源资产，森林生态价值的体现更要依托于森林系统整体。因此，评估森林资源资产要关注其资产的关联性，确定评估对象和评估范围，合理评估森林、林木、林地、景观、野生动植物、林下经济、森林生态等的价值。

(2) 森林资源资产的可再生性

森林资源资产具有可再生性，这是森林实现持续经营的基础，也是其资产的特点，在评估时应考虑再生产的投入，即森林更新、培育、保护费用的负担；考虑再生产的期限，即未来经营期的长短，包括产权变动对经营期的限制；考虑综合平衡森林资源培育、利用和保护的关系。

(3) 森林经营的长周期性

森林资源资产经营的周期少则 5~6 年(如南方的桉树工业原料林)，长则几十年(如杉木、马尾松、木荷等)，甚至上百年(如北方的红松、落叶松、云杉、冷杉等)。这样长的经营周期对评估价值产生较大的影响，主要表现为：①在供求关系对价格的影响方面表现为供给弹性小，且成本效应滞后。当培育成本与市场价格出现背离时，成本对价格效应的反应非常滞后，市场需求对价格的影响会在相当长的时期内起主导作用。评估时应更多地考虑现行市场价格的因素。②由于经营周期长，投入资金时间价值极为重要，投资收益率的微小变化将对评估结果产生重大影响。③由于经营周期长，生产过程不易人为控制，对未来投入产出的预测较为困难，而收益法的评估是建立在对未来投入产出预测基础上的，故预测的准确性对评估的影响很大。

(4) 森林资源资产效益的多样性

森林资源资产具有经济、生态和社会三重效益，效益的多样性对森林资源资产评估带来了重大的影响。牢固树立和践行绿水青山就是金山银山理念，坚持山水林田湖草沙一体化保护和系统治理，不断提升林草湿沙生态系统的多样性、稳定性和持续性。①在现实的生产中，生态效益和社会效益往往限制了经济效益的发挥，国家为了公众的利益制定了一系列法规，对一些森林的经营进行限制，这些限制对森林资源资产价值的实现影响较大，在评估时必须给予充分关注。②在生态文明建设的大背景下，森林的生态效益越来越被社会和市场认可，但有效进入市场还需时日，对其生态价值的评估要依据委托目的和市场环境具体分析确定。

(5) 森林资源调查和资产核查的艰巨性

森林资源资产不同于其他资产，主要分布在偏远山区，那里山高路陡，人烟稀少，交通不便，外业调查或核查专业技术性强、工作量大，风险高，费时耗力，工作条件极为艰苦。但这项工作是森林资源资产评估工作中不可或缺的重要环节，是森林资源资产评估风险控制的关键。通过森林资源资产现场核查或调查，核实森林资源的实物量是评定估算森林资源资产价值的基础。

(6) 森林资源资产的地域性明显

森林生长于固定的地理位置，评估时除考虑森林的价值外，还要考虑森林地位级和森林地利级，如气候条件、土地肥沃程度、适地适树情况、交通条件等。尤其是交通条件，无论对用材林、经济林的价值，还是对景观资产的价值，都有较大影响。

任务 1.2　森林资源资产评估目的

1.2.1　森林资源资产评估目的

评估目的，是指各种不同的经济行为对评估结果的特定用途。评估目的不同，决定了对被评估资产进行价值估算时所采用的评估标准和评估方法不同，因而会产生不同的评估结果。评估报告载明的评估目的应唯一，评估报告只能在特定的评估目的下具有有效性。一般来说，资产评估目的分为一般目的和特定目的，一般目的包含特定目的，特定目的是一般目的的具体化。

森林资源资产评估的一般目的是指评估人员对森林资源资产在一定时间、一定条件约束下对资产公允价值的判断。公允价值是公平、公正的价值。从资产评估的角度，公允价值是一种相对合理的评估价值，是一种相对于当事人各方的地位、资产的状况及资产面临的市场条件的合理的评估价值，是评估人员根据被评估资产自身的条件及其所面临的市场条件，对被评估资产客观交换价值的合理估计值。

森林资源资产评估为委托人及资产交易当事人提供森林资源资产的公允价值，这是一种对于相关当事人各方的地位、资产状况及资产面临市场条件下的合理评估值。它既不损害每个相关当事人的合法权益，也不损害其他人的利益，是市场评判最有可能形成的资产价格的估计值。森林资源资产评估的一般目的是资产评估的性质及其基本功能决定的。

森林资源资产特定目的是指为满足特定资产业务需要而进行的森林资源资产价值估算，实质是判断特定条件下森林资源资产的公允价值，由特定资产业务需要决定。同一森林资源资产，因评估目的不同，其评估值不相同。

1.2.2　森林资源资产评估主要经济行为

从森林资源资产评估业务对应的经济行为来看，主要有以下几种形式。

(1)森林资源资产转让、置换

森林资源资产转让、置换，是指资产拥有单位或个人有偿转让其拥有的森林资源资产的经济行为。

(2)森林资源资产出资进行中外合资或者合作

森林资源资产出资进行中外合资或者合作，是指我国的企业或其他经济组织与外国企业和其他经济组织或个人，在我国境内举办合资或合作经营企业的行为中涉及以森林资源资产出资的行为。

(3)森林资源资产出资进行股份经营或者联营

森林资源资产出资进行股份经营或者联营，是指国内企业、单位之间进行股份经营或组成各种形式的联合经营实体的经济行为涉及森林资源资产的投入。

（4）森林资源资产从事租赁经营

森林资源资产从事租赁经营，是指森林资源资产占有单位在一定期限内，以收取租金的形式，将全部或部分森林资源资产的经营使用权转让给其他经营使用者的行为。

（5）森林资源资产担保或偿还债务

森林资源资产担保，是指森林资源资产占有单位，以本企业的森林资源资产为其他单位的经济行为保证，并承担连带责任的行为。担保通常包括抵押、保证等。

（6）森林资源资产清算

一般指因自然灾害造成森林资源资产损失或因盗伐、滥伐、乱批滥占林地人为造成森林资源资产损失时，对森林资源资产清算的行为。

1.2.3 涉及国有森林资源资产引起资产评估的其他合法的经济行为

依据《资产评估基本准则》和财政部、国家林业局在 2006 年联合发布的《森林资源资产评估管理暂行规定》的内容，国有森林资源资产占有单位有下列情形之一的，应当进行资产评估：

①森林资源资产转让、置换。

②森林资源资产出资进行中外合资或者合作。

③森林资源资产出资进行股份经营或者联营。

④森林资源资产从事租赁经营。

⑤森林资源资产抵押贷款、担保或偿还债务。

⑥收购非国有森林资源资产。

⑦涉及森林资源资产诉讼。

⑧法律、法规规定需要进行评估的其他情形。

非国有森林资源资产是否进行资产评估，由当事人自行决定，法律、法规另有规定的除外。森林资源资产有下列情形之一的，可根据需要进行评估：

①因自然灾害造成森林资源资产损失的。

②盗伐、滥伐、乱批滥占林地人为造成森林资源资产损失的。

③占有单位要求评估的。

任务1.3 森林资源资产价值类型

1.3.1 价值类型的概念

资产评估中的价值类型，是指人们对资产评估结果价值属性的定义及其表达方式。不同的价值类型从不同的角度反映资产评估价值的属性和特征。不同属性的价值类型所代表的资产评估价值不仅在性质上是不同的，在数量上往往也存在着较大差异。资产评估的价值类型的形成，不仅与引起资产评估的特定经济行为，即资产评估特定目的有关，而且与被评估对象的功能、状态，评估时的市场条件等因素有着密切的关系。根据资产评估特定目的、被评估资产的功能状态以及评估时的各种条件，合理地选择和确定资产评估的价值类型是每一位资产评估人员必须做好的工作。

1.3.2　价值类型类别

由于所处的角度不同，以及对资产评估价值类型理解方面的差异，对资产评估的价值类型主要有以下几种分类。

(1) 以资产评估的估价标准形式表述的价值类型

具体包括重置成本、收益现值、现行市价(或变现价值)和清算价格4种。

(2) 从资产评估假设的角度表述资产评估的价值类型

具体包括继续使用价值、公开市场价值和清算价值3种。

(3) 从资产业务的性质划分资产评估的价值类型

具体包括抵押价值、保险价值、课税价值、投资价值、清算价值、转让价值、保全价值、交易价值、兼并价值、拍卖价值、租赁价值、补偿价值等。

(4) 以资产评估时所依据的市场条件，以及被评估资产的使用状态来划分资产评估结果的价值类型

具体包括市场价值和市场价值以外的价值。中国资产评估协会的《资产评估价值类型指导意见》将市场价值定义为："市场价值是指自愿买方和自愿卖方在各自理性行事且未受任何强迫的情况下，评估对象在评估基准日进行正常公平交易的价值估计数额。"非市场价值，《资产评估价值类型指导意见》采用列举法，列举的市场价值以外的价值类型，包括投资价值、在用价值、清算价值和残余价值等。

森林资源资产评估中包括以下几种重要的价值类型：市场价值、投资价值、在用价值、清算价值和残余价值(表1-1)。

表1-1　森林资源资产评估的价值类型

分类依据	价值类型
资产评估的估价途径	重置成本、现行市价、收益现值、清算价值
资产评估假设的角度	继续使用价值、公开市场价值和清算价值
资产业务的性质	抵押价值、保险价值、课税价值、投资价值、在用价值、清算价值、转让价值、兼并价值、拍卖价值、租赁价值、补偿价值、财务报告目的的价值等
评估依据的市场条件	市场价值、非市场价值

①市场价值。是指自愿买方和自愿卖方在各自理性行事且未受任何强迫的情况下，评估对象在评估基准日进行正常公平交易的价值估计数额。

②投资价值。是指评估对象对于具有明确投资目标的特定投资者或者某一类投资者所

具有的价值估计数额。

③在用价值。是指将评估对象作为企业组成部分或者要素资产按其正在使用方式和程度及其对所属企业的贡献的价值估计数额。

④清算价值。是指在评估对象处于被迫出售、快速变现等非正常市场条件下的价值估计数额。当选择清算价值时，评估对象一般处于强制清算过程中。

⑤残余价值。指机器设备、房屋建筑物或者其他有形资产等的拆零变现价值估计数额。在森林资源资产评估中的残余价值，一般是指评估对象因灾害清理和更新采伐时，林木变现价值估计数额。

1.3.3　价值类型的选择

资产评估价值类型的形成主要与以下三大要素有关，即：资产评估特定目的、被评估对象的功能与状态、评估时的市场条件。每种因素都存在多样性的变化，各种因素不同状态的组合，构成了不同价值类型的形成基础，在资产评估实践中，应选择与评估对象存在条件相匹配的价值类型。各价值类型的要点及市场条件见表1-2。

表1-2　各价值类型的要点及市场条件

价值类型		要　点	市场条件
市场价值		1. 自愿； 2. 理性； 3. 正常公平交易	正常市场条件： 1. 公开的，买者与卖者是众多的； 2. 买和卖可以进行比较、选择，尽可能使资产达到最高最佳使用状态； 3. 可以进行充分的讨价还价
非市场价值	投资价值	1. 投资的具体目标明确； 2. 特定或某一类投资者	狭隘市场条件： 1. 仅有一个卖方和买方； 2. 买方的条件是特定的，即投入资产的效用空间是既定的
	在用价值	1. 不考虑独立使用； 2. 不改变方式使用程度； 3. 贡献	不具备外部市场： 1. 不能假设其交易； 2. 不能假设改变其使用状态和程度； 3. 其价值又体现为贡献价值
	清算价值	1. 被迫； 2. 快速	狭隘市场条件： 1. 意愿和时间条件； 2. 快速变现是否属于清算价值还得针对资产特点，如有价证券
	残余价值	拆零变现	狭隘市场条件： 1. 对整体价值而言是残余价值； 2. 对拆零部分而言是市场价值

任务 1.4　森林资源资产评估假设与原则

1.4.1　森林资源资产评估假设

1.4.1.1　评估假设的含义

假设是指依据有限事实，通过一系列推理，对于所研究的事物做出合乎逻辑的假定说明，或者说建立在各种现象、各种事实基础上的一种推测性的解释，或为各种事实找到的一种说明方式。假设必须依据充分的事实，运用已有的科学知识，通过推理（包括演绎、归纳和类比）而形成。当然，无论如何严密的假设都带有推测，甚至是主观猜想的成分。但是，只要假设是合乎逻辑、合乎情理的，它对科学研究都是有重大意义的。资产评估与其他学科一样，其理论体系和方法体系的确立也是建立在一系列假设基础之上的，其中交易假设、公开市场假设、持续使用假设和清算假设是资产评估中的基本前提假设，也是森林资源资产评估的基本前提假设。

1.4.1.2　主要评估假设内容

（1）交易假设

交易假设是资产评估得以进行的一个最基本的前提假设。它是假定所有评估标的已经处在交易过程中，评估专业人员根据被评估资产的交易条件等模拟市场进行评估。为了发挥资产评估在资产实际交易之前为委托人提供资产价值参考的专业支持作用，同时又能够使资产评估得以进行，利用交易假设将被评估资产置于"交易"当中，模拟市场进行评估是十分必要的。

交易假设一方面为资产评估得以进行"创造"了条件；另一方面它明确限定了资产评估的外部环境，即资产是被置于市场交易之中，资产评估不能脱离市场条件而孤立地进行。

（2）公开市场假设

公开市场假设是指资产可以在充分竞争的市场上自由买卖，其价格高低取决于一定市场的供给状况下独立的买卖双方对资产的价值判断。公开市场假设是对拟进入的市场条件，以及资产在较为完善市场条件下接受何种影响的一种假定说明或限定。所谓公开市场，是指一个有充分竞争性的市场。在这个市场上，买者和卖者的地位是平等的。资产交易双方都有获取足够市场信息的机会和时间，买卖双方的交易行为都是自愿的、理智的，并非在强制或受限制的条件下进行。买卖双方都能对资产的功能、用途及其交易价格等作出理智的判断。

公开市场假设就是假定较为完善的公开市场存在，被评估资产将要在这样一种公开市场上进行交易。事实上，现实中的市场条件未必真能达到上述公开市场的完善程度。当然，公开市场假设也是基于市场客观存在的现实，即以资产在市场上可以公开买卖这样一种客观事实为基础的。公开市场假设旨在说明一种充分竞争的市场环境。在这种环境下，资产的交换价值受市场机制的制约并由市场行情决定，而不是由个别交易案例决定。

（3）持续经营假设

持续经营假设实际是一项针对经营主体（企业或业务资产组）的假设。该项假设一般不适用于单项资产。持续经营假设是假设一个经营主体的经营活动可以连续下去，在未来可预测的时间内该主体的经营活动不会中止或终止。假设一个经营主体是由部分资产和负债按照特定目的组成，并且需要完成某种功能，持续经营假设就是假设该经营主体在未来可预测的时间内继续按照这个特定目的，完成该特定功能。该假设不但是一项评估假设，同时也是一项会计假设。企业会计之所以要对会计主体的持续经营作出假定，一个主要原因是，如果缺乏这项假设，会计核算的许多原则，如权责发生制、划分收益性支出与资本性支出等将不能够应用；另一个原因是企业在持续经营状态下和处于清算状态时所采取的会计处理方式是不同的，如对固定资产在持续经营下可以采用实际成本法，在清算状态下则只能采取公允价值或可变现价值等。

对一个会计主体或者经营主体的评估，也需要对其未来的持续经营状况作出假设。因为经营主体是否可以持续经营，其价值表现是完全不一样的。通常持续经营假设是采用收益法评估企业等经营主体价值的基础。

（4）清算假设

清算假设是对资产拟进入的市场条件的一种假定说明或限定。具体而言，是对资产在非公开市场条件下被迫出售或快速变现条件的假定说明。清算假设首先是基于被评估资产面临清算或具有潜在的被清算的事实或可能性，再根据相应数据资料推定被评估资产处于被迫出售或快速变现的状态。由于清算假设假定被评估资产处于被迫出售或快速变现条件之下，被评估资产的评估值通常要低于在公开市场假设前提下或持续使用假设前提下同样资产的评估值。

清算假设包括有序清算假设和强制清算假设。有序清算假设是指经营主体在其所有者有序控制下实施清算，即清算在一个有计划、有秩序的前提下进行。强制清算是经营主体的清算不在其所有者控制之下而是在外部势力的控制下，按照法定的或者由控制人自主设定的程序进行，该清算经营主体的所有者无法干预。因此，强制清算假设是指假设经营主体在外部力量控制下进行清算。

（5）最佳使用假设

最佳使用假设是指一项资产在法律上允许、技术上可能、经济上可行的前提下，经过充分合理的论证，实现其最高价值的使用。最佳使用假设通常是对一项存在多种不同用途或利用方式的资产进行评估时，选择最佳的用途或利用方式。

（6）现状利用假设

现状利用假设要求对一项资产按照其目前的利用状态及利用方式进行价值评估。当然，现状利用方式可能不是最佳使用方式。

1.4.2 森林资源资产评估原则

森林资源资产评估原则是调节资产评估主体及评估业务有关权益各方关系，规范业务和行业的准则。资产评估要求遵循评估原则，目的在于确保不同的评估人员在遵循规定的评估程序、采用适宜评估方法的前提下，对同一森林资源资产评估结果尽可能基本一致。

森林资源资产评估原则是规范森林资源资产评估行为和业务执行的规则或标准。森林资源资产评估原则包括工作原则和经济技术原则两个层面。

1.4.2.1 森林资源资产评估工作原则

森林资源资产评估的工作原则是独立、客观、公正。

《中华人民共和国资产评估法》(以下简称《资产评估法》)第四条要求："评估机构及其评估专业人员开展资产评估业务应当遵守法律、行政法规和评估准则，遵循独立、客观、公正的原则。"《资产评估基本准则》也将该内容写入资产评估机构及其资产评估专业人员的"基本遵循"中。

《资产评估法》和《资产评估基本准则》作出这些规定，是由资产评估工作的性质决定的。一方面，资产评估机构及其资产评估专业人员是以专业知识和技能为社会提供资产评估服务的，专业性强，需要从专业和职业道德角度规范其从业行为，保障委托人的合法权益、保护公共利益；另一方面，坚持独立、客观、公正原则有利于资产评估机构及其资产评估专业人员维护专业形象，赢得社会信任，得到健康可持续的发展。

因此，独立、客观、公正既是资产评估机构及其资产评估专业人员开展森林资源资产评估业务应当遵守的工作原则，也是对其从事森林资源资产评估工作的职业道德要求。

1.4.2.2 森林资源资产评估经济技术原则

森林资源资产评估的经济技术原则，是指在森林资源资产评估执业过程中的一些技术规范和业务准则。它们为评估人员在执业过程中的专业判断提供技术依据和保证。这些技术原则主要包括以下方面。

(1)预期收益原则

预期收益原则是指以技术原则的形式概括出资产及其资产价值的最基本的决定因素。森林资源资产之所以有价值是因为它能为其拥有者或控制者带来未来经济利益，森林资源资产价值的高低主要取决于它能为其所有者或控制者带来的预期收益量的多少。预期收益原则是评估人员判断资产价值的一个最基本的依据。

(2)供求原则

供求原则是指经济学中关于供求关系影响商品价格原理的概括。假定在其他条件不变的前提下，商品的价格随着需求的增长而上升，随着供给的增加而下降。尽管商品价格随供求变化并不成固定比例变化，但变化的方向都带有规律性。供求规律对商品价格形成的作用同样适用于资产价值的评估，评估人员在判断资产价值时也应充分考虑和依据供求原则。

(3) 贡献原则

贡献原则是指被评估的资产在整体资产中的重要性，包括：该项资产在整体资产功能中的重要性；该项资产可能带来的未来收益占整体资产可能带来的未来收益的比重。资产价值的高低要由该资产的贡献决定。

(4) 替代原则

替代原则是指在同一市场上，具有相同使用价值和质量的商品应有大致相同的交换价值。如果具有不同的交换价值或价格，买者会选择价格较低者。

(5) 最高最佳使用原则

最高最佳使用原则用途的确定一般需要考虑的因素包括：①反映法律上许可的要求，必须考虑该项资产使用的法律限制；②确定该用途技术上是否可行，必是市场参与者认为合理的用途；③确定该用途财务上的可行性，使用该资产能否产生足够的收益或现金流量，从而在补偿使资产用于该用途所发生的成本后，仍然能够满足市场参与者所要求的投资回报。

例如，一块林地是直接出售还是租赁给他人，应对二者收益进行比较；一片遭受自然灾害的森林，在评估其价值时，评估人员应比较该森林资源资产是清算还是持续经营更加具有经济合理性。

(6) 评估时点原则

从理论上说，资产评估是对动态资产价格的现实静态反映，评估基准日为"特定的时间点"，评估的价值意见为该时点的价值意见，评估基准日使资产评估得以操作，同时又能保证资产评估结果可以被市场检验。没有评估基准日的评估结果没有意义。

(7) 外在性原则

外在性原则会对相关权利主体带来自身因素之外的额外收益或损失，从而影响资产的价值，对资产的交易价格产生直接的影响。森林资源资产评估应该充分关注外在性给评估资产带来的损失或收益，以及这种损失或收益对资产价值的影响。

任务 1.5　森林资源资产评估程序

森林资源资产评估程序是执行森林资源资产评估业务所履行的系统性工作步骤，对保证评估行为的合法性，评估业务质量以及防范评估执业风险具有重要意义。评估人员执行森林资源资产评估业务应履行下列 8 项评估程序：①明确评估业务基本事项；②签订评估委托合同；③编制评估计划；④核查，编制核查报告；⑤收集评估资料；⑥评定估算；⑦编制和提交评估报告；⑧工作底稿归档。

1.5.1　明确森林资源资产评估业务基本事项

明确森林资源资产评估业务基本事项是森林资源资产评估程序的第一个环节，包括在签订森林资源资产评估业务约定书以前所进行的一系列基础性工作，其对森林资源资产评估项目风险评价、项目承接与否，以及森林资源资产评估目的顺利实施具有重要意义。由于森林资源资产评估专业服务的特殊性，森林资源资产评估程序甚至在森林资源资产评估机构接受业务委托前就已开始。森林资源资产评估机构和评估人员在接受森林资源资产评估业务委托之前，应当采取与委托人等相关当事人讨论、阅读基础资料、进行必要的初步调查等方式，与委托人等相关当事人共同明确以下森林资源资产评估业务基本事项。

(1)委托方与相关当事方基本状况

评估人员应当了解委托方基本状况、产权持有者等相关当事方的基本状况。

在不同的森林资源资产评估项目中，相关当事方有所不同，主要包括产权持有者、森林资源资产评估报使用方、其他利益关联方等。委托人与相关当事方之间的关系也应当作为重要基础资料予以充分了解，这对于全面理解评估目的、相关经济行为以及防范恶意委托等十分重要。在可能的情况下，评估人员还应要求委托人明确森林资源资产评估报告的使用人与使用人范围，以及森林资源资产评估报告的使用方式。明确森林资源资产评估报告的使用人范围，不但有利于森林资源资产评估机构和评估人员更好地根据使用人的需求提供良好服务，同时也有利于降低评估风险。

(2)评估目的

评估人员应当与委托方就森林资源资产评估目的达成明确、清晰的共识，并尽可能细化森林资源资产评估目的，说明森林资源资产评估业务的具体目的和用途，避免仅笼统地列出通用森林资源资产评估目的的简单做法。

(3)评估对象基本状况

评估人员应当了解评估对象及其权益基本状况，包括法律、经济和物理状况；企业名称、住所、注册资本、所属行业、在行业中的地位和影响、经营范围、财务和经营状况等。评估人员应当特别了解有关评估对象的权利受限状况。

(4)价值类型

评估人员应当在明确森林资源资产评估目的的基础上，恰当确定价值类型，确信所选择的价值类型适用于森林资源资产评估目的，并就所选择价值类型的定义与委托方进行沟通，避免出现歧义、误导。

(5)评估基准日

评估人员应当通过与委托方的沟通，了解并明确森林资源资产评估基准日。森林资源资产评估基准日的选择应当有利于森林资源资产评估结论有效地服务于森林资源资产评估目的，减少和避免不必要的森林资源资产评估基准日期后事项。评估人员应当根据专业知识和经验，建议委托方根据评估目的、资产和市场的变化情况等因素合理选择评估基准日。

(6)评估限制条件和重要假设

森林资源资产评估机构和评估人员应当在承接评估业务前，充分了解所有对森林资源资产评估业务可能构成影响的限制条件和重要假设，以便进行必要的风险评价，更好地为客户服务。

(7)其他需要明确的重要事项

根据具体评估业务的不同，评估人员应当在了解上述基本事项的基础上，了解其他对评估业务的执行可能具有影响的相关事项。评估人员在明确上述资产评估基本事项的基础上，确定是否承接森林资源资产评估项目，应当分析下列因素：

①评估项目风险。评估人员应当根据初步掌握的有关评估业务的基础情况，具体分析森林资源资产评估项目的执业风险，以判断该项目的风险是否超出合理的范围。

②专业胜任能力。评估人员应当根据所了解的评估业务的基本情况和复杂性，分析森林资源资产评估机构和评估人员是否具有与项目相适应的专业胜任能力及相关经验。

③独立性分析。评估人员应当根据职业道德要求和国家相关法规的规定，结合评估业务的具体情况分析评估人员的独立性，确认与委托人或相关当事方是否存在现实或潜在利害关系。

1.5.2 签订评估委托合同

评估委托合同，是指评估机构与委托方签订的，明确评估业务基本事项，约定评估机构和委托方权利、义务、违约责任和争议解决等内容的书面合同。

在明确评估基本事项的基础上，评估方与委托方应签订委托评估合同或约定书，以法律形式肯定双方的业务关系，规定双方的权利和义务，陈述评估基本事项。委托合同应包含以下基本内容：①资产评估机构和委托人的名称、住所、联系人及联系方式；②评估目的；③评估对象和评估范围；④评估基准日；⑤评估报告使用范围；⑥评估报告提交期限和方式；⑦评估服务费总额或者支付标准、支付时间及支付方式；⑧资产评估机构和委托人的其他权利和义务；⑨违约责任和争议解决；⑩合同当事人签字或者盖章的时间；⑪合同当事人签字或者盖章的地点。

订立资产评估委托合同时未明确的内容，资产评估委托合同当事人可以采取订立补充合同或者法律允许的其他形式做出后续约定。

1.5.3 编制评估计划

在明确了评估基本事项及确定了评估报告交付日期的基础上，应再次对评估项目进行分析，制定评估工作方案，以保质、按时完成该评估项目。评估工作方案的核心是解决将要做什么、什么时候做、由谁来做以及如何去做，即关于未来一系列行动的计划。评估计划的内容涵盖现场调查、收集评估资料、评定估算、编制和提交评估报告等评估业务实施全过程。

(1)编制前准备

在编制评估计划前，评估人员应通过讨论、实地观察、阅读资料等各种方式，了解评估项目的情况，具体了解的内容包括：①与评估目的相关的经济行为的法律依据、交易特点及有关的经济关系；②委托人对评估报告的使用范围；③评估基准日的会计报表；④产权归属证明文件；⑤生产工艺和技术；⑥实物或无形资产的状况；⑦所在行业的简要情况；⑧其他与编制评估计划相关的重大情况。

（2）编制注意事项

编制评估计划时，评估人员应当重点考虑以下因素：①评估目的、评估对象、范围和评估的价值类型；②评估风险、评估项目的规模和业务复杂程度；③相关法律、法规政策及宏观经济近期发展变化对评估对象的影响；④评估项目的行业特点、发展趋势及存在的问题；⑤评估项目所涉及资产的结构、类别、数量及分布；⑥与评估有关的资料的齐备情况及其搜集的难易程度；⑦委托人以前委托评估的经验、诚信程度及其所提供资产数据的可靠程度；⑧评估小组成员的业务能力、评估经验及其优化组合；⑨对专家及其他评估人员的合理使用。

（3）综合计划

综合计划的主要内容包括：①评估项目的背景；②评估目的、评估对象和范围、评估的价值类型及评估基准日；③重要评估对象、评估程序及主要评估方法；④评估小组成员及人员分工；⑤评估进度、各阶段的费用预算；⑥评估资料的搜集和准备以及委托人所提供的协助和配合；⑦对专家和其他评估人员的合理使用；⑧对评估风险的评价；⑨报告撰写的组织、完成时间以及委托人制定的特别分类或披露要求；⑩评估工作协调会议安排；⑪其他事项。

（4）评估程序计划

评估程序计划的主要内容包括：①评估工作目标；②工作内容、方法、步骤；③执行人；④执行时间；⑤评估工作底稿的索引；⑥其他事项。

1.5.4 森林资源资产核查

按照《资产评估执业准则——森林资源资产》的规定，资产评估专业人员应当要求委托人或者其他相关当事人明确森林资源资产的权属，出具林权证或者相关权属证明文件，并对其真实性、完整性、合法性做出承诺。资产评估专业人员应当对森林资源资产的权属资料进行核查验证。执行森林资源资产评估业务，应当要求委托人或者其他相关当事人提供森林资源资产实物量清单。资产评估专业人员在进行森林资源资产价值评定估算前，可以委托相关专业机构对委托人或者其他相关当事人提供的森林资源资产实物量清单进行现场核查，由核查机构出具核查报告。

森林资源资产核查，不仅需要相关专业机构对森林资源资产实物量进行现场核查，出具核查报告，而且更需要评估人员对待评估森林资源资产实况进行全面细致的了解，取得评估的第一手资料，为确定评估价值类型，评估方法和评估有关参数提供依据。

评估人员核查工作开展前，要与委托方及林业核查机构进行充分沟通，在核查过程中要相互配合，评估人员要查看林业机构现场核查工作情况，委托方要配合评估人员和林业调查技术人员开展工作，为推进核查工作提供便利。

1.5.5 收集评估资料

森林资源资产评估相关资料的收集是森林资源资产评估业务质量的重要保证，也是分析、判断进而形成评估结论的基础。评估资料和信息是否充实、是否有效、是否客观，会影响评估结果的准确性，决定着整个评估工作的质量。评估资料搜集是为实现评估结果而服务，森林资源资产评估收集的资料通常包括：

①林权证书（不动产权证、林木权证）。

②评估范围内的森林资源图面资料。

③森林资源资产清单。

④有特殊经济价值的林木种类、数量和质量资料。

⑤营林生产技术标准及有关成本费用资料。

⑥木材生产、销售等有关成本费用资料。

⑦当地森林培育、森林采伐和基本建设等方面的技术经济指标。

⑧森林培育的账面历史成本资料。

⑨评估基准日各种规格的木材、林副产品市场价格，及其销售过程中的税、费征收标准。

⑩当地及周边地区的林地使用权出让、转让和出租的价格资料。

⑪当地及周边地区的林业生产投资收益率。

⑫各树种的生长过程表、生长模型、收获预测等资料。

⑬使用的立木材积表、原木材积表、材种出材率表、立地指数表等测树经营数表资料。

⑭其他与评估有关的资料。

实务中，鉴于不同类别的森林资源资产有其评估特殊性，评估时所需资料可能有所不同。评估人员收集资料尽可能全面、翔实，确信评估资料内容的合理性、时效性和完整性，还应根据评估业务的需要和实施过程中的情况变化，及时补充收集评估资料。

1.5.6 评定估算

根据评估准则的要求，评估人员执行森林资源资产评估业务，应当根据评估对象、价值类型、资料收集情况等相关条件，合理分析市场法、收益法和成本法3种资产评估基本方法的适用性，恰当选择一种或者多种方法。

(1)市场法评估森林资源资产需考虑的因素

①森林资源资产市场的活跃程度，市场提供足够数量可比森林资源资产交易数据的可能性及其可靠性。

②森林资源所在地域的差异性对森林资源资产交易价格的影响。

③森林资源资产的用途和功能对交易价格的影响。

④不同林分质量、立地等级、地利条件、交易情况等因素对森林资源资产价值的影响。

(2)收益法评估森林资源资产需考虑的因素

①森林资源结构、功能、质量、自然生长力等对收益的影响。

②森林资源管理相关法律法规、财政补贴政策、采伐制度等对收益的影响。

③根据森林资源资产的特点、经营类型、风险因素等相关条件合理确定折现率。

④森林资源采伐方式和采伐周期对收益的影响。

（3）成本法评估森林资源资产需考虑的因素

①森林资源培育过程的复杂性对成本的影响。

②森林资源经营的长期性对价值的影响。

③森林资源质量对价值的影响。

④森林资源培育技术、林地利用方式等对价值造成的影响。

评估结果的确定过程，是使评估价格不断接近客观实际的过程。不同的评估方法是从不同的角度考虑对森林资源资产进行评估的，因此，评估方法对同一森林资产进行评估，其计算结果自然不会相同，但评估结果应比较接近，如果差异比较大，应从技术经济等信息资料、有关参数数量、质量选取的合理性，评估方法的相关性和恰当性等进行综合分析，确定森林资源资产评估结论。形成评估结论后，评估机构内部应选择未参与该项资产业务的评估人员，对森林资源资产评估过程和结论进行复核，以保证评估质量。

1.5.7　编制和提交评估报告

评估机构对评定估算结果进行分析确定后，根据准则的要求，要编制森林资源资产评估报告。森林资源资产评估报告是交付给委托方的工作成果。一份完整的森林资源资产评估通常由5部分组成：标题及文号、声明、摘要、正文、附件。

森林资源资产评估报告编制后，与委托方进行必要的沟通，听取委托方、资产占有方及相关各方对评估结论的反馈意见。对反馈的正确意见，应进行认真的分析和修正，对理解有偏的意见，应正确引导和耐心的解释，使相关各方合理理解森林资源资产评估结论。资产评估报告全部编好后，以恰当的方式将资产评估报告提交给委托方。

1.5.8　工作底稿归档

评估人员向委托方提交森林资源资产评估报告后，要及时将评估工作底稿归档。资产评估档案，是指资产评估机构开展资产评估业务形成的，反映资产评估程序实施情况、支持评估结论的工作底稿、资产评估报告及其他相关资料。工作底稿应当反映资产评估程序实施情况，支持评估结论。

工作底稿通常分为管理类工作底稿和操作类工作底稿。管理类工作底稿，是指在执行资产评估业务过程中，为受理、计划、控制和管理资产评估业务所形成的工作记录及相关资料。操作类工作底稿，是指在履行现场调查、收集评估资料和评定估算程序时所形成的工作记录及相关资料。

资产评估专业人员通常应当在资产评估报告日后90日内将工作底稿、资产评估报告及其他相关资料归集形成资产评估档案，并由所在资产评估机构按照国家有关法律、行政法规和本准则规定妥善管理。

复习思考题

1. 请简述森林资源和森林资源资产的定义，它们之间的区别是什么？
2. 森林资源资产评估的主体是什么？如何界定？
3. 森林资源资产评估有哪些特定目的？
4. 试述各类森林资源资产评估目的、原因。
5. 森林资源资产评估程序有哪些步骤？

项目2 用材林资源资产评估

知识目标

1. 了解用材林资源资产的概念。
2. 熟悉影响用材林资源资产评估价值的因素。
3. 了解同龄林和异龄林经营特点。
4. 掌握同龄林林木资产评估方法及应用。
5. 掌握异龄林林木资产评估及方法应用。
6. 掌握用材林林地资产评估方法及应用。

技能目标

1. 能够判断出影响用材林资源资产价值的因素。
2. 能够熟练运用市场价倒算法。
3. 能够熟练运用现行市价法。
4. 能够熟练运用收获现值法。
5. 能够熟练运用重置成本法。
6. 能够合理选择评估方法对用材林资源资产进行评估测算。

素质目标

1. 培养学生独立、客观、公正的职业意识。
2. 培养学生团队合作意识。
3. 培养学生勤勉尽责的职业习惯。
4. 培养学生严谨、科学的职业态度。

案例引入

　　赣州××园林建设有限公司拟用权属所有的林木及林地使用权资产向银行抵押担保申请贷款，权属涉及【××县林证字〔2012〕第2014040031号】【××县林证字〔2012〕第2014040030号】【××县林证字〔2012〕第2014040029号】和【××县林证字〔2012〕第2014040028号】22个宗地4本林权证，涉及森林资源资产主要位于××县××乡田营村寨下组、陂头村塘郎组、梨树下组、好岩组、内迳组及章灌村大斜组境内。该公司计划委托一家评估机构进行评估，应评估机构要求，聘请了一家林业调查单位针对本次评估对象进行森林资源资产调查，林业调查单位出具了森林资源调查报告，形成如下的森林资源资产清单(表2-1)，针对给定的森林资源资产清单，如何进行资料收集和评估定算？

表2-1 森林资源资产清单（节选）

序号	小班号	小班面积（亩）	林种	起源	郁闭度	优势树种	树种组成	平均年龄	龄组	平均胸径（cm）
1	001	23.7	用材林	天然	0.8	阔	10阔	21	中龄林	12.5
2	002	19.4	用材林	天然	0.8	阔	10阔	23	中龄林	11.3
3	003	10.7	用材林	天然	0.8	阔	8阔2松	23	中龄林	9.0
4	004	43.1	用材林	人工	0.7	马	10马	23	中龄林	14.4
5	005	15.7	用材林	人工	0.7	杉	10杉	18	中龄林	14.1
6	006	38.7	用材林	人工	0.7	杉	10杉	18	中龄林	14.5
7	007	31.5	用材林	人工	0.7	杉	10杉	23	近熟林	14.5
8	008	10.5	用材林	人工	0.7	杉	10杉	28	成熟林	15.5
9	009	748.2	用材林	人工		杉	10杉	5	幼林	
合计		941.5								

序号	平均树高（m）	林分蓄积量(m³)				造林保存率（%）	交通条件(km)			可及度
		硬阔	松	杉	合计		至林道距离	林道至公路边距离	公路边至县城距离	
1	11.5	109.0			109.0		1	8	58	即可及
2	10.8	115.4			115.4		1	8	58	将可及
3	8.5	47.0	12		59.0		1	8	58	将可及
4	14.0		267		267.0		0.4	1	42	将可及
5	13.8			104.0	104.0		0.4	1	42	将可及
6	13.5			352.0	352.0		0.4	1	42	将可及
7	13.6			203	203.0		0.4	3	42	将可及
8	14.0			93.0	93.0		0.4	1	42	将可及
9	3.2				0.0	92	0.4	1	42	将可及
合计		271.4	279.0	752.0	1302.4					

2.1.1　用材林资源资产及评估的概念

(1)用材林资源资产的概念

用材林是林木资源中最常见类型，是森林资源中以生产木材为主要目的的部分，是林业产业经营的主要对象。用材林根据其内部结构的不同和经营方式的不同，可以分为同龄林和异龄林两大类。

用材林资源资产可以界定为特定主体拥有或者控制并能带来经济利益的，用于生产、提供商品和生态服务的用材林资源，常通包括用材林林木资产和用材林林地资产两部分价值。对于林木资产价值内涵而言，目前有狭义和广义之分，林木资产价值均包含林龄年数内的林地价值，即广义的林木资产价值。狭义林木资产价值是广义林木资产价值扣除林地价值的剩余部分。

(2)用材林资源资产评估

用材林资源资产评估与森林资源资产评估定义是一样的，仅是评估对象形式不同而已，具体是指评估机构及评估人员依据相关法律、法规和标准，对具有资产属性的用材林资源在评估基准日特定目的下的价值进行分析、估算并发表专业意见的行为和过程。

2.1.2　同龄林的概念及经营特点

(1)同龄林的概念

同龄林是指林分中林木的年龄相对一致的森林。同龄林的结构相对比较简单，生长比较单一，经营技术较为简单，经营措施易于实施。

(2)同龄林结构与经营特点

同龄林的林分中年龄比较一致，通常要求不相差一个龄级，这是同龄林最根本的也是最重要的特点。同龄林的生长有一个明显的起点和止点。林分蓄积量生长是间断性的，幼龄林初期，蓄积量为零，然后逐渐成长到成熟林时，其蓄积量达到最大，皆伐后林地蓄积量又为零，再从零开始，每一个周期有一个间断点。同龄林树种结构较为简单，多为单层林，由单一树种或2~3种树种组成。其生长经营对林地土壤、阳光和大气的利用不充分。长期经营会产生地力衰退、生产力下降的问题，解决的办法是加大施肥量来补充地力损失或通过轮作来恢复地力。

同龄林的经营通常采用皆伐作业或在一个龄级期内分2~4次将其砍完的渐伐作业。同龄林的经营产生的裸露的伐区，对森林生态环境的影响较大，特别是在采用面积较大的皆伐作业时。同龄林的经营措施较为简单，它从裸露地的营造、抚育、间伐直至主伐，各生产环节十分明确，也便于施工，对其研究也较为透彻。

同龄林在正常经营的状态下，林木株数按直径分布呈正态的钟形分布。在幼林阶段，直径分布很窄，而随着年龄增加，株数减少，钟形的分布变得越来越平缓。通常林分中最大直径为平均直径的 1.7~1.8 倍，最小直径为平均直径的 0.4~0.5 倍。同时，同龄林蓄积量与年龄呈正比。随着年龄增加至成熟林，由于枯死木的增加、林分净生长量下降，蓄积量生长将出现负值。

同龄林的更新多采用人工更新，更换树种容易，能够引进外来优良树种或优良遗传品质的种源，大幅提高林木的产量，形成速生丰产林。

在同龄林的经营中造林的成本较高，造林成本是经营中数量最大、占用资金时间最长的投入，造林成功后的投入主要是管护费用，其支出较为均匀。

2.1.3　异龄林的概念及经营特点

（1）异龄林的概念

异龄林是指林分中年龄相差较大的森林。异龄林的林分结构复杂，多为多树种混交的复层异龄林。异龄林的经营技术较为复杂，木材生产的成本较高，但其林分的抗逆性较强，生长稳定，生态效益极佳，而且生产的木材口径大、价格高。人工异龄林目前较少，但在天然林中有较大的比例，随着人类对森林认识的深化，异龄林的经营的比重将增大，异龄林林木资产的评估也将日益重要。

（2）异龄林的经营特点

异龄林最大的特点，即最基本的属性年龄不一致，一个经过调整的异龄林中每一个年龄阶段的林木都有。异龄林的树种结构一般较为复杂，多为混交林，而且一直在变化。一般次生的异龄林上层以阳性树种为主，中层是中性树种，下层为阴性树种，而进入较为稳定的异龄林，基本以阴性树种为主。异龄林的林层结构复杂，一般的异龄林至少分 3 层，多的分 5~6 层，甚至从上到下是连续的，无明显的分层。异龄林林分的生长是不间断的，林地上始终保持一定的蓄积量，在 Ⅰ、Ⅱ 类地上保持的蓄积量达 200~300 m³/hm²。因此异龄林的林木资产与林地资产无法明确地分割。

异龄林的径级结构较不稳定，经调整后的异龄林，其株数按径级的分布成递降曲线，随着直径的增大，株数下降。在经营中，由于年龄判断较困难，一般以直径代替年龄，经过调整的异龄林，直径越大，年龄也较大。

异龄林的林地利用率充分，它没有林地暴露的幼林阶段，也没有全部林木老化的过熟阶段，它随时都有对林地环境利用率极高的中壮龄林木，因此，异龄林的林地环境利用率高，异龄林经营的调整目标就是要使林分保持生长量最大的状态。

异龄林的经营应采用择伐作业，即每隔一定时间，采伐掉林分中部分林木。如果采伐时只采伐符合一定规格尺寸的林木，称为径级择伐，其经营方式较为粗放。在择伐时不仅采伐符合要求的林木，而且还采伐一些生长不良的病、腐木及密度太大地方的林木，即在主伐也附带进行抚育间伐的方式，称为集约择伐，其经营水平稍高。异龄林采伐的间隔期称为择伐周期，其择伐的强度最大不能超过 40%，一般以 20%~30% 为宜。异龄林的采伐对森林生态的破坏较小，因此，在一些生态要求较高的地方，通常要按异龄林进行经营，这些森林如果是同龄林最好也将其经营成异龄林，以满足人们对木材和森林生态的双重要求。异龄林采伐的成本较高，对经营人员的技术水平要求也较高，技术措施复杂，在择伐时要严格控制倒树方向，保护保留木。

异龄林一般不存在地力衰退问题，它可多代经营，它的调整一般不考虑面积调整，一个小班，即可作为一个永续利用的单位进行经营，但为了规模生产，也将其按经营目的和方式组成经营类型来作业。异龄林通常用于培育大径优质材，它生产的大径材年龄大，年轮宽度均匀(同龄林的木材幼龄阶段年轮宽，成熟阶段年轮窄，异龄林幼龄木被压，年轮较密，而成熟阶段居上层，年轮相对较宽)，木材质地好，价格较高。异龄林的人工营造较困难，它需要几十年到上百年时间内进行不断地调整、不断间伐补植更新才能形成。因此，异龄林大多数是天然林，仅在林业发达的国家，才有面积较大的人工培育的异龄林。

2.1.4　影响用材林资源资产评估价值的因素

由于用材林资产的特殊性、结构的复杂性、产品的非标准性、地域的差异性等，使得在现实森林经营中找不到完全相等的林分，因此在评估实践中，必须考虑一般影响其评估价值的因素，主要影响因素包括以下方面。

(1)评估的目的

评估目的决定了评估价值类型，影响评估方法的选择，不同的价值类型，相同的评估对像，其评估的结果可能完全不同。不同的评估目的，其评估的价值类型不同，选用的评估方法、精度要求和评估结果是不相同的。

出售、转让成熟龄的林木资产，购买者收购这些林木并立即采伐的这类评估中，评估的精度要求最高。对出售者(即森林经营者)来说，采伐是木材生产过程中的一项重要的活动，必须和各种经营目的一起加以考虑，这时立木的价格关系到整个森林经营的收益，买卖双方都要求对待评估的林木资产进行较为详尽的调查。这类评估的评估价值类型是市场价值类型。评估时主要考虑市场的交易价格，按市场成交价比较法和木材市场价倒算法进行评估。而且要求较高的精度，通常要求进行作业设计调查，作出伐区的工艺设计，并按设计书的结果，按市场价倒算法进行评估。

对于用材林资产进行抵押、担保一类评估。抵押资产的接受者(如银行)主要考虑该林木资产的价值是否能抵上所放贷出去的资金，在快速变现时能否将其收回，要求较高的保险系数，因此这类评估类似于清算价格类型，理论上评估值较正常评估值偏低。但在现实评估中，一般抵押贷款是按市场价值类型予以评估的，银行给抵押者的抵押率仅有林木资产价值的30%~50%，出于保护资产所有者权益角度而可能导致资产评估价值偏高现象。

对于大型林业企业的出让，转让，特别是部分股权的转让，投资者考虑的是其投资价值，其评估的价值类型是投资价值类型，评估时主要考虑企业资产的实际收益，其评估的结果往往比用加和法进行企业资产评估的结果低。

（2）销售的条件

对于成熟的林木来讲，一旦签订了出售立木的合同，买主就可以采伐林木所有者的林木。采伐就是一种破坏性作业，对土地、植被及周围的环境都会造成严重的影响。林木的所有者和森林的经营者除了对采伐的林木追求高的经济效益，常常还需要控制采伐活动以满足其他的目的。森林的经营者通常对采伐的地点、采伐的林木、采伐的时间、采伐的方式、集运材的方式及伐区清理方式作出许多限制条件和要求，以保护林地、林木，防止侵蚀，便于森林的更新，使遭受的损失降到最低限度。

例如，在异龄林的采伐中，伐倒的成熟的大径林木要压坏许多附近的中、小径木，集材的过程也对周围的植被有很大的破坏、甚至可能造成地表的侵蚀。因而，在林木出售时，森林的经营者通常要指定采伐和必须保留的林木，采伐时倒木的方向必须避开这些指定的保留木，并在集材上采取一些防护措施，这将增加采伐成本。

在皆伐作业中，为了保证天然更新的成功，森林的经营者经常提出采伐中保护幼苗、幼树的要求。为了便于人工更新，而对伐区剩余物的处理提出一定的要求，如火烧、堆集或截短等方法处理。这些限制所增加的生产成本在估价时必须考虑在内。一般来说，由于满足销售条件而增加的木材生产成本，应由条件的提出者（林木的所有者）承担。这类成本的增加，相应降低了林木资产的价值。

（3）产品售价的估计

立木价（特指成熟林的价格）是根据林木采伐加工后制成的产品价值与生产这些产品的成本、一定的利润及税收的差额后倒推算出来的。因此市场木材产品的售价是估算立木价的起点。而木材产品售价是随着各材种的口径和长度不同而不同，对于一片林分而言，其采伐加工生产出的木材产品类型是多种多样的，各种口径与长度的木材都可能存在，即同一林分生产出的将是一堆的非同一标准化的产品，这就存在着如何测算立木转化为木材的出材率问题。在实际生产中用出材率表测算林分出产木材产品数量是可行的，但要测算各个口径的木材数量则很困难。因此，必须根据历史资料确定该地区不同材种的平均规格，进而确定其综合价格，并以综合的价格作为评定估算的基础。

木材产品的销售价格是由市场的供求关系确定的，在市场经济的条件下，这一供需关系的变化由许多木材生产者无法控制的因素所制约，而且经常发生变化。必须收集评估基准日的木材产品市场价格，计算其综合价格，进而确定立木的价格。对于某个小班的产品售价要根据小班林木的生长状态来确定该小班各材种的平均规格，进而确定其综合价格。

（4）林木出材率的确定

林木出材率是计算立木价格的一个重要的技术经济指标。出材率主要由林木的直径、树高、干形和缺陷所决定。如根兜附近长1 m的心腐，就使原木少了最粗最好的1 m长的一段，原木的出材率大约要下降约20%。因此，在确定出材率时，通常先按林分的平均胸径和树高用出材率表查出相应的林分出材率，然后再根据林分生长的状况、病腐情况等，确定一定比例的折扣。

由于木材不是标准化的产品，它有原木、非规格材，在原木和非规格材中还有大小、长短之分，各种规格的木材价格不同。因此，在测算出材率时，还必须分别种类及大小确定其出材率。实际上，要准确地确定各径级各长度的出材率来计算其出材量是不可能的，但必须把它们按价格的水平分为几类，最简单的是把其分为原木和非规格材两大类，或更细一点在原木中分大中小 3 类。计算出各类的出材量，再根据过去采伐类似林分的资料，计算各类材种的平均规格，以作为确定平均综合价格费用的基础。

（5）木材生产成本的确定

生产成本的确定是立木价确定过程中的一项重要的工作。生产成本是指与产品的生产直接相关并且是产品生产中必不可少的一切成本都应进行估算，主要包括：采伐设计成本、采伐成本、集材成本、运输成本、检尺、立木销售成本、财务费用、管理费及木材生产中的不可预见费等费用。精确计算生产成本是困难的。在现实森林中，不同地块的林分，林木的大小、林分的质量、采运的难易程度、地利等级等因素都可能有很大的差异。另外，木材生产者所用的机械设备的不同，人员素质、管理水平的高低也会使生产时的成本发生很大的差异。在测算木材加工成本时也会遇到类似的问题。成本的测定是以特定的生产者为标准，还是以最高效率的生产者为标准或者是以平均效率的生产者为标准，测算出的结果是不相同的。从林木所有者的角度出发，最好以生产率最高的生产者为标准进行成本的测算，以获得最高的立木价，但在立木资产的评估中，一般应以当地平均效率的生产者为标准进行评估。这样有利于生产者通过更新设备、提高人员素质和管理水平来提高效率得到合理的回报。

在用材林资产的评估中，准确地测算木材生产的成本是很困难的，评估人员要花费相当多的精力进行较为详细的调查。通常可利用当地林业生产的定额指标（各类的平均生产水平），结合评估日的基本工价，再根据山场的具体条件进行修正、测算。

（6）营林生产成本估算

在采用收益现值法和成本法进行用材林资产评估时，需要对营林生产成本进行测算。营林生产成本包括清杂整地、挖穴造林、幼林抚育、除草劈杂、施肥、地租等直接营林生产成本以及护林防火，病虫害防治，管理费用等按面积分摊的间接成本。营林成本的估算必须根据营林等生产的原有经营水平和技术标准，按资产评估基准日的物价和工资标准进行估算。

精确地计算每片林分的营林生产成本是困难的，也是不必要的，通常是按照当地平均生产水平计算平均营林生产成本，然后再根据各林分的林木生长状态进行调整。

（7）投资收益率确定

在采用重置成本法和收益现值法进行用材林林木资产评估时，林木培育成本的投资收益率将对林木资产的评估值产生极大的影响。经营成本的投资收益率是投资的货币资金的经济利率加上投资的风险率及通货膨胀率。在林木资产的评估中，所采用的成本均为重置成本，其投资与收益是同一时点的价格，两者间不存在通货膨胀。因此，在林木资产评估中的收益率仅含经济利率、风险率和经营者的期望值，在正常情况下它要低于一般的投资收益率。投资者的利润实际上是与风险值联系在一起的，高风险意味着高收益，高风险而低收益的行业是无人愿意投资的。在不同的森林经营类型中投资者对经营的预期回报是不同的，对于用材林中的短伐期工业原料林、经济林中的名优新品种，经营的风险相对较高，投资者也希望有较高的回报，其投资收益率要定得高一些。

(8) 树种的价值差异

在许多情况下，待销售的立木是由若干不同树种组成的，不同的树种价值相差极大。在一般的市场条件下，杉木价格较马尾松价格高，而马尾松价格又较一般阔叶材价格高，而一些珍贵树种（如楠木、红豆杉等）价格则又较杉木价格高。一般的阔叶树与珍贵树种价值可相差若干倍。如何处理多树种价值差异是经常出现的问题。不同的树种加工成不同的产品，有些作为纸浆材，有些作为锯材原木，当这些产品分别加工处理时，其采伐成本可以分开。但实际上并非如此，它们的采伐运输是同时进行的，采运成本是归在一起的，尽管树种间价值存在很大差异。按树种分别计算成本是困难的，但售价却很容易分开。

(9) 资源调查精度问题

林木资产由于其固有的性质，其各种指标均不易测定，尤其在山区，山高路陡，交通困难，采用高精度的调查方法是不可能的（成本无法承受）。森林资源的二类调查总体精度为90%，小班精度仅为80%~85%，调查精度最高的三类调查，精度也仅能达90%。三类调查的调查成本是二类调查的数十倍。森林资源调查的质量将对评估的结果产生巨大的影响。因此，在评估中只能在成本可以接受的条件下追求合理的精度。

(10) 利润率

利润率是森林资产评估中的一个关键数字，它的结果对立木价格的影响很大。利润率一般按社会平均利润率确定。利润＝生产成本×利润率。这个生产成本的基数，包括不包括立木的价格是一个重要的问题。如果林木出售者在林木采伐前仅收部分订金，整个结算在木材出售后进行，则这个生产成本基数不包括立木价，而仅是直接按木材生产的成本加定金；而林木出售者在合同订立后，即收取全部林木款，则立木价应包括在木材生产成本基数中。木材销售时收缴的税金费，原则上不应包括在生产成本基数中。但我国有的地方执行伐前交税费，即在办理采伐证时，就按伐区设计的资料收缴税、金、费。有的按90%预收，有的按60%预收，这时预收的税、金、费则也应列入木材生产的成本基数，因为木材的生产者在取得收入前已付出了这些投资。

在实际评估中利润率仅在木材生产中考虑，营林生产的投资用的是投资收益率。木材生产的利润率与营林生产的投资收益率是不同的，木材生产的利润率是在木材生产阶段产生，一般是指采伐方获取的合理报酬。营林生产的投资收益率，是指在营林生产阶段产生的，是营林（造林）者理应获得的合理报酬。一般来说采伐阶段比营林阶段风险高、管理难度大，所以木材生产的利润率高于营林生产的投资收益率。

(11) 林地的林学质量

林学质量通常也称为立地质量，它是指狭义的立地质量，主要从林木生长的角度来反映其经济价值，林木生长主要受土层厚度、腐殖质层厚度、土壤质地、海拔高度、坡位、坡向、坡形、地势等立地因子影响。由于影响林学质量的因素较多，且这些因素多有交叉的配置，因此在调查中经常简单地把立地质量分为4个立地条件类型：Ⅰ肥沃类型、Ⅱ较肥沃类型、Ⅲ中等肥沃类型、Ⅳ瘠薄类型。一个类型对应于一些地形、地势和土壤因子，但若干类土壤、地形因子的配置多种多样，4个类型等级很难包罗，因此，在评定时，时常要根据调查人员的经验进行判断，这样就不可避免地带有一定的人为主观因素。为避免人为主观因素的影响，林地质量的高低通常用地位指数来表示，如在某一基准年龄下林地上的林分优势木平均高越大，说明这块林地质量越好。

（12）林地的经济质量

经济质量主要是指林地的经济位置，它通常以林地交通运输条件作为主要指标。如以近期内道路是否能达到小班，将小班分为：即可及小班——道路已达到该小班内或小班附近，小班内采伐的木材，不要修建道路即可运出；将可及小班——近期内道路可延伸至小班或小班附近，小班采伐的木材仅需修建少量的道路（木材生产成本可承受的投资）即可运出；不可及小班——近期内道路无法延伸到小班附近，采伐木无法运出。

可及度是最粗放的地利级划分，它从道路修筑的投资出发直接决定了森林资源是否能成为资产及资产价格的高低。不可及林的资源由于近期内无法开发利用，无法体现出其经济价值，因此，不可及林的资源在近期内暂时还不能作为，而只能作为潜在性的资产。将可及林的资源由于其开发利用需要一定数量的道路修筑投资，该投资必须加到木材生产成本中，使木材生产的成本加大、生产的经济效益下降，其价格也大大降低。即可及林资源，它已具备了采集运输条件，其开发利用基本不需要道路的投资，木材生产的成本低、经济效益高，其资源性资产的价格也高。

（13）用材林经营的方式及强度

从经营的树种看，用于经营用材林的林地，可营造杉木、马尾松、一般或珍贵阔叶树种。经营不同的树种，木材收获量、木材价格不一样，收益也不一样，林地估价不同。经营强度不仅对森林生长和收获影响大，也影响林地价格。一块林地，不采取任何经营措施，收益低，地价也低；如果采取集约经营，使其生产量达到或接近土地生产潜力，提高森林的生长和收获量，地价也高。

（14）评估时间与交易案例时间的差异

评估中通常会采用到现行市价法，寻找到的交易案例的发生时间肯定与评估时点存在差异，林地价格会随着时间的不同而发生变化，无论涨或跌，应将交易案例时间对应的价格调整到评估时间点上来。

（15）生产经营周期

林木的生长需要时间。林业生产的周期很长，短则数年，多则数十年，甚至上百年，因此，在测定林地价格时必须考虑生产周期的影响。通常短周期的经营效益好，森林资源资产的价格高；而长周期的效益较低，森林资源资产的价格也较低。在森林资源资产评估中，经营周期在同龄林的经营中通常是指轮伐期，在异龄林的经营中则通常是指择伐周期。

轮伐期的确定通常是以林木的工艺成熟龄或经济成熟龄作为确定的主要依据，是根据当地需材材种的要求以及经营单位的经济和经营类型的龄级结构综合考虑确定的。

择伐周期在理论上是根据林木的生长率、择伐的强度，通过公式计算的。但在实际工作中无论是轮伐期，还是择伐周期，在评估前均已确定。

任务2.2 用材林资源资产评估清查及资料收集

2.2.1 用材林资源资产清查

用材林资源资产清查，是指评估人员对委托方委估的用材林资源资产情况进行核实、判别、鉴定及确认的活动。由于森林资源资产的特殊性，一般是委托专业的林业调查机构开展清查工作。目前存在两种情形，一种是森林资源调查，另一种是森林资源资产核查。如果委托方仅能提供权属资料，提供不了森林资源资产清单的情况下，一般是由委托方或评估机构委托第三方林业调查单位对评估对象进行资源调查，通常称为森林资源调查；另一种情况是委托方提供了森林资源资产清单，评估人员确定委托人提供的森林资源资产清单是否能够作为评估依据，需要对森林资源资产清单进行核实，这个过程称之为森林资源资产核查，一般也是由于评估机构或要求委托方委托第三方林业调查机构进行完成，出具森林资源资产核查报告。

2.2.1.1 用材林资源调查与森林资源资产清单

评估专业人员执行森林资源资产评估业务时，应当要求委托人或相关当事人提供委托评估森林资源资产清单。森林资源资产清单实际上就是一般资产评估中的委托评估资产申报表，通常是指以具有相应调查资质的森林资源调查单位当年的森林资源规划设计调查（二类调查）、伐区作业设计调查（三类调查）成果，或按林业资源管理部门要求建立并逐年更新至当年，且经补充调查修正的森林资源档案资料编制的森林资源资产清单。森林资源资产清单通常以小班为单位编制。

目前我国森林资源调查体系由三类构成。森林资源连续清查体系简称"一类调查"，是我国对于森林消耗监测的主要手段之一，我国对外公布的森林覆盖率就来自于该调查体系监测结果。其主要目的是为国家、省级或区域的林业发展规划与政策制定等提供依据，其调查是对固定样地连续调查监测进而估计总体作为主要方法，并不落实到小班或具体地块。因此，一类调查的数据通常不能适用于森林资源资产评估。而针对林业生产实践的资源数据主要来自二类调查与三类调查。森林资源调查体系详细介绍可通过扫描本书数字资源二维码进行查看。

当委托人无法提供有效的委托评估森林资源资产清单时，应要求委托人聘请具有相关资质的森林调查机构进行森林资源专项调查并编制森林资源资产清单。或经委托人同意，由评估机构委托有专业胜任能力的森林调查机构进行调查和编制森林资源资产清单。

2.2.1.2 用材林资源核查

资产评估专业人员在执行森林资源资产评估业务时，应当对森林资源资产数量、质量进行现场核查，确定委托人提供的森林资源资产清单是否能够作为评估依据。森林资源资产核查是资产评估的程序之一，也是资产评估专业人员规避评估风险的重要环节。

(1) 核查的基本要求

资产评估专业人员应对评估委托人提交的森林资源资产清单标注的内容进行核查，并要求账面、图面、实地三者一致，核查结果应满足核查的精度要求。

拟评估森林资源资产的范围为核查总体，在核查总体内应恰当确定核查总体单元的大小和边界，并计算在一定可靠性前提下的核查精度；一个核查总体单元只允许对应一个独立使用的评估值。

核查工作可参照《森林资源规划设计调查技术规程》(GB/T 26424—2010)和《森林采伐作业规程》(LY/T 1646—2005)以及林业行业相关标准。

(2) 核查项目

资产评估专业人员应阅读查验与拟评估森林资源资产有关的文件、证件、图件、资料、档案等。资产评估专业人员应依据林权证或有效法律文件，核对拟评估森林资源资产(林地及林木)的权属(所有权、使用权)及权属年限、四至界线等。资产评估专业人员应依据林相图、森林分布图、林业基本图等图面资料，核对森林资源资产的空间位置、边界线走向等。资产评估专业人员应依据县级及以上林业主管部门批准执行并具有时效的林地保护利用规划、森林区划、分类经营规划等文件，核对森林资源资产的土地种类和森林类别等。

(3) 用材林林地核查内容

用材林林地应核查的主要项目有林地类型、森林类别、林种、树种、林下资源、使用期限、使用方式(指地租支付方式)、面积、位置、立地等级、地利条件等。

(4) 用材林林木核查内容

①幼龄林(含未成林造林地)。应核查的主要项目有起源、树种组成、林龄(造林时间、苗龄)、造林成活率、造林保存率、单位面积株数、平均胸径、平均树高、蓄积量、林木生长状态、病虫害发生及自然灾害损失状况、立地等级、地利条件等。

②近、中龄林。应核查的主要项目有起源、树种组成、林龄、郁闭度、平均胸径、平均树高、蓄积量、林木生长状况、病虫害发生及自然灾害损失状况、立地等级、地利条件等。

③成、过熟林。应核查的主要项目有起源、树种组成、林龄、郁闭度、平均胸径、平均树高、蓄积量、材种出材率、林木生长状况、病虫害发生及自然灾害损失状况、可及度、立地等级、地利条件等。

森林资源实物量调查项目详细介绍可通过扫描本书数字资源二维码进行查看。

2.2.2 用材林资源资产评估资料收集

用材林资源资产评估资料一般可以从权属类资料、取价依据方面进行收集。

(1) 权属类资料

山林权属证书(林权证或不动产权证)、山林权权属图，以及有关山林经营的合同、协议书等；县以上人民政府山林权属纠纷处理办公室的有关山林权处理决定、证明；法院的裁决书、判定书等。

（2）取价依据类资料

林场概况资料；林场森林经营方案；林场森林采伐限额指标及说明；木材销售及价格（含产量、树种、材种及不同径级的价格说明）；各树种、材种、不同胸径、树高的出材率及主要材种的平均出材率；森林采伐成本（采伐工价、各阶段生产工序的定额、难度系数、各工序的生产成本、集材及林道修筑的情况及成本）；营林生产成本（营林工价、苗木及肥料、各工序生产难度、定额，平均生产成本、护林防火成本）；销售及税费（仓储及销售成本、各种税收及计税方式、各种税金及计算方法）；管理费用分摊情况；各种测树及经营用表（各树种、各材种出材率表、立木材积表、森林经营类型设计表）。

任务2.3 同龄林林木资源资产评估方法

同龄林林木资源资产，是指年龄不超过一个龄级的林分，结构相对单一，其评估方法通常有市场价格倒算法、现行市价法、收益现值法、重置成本法等，每一种方法都有应用条件和适用范围。

2.3.1 市场价格倒算法

（1）基本概念

市场价格倒算法（又称剩余价值法）是将被评估的林木皆伐后所得木材的市场销售总收入，扣除木材生产经营所耗费的成本（含税、费等）及应得的利润后，剩余的部分作为林木资产评估值的一种方法。其计算公式为：

$$E = W - C - F \tag{2-1}$$

式中：E——评估值；

W——木材销售总收入；

C——木材生产经营成本；

F——木材生产经营利润。

（2）适用范围

该方法适用可立即采伐的或近期可采伐的活立木资产评估，一般不适用幼龄林、中龄林林木资产评估，具体适用范围有以下几种类型：成、过熟林木资产评估；近熟林末期的林木资产评估；能源林林木资产评估；可采伐的单株或零星树木资产评估；中、近熟林未来主伐时的林木纯收益计算；发生火灾或病虫害需要采伐的林木评估。

（3）前提条件

市场价格倒算法是市场法的一种衍生的方法，也可以理解为收益法特殊情况的一种方法，从不同的角度有不同的归类，从木材价格来推算的话，可以理解为市场法；从倒算计算收益角度来说，是没有时间间隔下的一种收益法计算公式。应用该方法需要满足下列条件。

①需要有一个充分发育、活跃的木材交易市场。

②采伐阶段木材生产经营成本是可以取得的。

(4)方法应用关键

该方法计算简单，测算结果最贴近市场，最为林木资源资产的所有者、购买者所接受。运用本方法时，应注意以下问题。

①合理确定木材的平均价格。在木材市场上，木材的交易价格是按尾径、材长确定的，是规格化的产品价格。而在林木资源资产评估中，这种规格化的产品价格必须转化成某种材种或某类材种的平均价格。由于不同的林分所产出的同一材种的规格不同，其同一材种的平均售价将发生很大变化。在单片的成熟龄林分的评估中，必须根据待评估林分的胸径、树高、形数、材质等以单独确定材种的平均价格，而不能直接采用当地的材种平均价格。在大面积的评估中应根据近年来的交易价格和未来森林资源总体状况确定其材种的平均价格。

②合理确定待评估林分各材种的出材率。构成立木资产的林木蓄积不是规格化的产品，不同林分的立木由于胸径、树高、形数和材质的不同，其不同材种的出材率有很大的差别。材种出材率的差异直接影响木材的总售价、税费的测算，使评估结果发生较大变化。

③合理计算税费。在木材的交易中，涉及的税费以具体国家相关税收政策及各地政策文件为准，木材作为农业初级产品，多数税费有减免政策，具体以需要征收的税费为准。

④合理确定木材生产经营成本。木材生产经营成本主要包括作业准备成本(伐区设计费、道路维修费等)、采伐成本(场地清理、采伐、打枝、造材、铲皮等费用)、集运成本(集材、短途运输费用)、销售费用(检尺、仓储)、管理费用、不可预见费、林业税费等。这些成本的项目多，涉及的范围广，不同的作业区成本不同，在单块小班的评估中必须根据小班的具体情况确定其成本，在大面积的评估中要以待评估资产的整体平均水平确定其成本。

⑤合理确定木材生产经营利润。它包括采运段利润和销售段利润两部分。实际操作中主要考虑经营者的生产经营管理水平、社会的平均利润率等，通过认真细致的调查研究和资料的收集，综合确定每立方米林木的合理木材生产经营利润。

(5)应用示例

【例2-1】某50亩的小班杉木中径材成熟林，林分平均胸径为15.5 cm，林分平均树高为15 m，根据当地林业调查规划队的采伐设计与生产积累成果资料分析表明，当地类似林分的原木出材率为25%，综合材出材率为45%，其中原木出材中14 cm原木占60%，16 cm原木占25%，18 cm原木占10%，20 cm以上占5%；综合材中10~12 cm占55%，6~8 cm占35%，6 cm以下占10%，当地木材销价情况见表2-2，现评估该小班的木材的平均统销价、综合材平均价格、原木平均价格。

表2-2　杉木木材价格表

材种	短小材	小径材(cm)					原木(cm)				
		4	6	8	10	12	14	16	18	20	22
单价(元/m³)	750	900	950	1000	1040	1080	1150	1200	1240	1280	1300

根据调查及收集的资料，木材的平均价格计算见表2-3。

表2-3 杉木木材平均价格计算表

树种	出材类型	径阶	出材率(%)	占比(%)	单价(元/m³)	均价(元/m³)
杉木	综合材	4 cm 及以下	45.00	10	825	1007
		6~8 cm		35	975	
		10~12 cm		55	1060	
	原木	14 cm	25.00	60	1150	1178
		16 cm		25	1200	
		18 cm		10	1240	
		20 cm 及以上		5	1280	
	合计/平均		70			1068

由此确定本次评估所采用的木材价格为：杉原木1178元/m³，杉综合1007元/m³，如果评估采用木材统材价格的话，小班木材统材平均销售价格为1068元/m³。

【例2-2】以引入案例的008小班为例（表2-1），小班面积10.5亩，人工杉木用材林，树组组成10杉，林分平均年龄28年，平均胸径15.5 cm，平均树高14 m，林分蓄积量93 m³，采伐条件将可及，现评估小班林木资产价值。

相关技术经济指标如下。

①木材价格。木材销价以当地木材市场木材销售价格为基础（表2-4），按待评估林木资产成、过熟林的预期平均胸径综合确定木材的平均销售价格。

表2-4 木材价格表

树材种	单价(元/m³)	树材种	单价(元/m³)
杉原木	1250	杉综合	1000
松原木	850	松综合	650
杂原木	950	杂综合	750

注：杉和马尾松木材小头直径14 cm径阶及以上的木材称为原木，12 cm径阶及以下木材简称为综合材。

②木材经营成本。伐区作业设计费和木材检量费：13元/m³；杂木、马尾松直接采伐成本：120元/m³；杉木直接采伐成本110元/m³；装车及运费：130元/m³；道路延伸及维护费：15元/m³；销售费用：按销价的1%；管理费用：按销价的3%；不可预见费：按销价的2%。

③木材税费。减免。

④经营利润率。结合林业生产的实际情况，本次评估将经营利润率定为木材经营成本的12%。

⑤出材率的确定。按待评估山场成熟林林木的平均胸径以及当地生产的实际情况确定，杉木主伐出材率为70%，其中原木材为25%，综合材为45%；马尾松主伐出材率为65%，其中原木材为30%，综合材为35%。阔叶树主伐出材率为60%，其中原木材为

30%，综合材为20%。

则008号小班林木价值测算过程如下：

$$每方杉原木纯收益 = 1250-(13+110+130+15+1250\times6\%)\times(1+12\%)$$
$$= 866 元（取整）$$

$$每方杉综合纯收益 = 1000-(13+110+130+15+1000\times6\%)\times(1+12\%)$$
$$= 633 元（取整）$$

$$小班评估值 = 93\times(25\%\times866+45\%\times633)$$
$$= 46\,626（取整）$$

木材采伐作业流程、木材生产经营成本核算、木材销售收入测算详细内容可扫描本书数字资源二维码进行查看。

讨论：如果评估某杉木成熟林小班林地租金未支付，如何计算小班林木资产价值？如果小班的林地租金早已支付，按市场价格倒算法求出的林木价值是否含有林地资产价值？

2.3.2　市场成交价比较法

(1)基本概念

市场成交价比较法也称现行市价法，是将相同或类似的森林资源资产的现行市场成交价格作为比较基础，估算拟评估森林资源资产评估值的方法。对同一评估对象应选取3个以上参照交易案例，并从评估资料、评估参数指标等的代表性、适宜性、准确性方面，客观分析参照交易案例，对各估算结果进行分析判断后，可采用简单算术平均法、加权算术平均法、中位数法、众数法、综合分析法等方法确定评估结果，并在评估报告中分析所采用方法和理由。其中简单算术平均法计算公式为：

$$E = \frac{X}{N}\sum_{i=1}^{n} K_i \cdot K_{bi} \cdot G_i \tag{2-2}$$

式中：E——评估值；

　　　X——拟评估森林资产的实物量；

　　　N——参照交易案例个数；

　　　K_i——第i个参照交易案例林分质量综合调整系数；

　　　K_{bi}——第i个参照交易案例物价调整系数；

　　　G_i——第i个参照物的市场交易价格。

(2)适用范围

该方法适用范围较为广泛，理论上这种方法可以用于任何类型的森林资源资产评估，只要在市场可以找到与待评估对象类似交易案例，就可以采用这种方法。该方法的评估结果可信度高、说服力强、计算容易，常用于交易性类的森林资源资产评估。

(3)前提条件

市场成交价比较法是根据替代原则，采用比较和类比的思路及其方法判断资产价值。应用该法需要满足下列条件：

①需要有一个充分发育、活跃的资产公开市场。

②公开市场上应用足够数量的可比交易参照物和其交易活动存在。

（4）注意事项

①交易案例数据的可能性及其可靠性。

②森林资源所在地域的差异性对森林资源资产交易价格的影响。

③森林资源资产的用途和功能对交易价格的影响。

④不同林分质量、立地等级、地利条件、交易情况等因素对森林资源资产价值的影响。

（5）应用示例

【例2-3】某公司拟转让10 hm²的杉木成熟林，要求对其林木资产进行评估。根据资产清查该小班面积8 hm²，蓄积量1200 m³，地利系数为0.95。

参照案例1：某公司2年前花400 000元向邻村购买年龄、平均胸径、平均树高都与该小班相近的杉木成熟林7 hm²，蓄积量950 m³，地利系数为1.05。目前，木材销售价格由2年前的1000元/m³上涨为现在的1080元/m³。

参照案例2：附近林场1年前花320 000元向邻村购买年龄、树高相近、平均胸径为20 cm的杉木成熟林6 hm²，其蓄积量为900 m³，地利系数为0.90。1年前杉木原木材销售价格为1080元/m³。

参照案例3：某个体户近期花210 000元购买了年龄、平均胸径、树高都与该小班相近的成熟林3 hm²，蓄积量500 m³，地利系数为1.03。

根据上述指标，评估过程及结论如下。

参照案例1可得：

$$K_1 = 0.95 \div 1.05 = 0.905$$
$$K_{b1} = 1080 \div 1000 = 1.08$$
$$G_1 = 400\,000 \div 950 = 421.05 \text{ 元/m}^3$$
$$E_1 = K_1 K_{b1} G_1 = 0.905 \times 1.08 \times 421.05 = 411.53 \text{ 元/m}^3$$

参照案例2可得：

$$K_2 = 0.95 \div 0.90 = 1.056$$
$$K_{b2} = 1080 \div 1080 = 1$$
$$G_2 = 320\,000 \div 900 = 355.56 \text{ 元/m}^3$$
$$E_2 = K_2 K_{b2} G_2 = 1.056 \times 1 \times 355.56 = 375.47 \text{ 元/m}^3$$

参照案例3可得：

$$K_3 = 0.95 \div 1.03 = 0.922$$
$$K_{b3} = 1080 \div 1080 = 1$$
$$G_3 = 210\,000 \div 500 = 420 \text{ 元/m}^3$$
$$E_3 = K_3 K_{b3} G_3 = 0.922 \times 1 \times 420 = 387.324 \text{ 元/m}^3$$

采用算术平均数得出单位蓄积量林木评估值：

$$E = (411.53 + 375.47 + 387.324) \div 3 = 391.44 \text{ 元/m}^3$$

总评估值：

$$E = 391.44 \times 1200 = 469\,730 \text{ 元（取整）}$$

2.3.3　收益法

收益法是通过预测估算被评估资产对象在未来经营期间的预期收益，对未来资产带来的净收益，选择使用一定的折现率，将未来收益折现为评估基准日时的现值，将未来各期收益现值累加之和作为评估对象评估价值的一种方法。

方法的适用条件：评估对象的未来收益可以预测；评估对象的所有者所承担的风险能用货币衡量；评估对象使用时间较长且能持续产生收益或能在未来相当年内取得一定的收益。总结为收益法的3个参数，预期收益、未来收益期、折现率，是收益法应用需要解决的核心问题。

作为用材林同龄林林木资源作为评估对象，根据同龄林资产特点，一般涉及两种具体的评估方法，一种是收益净现值法；另一种是收获现值法。

2.3.3.1　收益净现值法

(1)基本概念

收益净现值法是收益法的一种，它通过估算被评估的林木资产在未来经营期内各年的预期净收益按一定的折现率折算为现值，并累计求和得出被评估森林资源资产评估值的一种评估方法。其计算公式为：

$$E_n = \sum_{t=n}^{u} \frac{A_t - C_t}{(1 + P)^{t-n}} \tag{2-3}$$

式中：E_n——n 年生林木资源资产评估值；

u——经济寿命期；

n——林分的年龄；

A_t——第 t 年的年收益；

C_t——第 t 年的年成本支出；

P——折现率。

收益净现值法通常用于有经常性收益同时具有经济寿命的林木资产，如可以采脂的湿地松林木资产、经济林林木资产。这些资产每年都有一定的收益，每年也要支出相应的成本，同时具有一定的经济寿命期。

(2)注意事项

收益净现值法的测算需要预测经营期内未来各年度的经济收入和成本支出，其预测较为麻烦，选用该方法时必须注意以下事项：

①各年度的收益和支出预测。各年度收益和支出的预测是年净收益现值法的基础，它们决定了评估的成败。因此，必须尽可能选用科学、可行的预测方法进行预测，以满足评估的要求。预测的收益和成本都应按基准日的价格水平进行测算。

②折现率的确定。收益现值法中折现率的大小对评估的结果将产生巨大的影响。一般来说，折现率中不应含有通货膨胀因素，一是因为通货膨胀率变化不定，确定困难；二是在未来收益的预测中直接用评估基准日的价格较为方便，预测未来的价格较预测实物量更为困难。所以在收益现值法中采用的收益和成本都按基准日的价格水平进行测算，它们之间

不存在通货膨胀率。但如果在未来各年的收益和成本的预测中已包括通货膨胀因素，则其折现率也应包括通货膨胀率。在确定折现率时要注意与预期收益的口径保持一致。

（3）应用示例

【例2-4】某生态林场，拟转让一片100亩湿地松林的5年采脂经营权，经调查，该100亩湿地松林株数10 000株，林龄28年，平均胸径19.8 cm，平均树高8.5 m，要求评估5年松木采脂经营权。

经调查，相关经济技术指标如下。

①产量。基于了解委托人前3年数据为基础结合评估对象生长状况，调查周边松木林产量综合市场调查情况，预测其单株产量为3斤/年；由于该湿地松林平均胸径较大，利用率较高，结合项目实际情况综合拟确定可采脂株数利用率为80%。

②销售单价。通过市场行情调查，评估基准日松香的销售单价为5元/斤。

③经营成本。采脂费用根据林地所在地劳动力市场情况，结合评估山场地形及交通情况，松香采脂费用3元/斤计算。销售及不可预见费按销售收入的10%计算。

④经营利润。生产经营利润率一般按松木林生产经营成本的15%计取。

⑤投资收益。取8%，具体计算过程如下：

销售收入=10 000×3×80%×5=120 000.00 元

经营成本=10 000×3×80%×3+120 000×10%=84 000.00 元

生产经营利润=84 000×15%=12 600.00 元

采脂年纯收益=120 000-84 000-12 600=23 400 元

根据式(2-3)，由于各年的收益与成本一致。

5 年采脂经营权=23 400×(P/A, 8%, 5)= 23 400×3.9927=93 429 元

单株采脂经营权评估值=93 429÷10 000=9.34 元/株

2.3.3.2 收获现值法

（1）基本概念

收获现值法也是收益法的一种，是根据同龄林生长特点提出的专门用于中龄林和近熟林林木资产的评估测算方法。收获现值法是利用收获表预测被评估林木资产在主伐时净收益的折现值，扣除评估基准日后到主伐期间所支出的营林生产成本折现值的差额，作为被评估林木资产评估值的一种方法。其计算公式为：

$$E = K \cdot \frac{A_u + A_a (1+P)^{u-a} + A_b (1+P)^{u-b} + \cdots}{(1+P)^{u-n+1}} - \sum_{i=n}^{u-1} \frac{C_i}{(1+P)^{i-n+1}} \qquad (2\text{-}4)$$

式中：E——评估值；

K——林分质量综合调整系数；

A_u——参照林分 u 年主伐时的净收益；

A_a，A_b——参照林分第 a、b 年的间伐和其他纯收益（$n>a$ 时，$A_a=0$；$n>b$ 时，$A_b=0$）；

u——经营周期；

n——林分年龄；

P——投资收益率；

C_i——评估后到主伐期间的年营林生产成本。

在林业生产实践中，间伐的成本在间伐净收益计算时扣除，这阶段的营林成本主要是按面积分摊的年森林管护成本（V），其计算公式可简化为：

$$E=K \cdot \frac{A_u+A_a(1+P)^{u-a}+A_b(1+P)^{u-b}+\cdots}{(1+P)^{u-n+1}}-\frac{V}{P}\left[1-\frac{1}{(1+P)^{u-n+1}}\right] \qquad (2-5)$$

（2）注意事项

收获现值法是评估中龄林和近熟林资产经常选用的方法。收获现值法的公式较复杂，需要预测和确定的项目多，计算也较为麻烦。但该方法是针对中龄林和近熟林造林年代已久，用重置成本易产生偏差，而离主伐又尚早，不能直接采用市场价倒算法的特点而提出的。该方法的提出解决了中龄林和近熟林资产评估的难点，将重置成本法评估的幼龄林资产与用市场价倒算法评估的成熟林资产的价格连接起来，形成了一个完整、系统的立木价格体系。该法的使用必须注意以下事项：

①参照林分 u 年主伐时的纯收入预测。主伐时纯收入的预测值是收获现值法的关键数据，其测算通常先按收获表、生长模型或其他方法预测其主伐时的立木蓄积量，然后再按木材市场价倒算法计算主伐时的纯收入（立木价值）。其采用的木材价格、生产定额、工价等技术经济指标均按评估基准日时的标准。

②投资收益率的确定。由于收益和成本测算中均按评估基准日时的价格标准测算，因此，其投资收益率必须是扣除通货膨胀因子的该森林经营类型当地平均收益水平的投资收益率。

③评估后到主伐期间的营林生产成本。评估后到主伐期间的营林生产成本包括直接成本和间接成本。在一般的生产实践中间伐的成本在间伐纯收入计算时已扣除了，因此这一阶段的营林成本主要是按面积分摊的年森林管护成本，这一成本相对比较稳定。

④经营周期 u 的确定。经营周期也称为轮伐期，它表示林木造林后经过正常生长发育可以采伐利用为止所需的时间，一般根据各树种丰产栽植规范或森林资源调查设计规程的相关规定确定。

⑤间伐时间及间伐纯收入的确定。林分的间伐时间通常按该林分所属经营类型或经营类型措施设计表所规定的间伐时间设定，其间伐的数量按当地该类型 a 年或 b 年生林分间伐的平均水平，根据木材市场价倒算法计算。但必须注意：同一规格的间伐材的价格要低于主伐材；间伐的单位生产成本要高于主伐时的单位生产成本。

⑥调整系数 K 的确定。在收获现值法中，调整系数 K 主要是对主间伐的收益值进行调整，依据待评估林分的现实的蓄积量和平均胸径与参照林分在同一年龄时的蓄积量和平均胸径（通常是收获表、生长过程表或生长模型上的值）的差异来综合确定，具体计算式如下：

$$K=K_1 \cdot K_2 \qquad (2-6)$$

式中：K——林分质量调整系数；

K_1——蓄积量调整系数；

K_2——胸径调整系数。

$$K_1=\frac{m}{M} \qquad (2-7)$$

$$K_2 = \frac{d}{D} \tag{2-8}$$

式中：m——拟评估林分单位面积蓄积；

M——参照林分(或标准林分)单位面积蓄积。

d——拟评估林分平均胸径；

D——参照林分平均胸径。

(3)应用示例

【例2-5】杉木在某地位指数下的林分因子生长过程见表2-5，现有一块同地位指数下的小班，经调查其林分平均年龄15年，平均树高10.2 m，平均胸径12.5 cm，蓄积量8.5 m³/亩，预测其26年主伐时的平均胸径、树高、蓄积量，如果采用收获现值法评估该小班林木资产价值，计算该小班的林分质量调整系数。

表2-5 杉木在某地位指数下的生长过程表

林龄(a)	平均胸径(cm)	平均树高(m)	单位面积蓄积量(m³/亩)
5	2.6	2.9	1.2
6	3.5	3.7	1.9
7	4.6	4.4	2.8
8	5.6	5.1	3.8
9	6.7	5.8	4.8
10	7.7	6.5	6.0
11	8.6	7.2	7.2
12	9.5	7.8	8.4
13	10.4	8.4	9.7
14	11.2	8.9	10.9
15	11.9	9.5	12.1
16	12.5	10.0	13.2
17	13.1	10.4	14.3
18	13.6	10.9	15.4
19	14.1	11.3	16.4
20	14.6	11.7	17.3
21	14.9	12.0	18.2
22	15.3	12.4	19.1
23	15.6	12.7	19.8
24	15.9	13.0	20.5
25	16.1	13.2	21.2
26	16.3	13.5	21.8

注：如果林分年龄是从造林年算起，应用该表时年龄需加苗龄。

①查表2-5可知，该地位指数杉木林分15年生时的平均树高9.5 m，平均胸径11.9 cm，蓄积量12.1 m³/亩。

②求各测树因子的修正系数。

树高调整系数：

$$K_H = \frac{10.2}{9.5} = 1.0737$$

胸径调整系数：

$$K_D = \frac{12.5}{11.9} = 1.0504$$

蓄积调整系数：

$$K_V = \frac{8.5}{12.1} = 0.7024$$

③查表2-5可知26年主伐时，该地位指数林分的平均树高13.5 m，平均胸径16.3 cm，蓄积量21.8 m³/亩。

④计算各测树因子的预测值。

$$平均树高 = 13.5 \times 1.0737 = 14.5 \text{ m}$$
$$平均胸径 = 16.3 \times 1.0504 = 17.12 \text{ cm}$$
$$每亩蓄积量 = 21.8 \times 0.7024 = 15.3 \text{ m}^3/亩$$

⑤计算林分质量调整系数。

$$K = K_1 \cdot K_2 = K_V \cdot K_D = 1.0504 \times 0.7024 = 0.738$$

讨论：在采用收获现值法计算中龄林林木资产价值时，如何选取参照林分？选取时需要考虑哪些因素？

【**例2-6**】以引入案例的006小班为例（表2-1），小班面积38.7亩，人工杉木用材林，树组组成10杉，林分平均年龄18年，平均胸径14.5 cm，平均树高13.5 m，林分蓄积量248 m³，采伐条件将可及，现评估小班林木资产价值。

相关技术经济指标如下：

①相关价格与木材经营成本与【例2-2】相同。

②该类型杉木的经营周期（轮伐期）为25年。

③中龄林至主伐时会发生营林成本，成本分别为管护费5元/亩，年支付地租25元/年。

④同类立地质量下的杉木标准林分生长模型如下：

$$V = 421.725718 \times (1-e^{-0.10151t})^{3.432699} \tag{2-9}$$
$$D = 17.97055(1-e^{-0.12747A})^{2.591614} \tag{2-10}$$

⑤杉木投资收益率取6%，具体测算过程如下：

a. 林分质量调整系数计算。

胸径调整系数：通过上述林分生长模型，计算标准林分同年度的平均胸径为13.6 cm，现实林分平均胸径为14.5 cm。

$$K_2 = 14.5 \div 13.6 = 1.07$$

蓄积量调整系数：通过上述林分生长模型，计算标准林分同年度的单位面积为15.4 m³/亩，主伐时蓄积量为21.8 m³/亩，现实林分单位面积为9.09 m³/亩。

$$K_1 = 9.09 \div 15.4 = 0.59$$

林分质量调整系数：

$$K = K_1 \cdot K_2 = 0.59 \times 1.07 = 0.63$$

b. 评估值计算。利用收获现值法见式（2-4），小班已间伐过，至主伐时无须再间伐，不考虑间伐收益。

根据上述的营林成本30元/亩，投资收益率6%，结合【例2-2】计算数据，杉原木纯收益866元/m³，杉综合纯收益633元/m³。则计算得到：

006小班林木亩评估值 $= 0.63 \times [21.8 \times (0.25 \times 866 + 0.45 \times 633)] /$
$$(1+6\%)^{25-18+1} - 30 \times [1 - 1/(1+6\%)^{25-18+1}]/6\%$$
$$= 4134 \, 元/亩$$

006小班林木价值 $= 4134 \times 38.7 = 159\,927$ 元

2.3.4　重置成本法

(1) 基本概念

重置成本法也称成本法，是按现时条件下重新购置或建造一个全新状态的被评估资产所需要的全部成本，减去被评估资产已经发生的实体性贬值、功能性贬值和经济性贬值，得到的差额作为被评估资产价值的一种评估方法。

在森林资源资产的评估中，重置成本法是按现时的工价及生产水平重新营造一块与被评估林木资产相类似的资产所需的成本费用，作为被评估林木资产的评估值。其计算公式为：

$$E_n = K \cdot \sum_{i=1}^{n} C_i \cdot (1 + P)^{n-i+1} \tag{2-11}$$

式中：K——调整系数；

C_i——第 i 年的以现行工价及生产水平为标准的生产成本；

n——林木年龄；

P——投资收益率。

(2) 应用范围

成本法与其他评估方法相比具有特殊用途，一般适用于用材林市场发育不成熟，成交实例不多，无法利用市场法、收益法等方法进行评估的情况。对于既无收益又很少有交易情况的幼龄林、未成林造林地比较适用。对于幼龄林来说，其未来的收获预测困难，收益法难以应用，市场上很难找到交易案例。而作为营造不久的幼龄林，其各项营林成本较清晰，测算重置成本较为容易，因此重置成本法最适合幼龄林林木资产的评估。

幼龄林发生的造林成本越高，并不意味着幼龄林价值就必定高；幼龄林发生的造林成本低，也并不意味着幼龄林价值就低；一定要结合幼龄林的长势情况，林分调整系数确定对成本法的应用非常关键。

(3) 前提条件

重置成本法的价值理论基础是生产费用价值论，就是说资产的价值大小由其资产生产的有效费用构成，其价值等于"成本加平均利润"来计算，并且需要具备两个条件：一是自

由竞争(即可以自由进出市场);二是该种商品本身可以大量重复生产。因此,运用成本法评估时,要求幼龄林林木资产具备以下前提条件。

①评估对象处于继续使用状态或被假定处于继续使用状态,购买者对拟进行交易的评估对象不改变原来用途。

②评估对象的实体特征、内部结构及其功能效用必须与假设重置的全新资产具有可比性。

③评估对象必须是可以再生的、复制的,不能再生、复制的评估对象不能采用重置成本法。

(4)注意事项

①运用重置成本法评估林木资源资产必须确定合理的投资收益率。林木经营周期往往长达数十年,这期间经营基本上无收益(或仅有少量收益),且营林投入和风险主要集中在前几年。这会造成资金占用的时间很长,因此需要合理确定投资收益率,计算资金占用成本和投资收益。

②运用重置成本法评估林木资产一般不需要考虑成新率问题。林木的经营过程中,投资形成资本的累积,生长过程中没有收益或有很少收益,不存在实体性损耗,资产的价值一直增加,要到主伐时才一次性将林木采伐和出售,资本全部收回。因此,在林木的重置成本法中一般不存在资产的折旧问题,也就不存在成新率。

③运用重置成本法评估林木资产必须根据林分质量调整估算评估值。不同林分的质量差异较大,其重置成本一般是指社会平均劳动的重置值。其林分的质量是以当地平均的生产水平为标准。但各块林分由于经营管理水平的不同,与平均水平的林分存在差异。因此,各块林分的价值必须用林分质量调整系数进行调整。

基于我国对于森林培育的营林标准要求,在实际操作中,幼龄林中一般用株数调整系数和平均树高调整系数综合确定,在中龄以上的林分用平均胸径调整系数和蓄积调整系数综合确定。

a. 株数调整系数 K_1:株数调整系数 K_1 是依据株数保存率 r 与造林标准合格率 R 之间的比较确定。

$$株数保存率(r) = 林地实有保存株数/造林设计株数$$

在幼龄林(未成林造林地幼树)的评估中,$r>R$,$K_1=1$;$r<R$,$K_1=r/R$ 根据生产的实际情况,在未成林造林地中,如果株数保存率 $r<40\%$,一般认为造林失败,必须重造,而且重造的成本并不比初次造林成本低,因此,在未成林造林地中,当 $K<40\%$ 时,则 $K_1=0$。在幼龄林阶段中后期,林分一般已郁闭,如果株数保存率 $r<40\%$,但林木的分布均匀,有成林希望,这时 K_1 不能等于零,可以等于 r/R。

b. 树高调整系数 K_2:

$$K_2 = 拟评估林分平均树高/参照林分平均树高$$

确定树高调整系数的关键在于寻找合适的参照林分的平均树高。通用的做法是选择适合评估地区的各树种幼龄树高平均生长过程表,拟合树高平均生长方程,测算评估年度的平均树高作为参照林分的标准平均树高。

营林生产成本及营林工艺流程相关内容可通过扫描本书数字资源二维码进行查看。

（5）应用示例

【例2-7】以引入案例的009小班为例（见表2-1），小班面积748.2亩，人工杉木用材林，幼龄林，树组组成10杉，造林年数4年，平均树高3.2 m，株数保存率92%，采伐条件将可及，现计算该小班林木资产价值。

①相关经济技术指标。

林地地租：根据被评估林地所处地理位置和立地质量，参照周边地区地租水平，道路修建程度，综合确定地租为25元/（亩·年）。

造林调查设计费：6元/亩。

清山：80元/亩。

整地（含挖穴）：220元/亩。

苗木费：66元/亩。

植苗费：80元/亩。

未成林抚育费用：4年抚育，前三年费用200元/（亩·年），第4年100元/（亩·年）。

新开林区公路：60元/亩。

新开防火线：15元/亩。

其他成本：病虫害防治费4元/（亩·年），防火费6元/（亩·年），林木管护费8元/（亩·年），营林管理费用12元/（亩·年），其他费用20元/（亩·年）。

②杉木林分平均树高生长模型。

杉木：

$$H = 17.599\,78 \times (1 - e^{-0.0821t})^{1.561\,065} \tag{2-12}$$

式中：H——平均树高；

t——平均年龄。

③评估测算过程及结论。

根据上述已知数据，各年度造林成本见表2-6。

表2-6　年度造林成本　　　　　　　　　　单位：元/亩

成本		年度			
		第1年	第2年	第3年	第4年
直接费用	林地地租	25	25	25	25
	清山	80			
	整地	220			
	苗木	66			
	栽植	80			
	抚育	200	200	200	100
	病虫害防治费	4	4	4	4
	管护费用	8	8	8	8
	防火费用	6	6	6	6

（续）

成本		年度			
		第1年	第2年	第3年	第4年
间接费用	造林作业设计	6			
	管理费用	12	12	12	12
	其他费用	20	20	20	20
	新开林区道路	60			
	防火线	15			
小 计		802	275	275	175

小班保存率92%，大于造林保存率85%，故株数调整系数 $K_1 = 1$。根据树高生长模型，同年度参照林分 3.18 m，小班林分平均树 3.2 m。故树高调整系数 $K_2 = 3.2 \div 3.18 \approx 1$。

该小班林木评估值 $= 748.2 \times 1 \times 1 \times (802 \times 1.06^4 + 275 \times 1.06^3 + 275 \times 1.06^2 + 175 \times 1.06^1)$

$$= 1\,373\,695 \ 元$$

任务2.4 异龄林林木资源资产评估方法

根据异龄林的结构与经营特点，异龄林林木资源资产的评估测算常用收益现值法和市场成交价比较法，一般不用成本法和市场价倒算法，因为现有异龄林多数为天然异龄林，其投资成本难以确定，就是有人工营造的异龄林，因其营造的年限很长，在营造的过程中，营林成本、木材生产成本很难分清，更增加了其成本测算的困难，使各重置成本法无法使用，在异龄林中可以采伐的仅部分林木，而大部分是充满生机的中、小径的中龄、幼龄林木，这部分林木是不能应用市场价倒算法进行测算的。

2.4.1 收益现值法

收益现值法也是将异龄林未来收益折现的一种计算方法，属于收益法的一种，共性情况都一样，只是由于异龄林资源本身的特点，收益法计算公式呈现形式不同。异龄林的收益来源于两种永久性的生产资本：林木和林地。林地是生长着异龄林的土地及其环境，是林木生长的基础，既是资本又是产品。在异龄林中，林地与林木资产的收益是交织在一起的，无法细分它们，因而只能用比例法将其林木的收益和林地的收益大致分开。择伐后，随着林分逐渐接近下一次择伐，林木的价值显然在增加，因此，必须计算择伐后时间不同的异龄林林分的蓄积。一般分为3种不同的情况。

（1）异龄林刚择伐后的评估

对于刚择后的异龄林林木资源资产的收益现值，计算公式为：

$$E_B = \frac{A_u}{(1+P)^u - 1} - \frac{V}{P} \qquad (2\text{-}13)$$

式中：E_B——刚择伐后异龄林资产（林地、林木）总评估值；

$\quad A_u$——择伐的纯收入；

$\quad P$——投资收益率；

$\quad V$——年管护费用；

$\quad u$——择伐周期。

在求得林地和林木的总评估值 E_B 后，按照当地的习惯、经验和林地的状况确定林木和林地各占的份额并确定比例系数。将评估值乘上林木的比例系数，就得到异龄林林木资产评估，计算公式为：

$$E_u = K \cdot E_B = \frac{K \cdot A_u}{(1+P)^u - 1} - \frac{K \cdot V}{P} \qquad (2\text{-}14)$$

式中：E_u——刚择伐后异龄林林木资产评估值；

$\quad K$——林木资产所占的份额系数；

$\quad$其他参数含义同式(2-13)。

【例2-8】某一异龄林小班刚择伐过，其面积为 10 hm^2，现有保留基准蓄积量240 m^3/hm^2，要求评估其林木资产的评估值。

据调查该小班择伐周期为 10 年，择伐原则为留小伐大并兼顾留好伐残原则，择伐强度为20%，择伐时小班的平均蓄积量 300 m^3/hm^2，出材率70%，出材的50%是大径木原木，30%为中径原木，20%为小径和非规格材，由于口径较大，平均每立方米木材平均可获纯收入 350 元。每年分摊的管护费 45 元/hm^2，利率为5%。根据当地的经营林价中山价（地租）所占的份额，小班林地的立地条件和地利等级，确定其林木在总价值中所占的份额为80%，即 $K=0.8$。

刚择伐后异龄林林木资产评估值：

$$E_u = \frac{K \cdot A_u}{(1+P)^u - 1} - \frac{K \cdot V}{P}$$

$$= \frac{0.8 \times 350 \times 300 \times 20\% \times 70\%}{1.05^{10} - 1} - \frac{0.8 \times 45}{0.05}$$

$$= 17\,979 \text{ 元/hm}^2$$

（2）异龄林择伐 n 年后的评估

在异龄林中，择伐后随着林分逐渐接近下一次择伐，林分的蓄积量在增长，林分的价值在增加，这时可用择伐后的林木评估值和采伐时的纯收入的折现值扣除评估时到采伐前间隔期内所付出的成本前价，再得到林木资产的价值，其计算公式为：

$$E_n = K \cdot \left[\frac{A_u \cdot (1+P)^n}{(1+P)^u - 1} - \frac{V}{P} \right] \qquad (2\text{-}15)$$

【例2-9】按【例2-8】提供的基础数据，如果该小班已择伐 6 年，现要求评估其林木资产的现值。

$$E_n = K \cdot \left[\frac{A_u \cdot (1+P)^n}{(1+P)^u - 1} - \frac{V}{P} \right] = 0.8 \times \left[\frac{350 \times 300 \times 20\% \times 70\% \times (1+0.05)^6}{(1+0.05)^{10} - 1} - \frac{45}{0.05} \right]$$

$$= 24\ 339\ \text{元/hm}^2$$

该小班的林木资产评估值为 243 390 元。

(3) 未成熟异龄林林木资源资产评估

未成熟林先按成熟林的择伐纯收益和计算公式计算价值，再将其折为现值，其计算公式为：

$$E = K \cdot \frac{A_u \cdot (1+P)^u}{[(1+P)^u - 1] \cdot (1+P)^{q-n}} - \frac{V}{P} \tag{2-16}$$

式中：q——林分成熟年龄；

n——林分年龄；

其他参照符号同上式。

2.4.2　市场成交价比较法

在异龄林中使用市场成交价比较法关键是选择参照的交易案例，在异龄林中由于其林相较同龄林复杂得多，其案例的收集也困难得多。在选择案例时首先应考虑树种组成，因为在复层混交的异龄林中，树种结构的差异对林木价值的影响极大；其次是径级结构，林分中大径木的数量直接影响了林木的平均价格和总价值；最后是立木的蓄积量。因此，在评估中其林分的质量调整系数的确定必须考虑树种结构、径级结构、蓄积量和地利等级，而树种结构和径级结构对林木价值的影响通常无法用一个数学公式计算量化，必须根据评估人员的经验，进行认真的分析，作出客观判断确定。该方法的测算公式与同龄林中使用的公式相同。

2.4.3　异龄林林木资源资产评估中必须注意的问题

在异龄林林木资源资产评估中，由于异龄林结构与经营特殊性，必须注意下列问题。

(1) 择伐周期的确定

在异龄林经营中，采伐符合一定尺寸的林木后，林分通过其保留木的继续生长，其蓄积量恢复到择伐前的水平可再次择伐利用的经营期，称为择伐周期。择伐周期不同于轮伐期，它的时间一般较短，多在 10~20 年，少的只有 6~7 年，它的长短主要与择伐的强度和择伐后林木的平均生长率有关。择伐后林分各年的蓄积量平均生长率是不同的，择伐后前 1~2 年最大，之后逐年下降。其平均生长率仅能利用调查的材料，求出一个大致的平均数，用来求算择伐周期。择伐周期确定其他相关内容可通过扫描本书数字资源二维码进行查看。

(2) 择伐强度的确定

择伐强度是异龄林经营中重要的技术经济指标，它直接影响择伐周期的长短和每次择伐的木材产量、质量及生产成本，从而直接影响其评估值，择伐强度是有法规限定其最高值的。在我国择伐的强度不允许超过 40%，一般以 20%~30% 为佳。在经营集约的地方，一般择伐强度较小，择伐周期短，生产成本稍高，择伐出的大径木比例大。在经营粗放的地方择伐强度大，择伐周期长，木材生产成本稍低，择伐出的中小径木比例大。

（3）采伐量及出材量的确定

择伐的采伐量等于择伐时林分的蓄积量乘上择伐强度。因此，在确定了强度之后，择伐蓄积量的预测关键是预测其林分在主伐时的蓄积量。在异龄林经营中目前尚无异龄林的生长过程表、收获表编制的报道。其预测相对比较困难，能够根据当地进行择伐的异龄林的平均水平，再参照林分现实的生长状况，综合进行确定。

（4）主伐木纯收益的确定

异龄林的择伐中由于所择伐的林木年龄、径级一般较大，而且年轮均匀，木材的质地较好，因而相同直径、相同树种、相同的材长的林木，其价格可能不一样。总之，异龄林的木材价格较高，在评估时必须引起重视。

任务2.5　用材林林地资源资产评估方法

2.5.1　同龄林林地资源资产评估

同龄林是林分中林木年龄相对一致的森林，结构单一，经营措施易于实施。其林地资源资产评估方法相应比较成熟，主要方法有林地期望价法、市场或交价比较法等。

2.5.1.1　林地期望价法

林地期望价法是以实行永续皆伐为前提，将无穷多个轮伐期的纯收入全部折为现值的累加求和值作为林地价值的方法。根据林地经营的实际情况，也可以分为正常状态下的林地期望价法和异常状态下的林地期望价法。

（1）正常状态下的林地期望价法

正常状态是指林地每个轮伐期的长度都相等，而且每个轮伐期的纯收入也都相等。其计算公式为：

或

$$B_u = \frac{A_u + D_a(1+P)^{u-a} + D_b(1+P)^{u-b} + \cdots - \sum_{i=1}^{n} C_i(1+P)^{u-i+1}}{(1+P)^u - 1} - \frac{V}{P}$$

$$B_u = \frac{A_u + D_a(1+P)^{u-a} + D_b(1+P)^{u-b} + \cdots - C(1+P)^u}{(1+P)^u - 1} - \frac{V}{P}$$

(2-17)

式中：B_u——林地评估值（无限期林地使用权价格）；

A_u——现实林分 u 年主伐时的纯收入（指木材销售收入扣除采运成本、销售费用、管理费用、财务费用、有关税费以及木材经营的合理利润后的部分）；

D_a，D_b——第 a、b 年的间伐纯收入；

C_i——各年度的营林直接投资（大多数情况下仅前4年才有，指年初投入）；

P——利率(投资收益率、资本化率);

n——轮伐期的年数;

C——造林直接投资(前几年的折现为第 1 年的投资);

V——平均营林生产间接费用(包括森林保护费、营林设施费、良种实验费、调查设计费,以及其生产单位管理费、场部管理费和财务费用等)。

上述公式是建立在永续经营前提下,是无限期林地使用权价格,而在评估实践中,经常是评估一定期限的林地使用权价格,如一个轮伐周期、30 年、50 年等,这里涉及无限期林地价格转换成有限期林地价格,可以将上述公式修正如下:

①一个轮伐周期的林地期价法。依照林地期望价法的思路,同样假设在待评估林地上营造用材林同龄林,经过抚育、管护、间伐到林分成熟后进行主伐,评估的方法是将一个轮伐期的收入和支出全部折现,用收入折现值减去支出折现值即为一个轮伐期的林地使用权评估价值。其计算公式为:

$$B_u = \frac{A_u + D_a (1+P)^{u-a} + D_b (1+P)^{u-b} + \cdots - \sum_{i=1}^{n} C_i (1+P)^{u-i+1}}{(1+P)^u}$$
$$- \frac{V}{P}\left[1 - \frac{1}{(1+P)^u}\right] \quad (2\text{-}18)$$

式中:B_u——林地评估值(一个轮伐期林地使用权价格);

P——利率(投资收益率、折现率);

其他参数含义同式(2-17)。

②非无限期林地期价法通式。依据无限期土地资产价值转换成有限期土地资产价值思路,选取适当的折现率,根据使用期限,确定有限期林地使用权价格。其计算公式为:

$$B_n = \left[\frac{A_u + D_a (1+P)^{u-a} + D_b (1+P)^{u-b} + \cdots - \sum_{i=1}^{n} C_i (1+P)^{u-i+1}}{(1+P)^u - 1} - \frac{V}{P}\right] \quad (2\text{-}19)$$
$$\times \left[1 - \frac{1}{(1+P)^n}\right]$$

式中:B_n——林地评估值(n 年有限期林地使用权价格);

其他参数含义同式(2-17)。

【例2-10】某林场培育 10 hm² 杉木人工林,第 1 年投入 9000 元/hm²,第 2、3 年投入 2400 元/hm²,第 4 年投入 1200 元/hm²,每年管护费 150 元/hm²,26 年主伐产量 245 m³/hm²,出材率75%,其中规格材50%,非规格材25%。第 11 年进行第一次间伐,产非规格材 7 m³/hm²,扣除成本、税费,纯收入为 900 元/hm²;第 16 年进行第二次间伐,产非规格材 13 m³/hm²,扣除成本、税费后,纯收入 3200 元/hm²。杉木规格材价格 1100 元/m³,生产销售成本 310 元/m³(含生产段利润),税金费 80 元/m³;非规格材价格 850 元/m³,生产及销售非规格材成本 290 元/m³,税金费 72 元/m³;按投资收益率6%计。计算其地价、26 年林地使用权价格及地租。

根据以上资料，单位公顷杉木主伐的纯收入为：

$$245 \times [0.5 \times (1100-310-80)+0.25 \times (850-290-72)] = 116\,865 \text{ 元}$$

管护费用现值：

$$150 \div 0.06 = 2500 \text{ 元}$$

利用林地期望价计算公式：

$$\text{地价} = [116\,865+900 \times 1.06^{15}+3200 \times 1.06^{10}-(9000 \times 1.06^{26}+2400 \times 1.06^{25}+$$
$$2400 \times 1.06^{24}+1200 \times 1.06^{23})] \div (1.06^{26}-1)-2500$$
$$= 14\,181 \text{ 元/hm}^2$$
$$= 945 \text{ 元/亩}$$

$$\text{年地租} = 14\,181 \times 0.06 = 851 \text{ 元/hm}^2$$
$$= 56.7 \text{ 元/亩}$$

$$26 \text{ 年林地使用权价格} = [116\,865+900 \times 1.06^{15}+3200 \times 1.06^{10}-(9000 \times 1.06^{26}+$$
$$2400 \times 1.06^{25}+2400 \times 1.06^{24}+1200 \times 1.06^{23})] \div$$
$$1.06^{26}-150 \times (1.06^{26}-1) \div 1.06^{26} \div 0.06$$
$$= 11\,064 \text{ 元/hm}^2$$
$$= 738 \text{ 元/亩}$$

或

$$26 \text{ 年林地使用权价格} = 14\,181 \times (1-1 \div 1.0626)$$
$$= 11\,064 \text{ 元/hm}^2$$
$$= 738 \text{ 元/亩}$$

（2）异常状态下的林地期望价法

同龄林经营中存在着一些特殊的问题，这些问题主要有：

①因地力衰退而需要轮作。相当部分的同龄林经营会出现地力衰退，生产力下降的情况。以杉木纯林为例，第二代生产力下降30%，第三代下降50%，因此在杉木林采伐后，最好进行轮作，种植一代带有菌根的树种（如马尾松或豆科的有固氮能力的一些树种）。在这种情况下，计算的公式将发生变化，必须将主要树种的轮伐期与轮作树种的轮伐期两者相加，形成一个大的经营周期，将所有收支折算到经营期末，其地价计算公式为：

$$B_u = \frac{A_n(1+P)^m+A_m+D_a(1+P)^{m+n-a}+D_b(1+P)^{m+n-b}+\cdots-[C_1(1+P)^{n+m}+C_2(1+P)^m]}{(1+P)^{m+n}-1}-\frac{V}{P}$$

$$(2\text{-}20)$$

式中：n——第一代树种的轮伐期；

$\quad\quad m$——第二代树种的轮伐期；

A_n，A_m——分别为第一、二代树种主伐纯收入；

D_a，D_b——第 a、b 年的间伐纯收入；

$\quad\quad C_1$——第一代树种的造林成本；

$\quad\quad C_2$——第二代树种的造林成本。

②第一期的收益和轮伐期与以后各期的收益和轮伐期不同。在森林经营中经常出现因

社会经济条件的改变而改变目的树种的情况。如造纸林基地中现有的杉木幼林，在它们主伐后，将长期转为经营马尾松造纸工艺林，这时它们的收益值与轮伐期与第一期的杉木都不相同，此时计算公式应改为：

$$B_u = \frac{A_u + D_a(1+P)^{u-a} + D_b(1+P)^{u-b} + \cdots - C_n(1+P)^u}{(1+P)^u}$$

$$+ \frac{A_m + D_a(1+P)^{m-a} + D_b(1+P)^{m-b} + \cdots + C_m(1+P)^m}{(1+P)^u[(1+P)^m - 1]} - \frac{V}{P} \qquad (2\text{-}21)$$

式中：u——第一期造林树种的轮伐期数；

m——第二期以后各期的轮伐期数；

其他参数含义同式(2-20)。

2.5.1.2 市场成交价比较法

市场成交价比较法也称为林地现行市价法，就是以具有相同或类似条件林地的现行市价作为比较基础，估算林地评估值的方法。这是资产评估中的一种常见办法，林地市场在不断发育和完善，林地的市场交易愈加频繁，这种方法应用越来越多。其计算公式为：

$$B_u = K_1 \cdot K_2 \cdot K_3 \cdot K_4 \cdot G \cdot S \qquad (2\text{-}22)$$

式中：B_u——林地评估值；

K_1——立地质量调整系数；

K_2——地利等级调整系数；

K_3——物价指数调整系数；

K_4——其他各因素的综合调整系数；

G——参照案例的单位面积林地交易价值；

S——被评估林地面积。

现行市价法适用于各类林地资源资产的评估。但应用此法必须具备以下条件：

①具有较为活跃的林地使用权资产交易市场，能够选取一样数量与被评估林地条件类似的林地资源资产交易案例作为评估的参照物。

②能够了解到参照物的主要价值影响因子的参数，与待评估资产进行差异因素分析与调整。

由于现实中几乎没有与被评估资产完全相同的交易案例作参照物，因此需要根据被评估资产与参照物的差异分析，通过一定的调整系数进行调整计算。就林地资源资产而言，差异主要体现在立地质量、地利等级、评估时点的差异、林地使用年限、交易情况等因素。因此，评估时，要找出交易案例林地与被评估林地之间的差异，将被交易案例的单位面积价格调整到被评估林地状态下的价格，最后采用算术平均或加权平均综合确定被评估林地资源资产的价格。

【例2-11】2012年6月30日，某公司拟购买一块10 hm²的用材林无林地，要求对其用材林林地资产进行评估。根据资产清查该小班面积10 hm²，用材林林地规划用途为杉木林地，杉木数量化地位指数14，平均采材距1500 m，运距30 km；该用材林林地剩余使用年限为40年。

参照案例1：一年前，某公司向林户购买了8 hm² 类似的林地，经了解：交易单价500元/亩，一次性支付，林地使用年限为50年；该林地的杉木数量化地位指数13，平均采材1000 m，运距20 km。

参照案例2：半年前，某林场向某村庄购买了6 hm² 类似的林地，经了解：交易单价600元/亩，一次性支付，林地使用年限45年；该林地的杉木数量化地位指数15，平均采材1000 m，运距30 km。

参照案例3：一个月前，某个人向另一个人购买了5 hm² 类似的林地，经了解：交易单价520元/亩，一次性支付，林地使用年限35年；该林地的杉木数量化地位指数14，平均采材2000 m，运距40 km。

根据进一步调查，相关技术指标如下：

①该省杉木数量化地位指数得分见表2-7。

表 2-7　某省杉木分区数量化地位指数得分表

项目	类目	亚 区 号						
		鄱阳湖平原	怀玉山	幕阜山九岭山	罗霄山	武夷山	赣中丘陵	赣南南岭山地
		得分	得分	得分	得分	得分	得分	得分
坡位	山脊	1.83	1.55	1.18	1.84	1.54	1.61	1.25
	山坡	2.87	2.96	3.17	4.23	3.24	2.67	3.49
	山洼	3.87	4.62	4.30	5.55	4.82	3.93	4.67
坡向	阳、半阳	0.15	0.22	0.16	0.15	0.27	0.23	0.13
	阴、半阴	1.20	1.57	1.30	1.20	1.35	1.20	1.80
海拔（m）	<300	0.66	1.92	3.10	2.01	2.59	2.30	1.87
	300~500	2.6	3.83	3.70	2.45	3.26	3.20	2.65
	500~800	1.4	1.43	1.79	1.20	1.31	1.26	1.35
	>800			1.24	0.84			0.88
母岩	花岗岩	2.05	0.76	1.86	1.41	1.50	2.00	1.11
	砂岩	1.42	2.12	1.62	0.46	2.87	2.52	1.92
	泥质岩	1.00	1.07	0.77	0.68	1.15	2.05	1.66
	红黏土	0.70					0.98	0.81
土层厚度（cm）	<40	1.30	1.16	1.19	1.36	0.93	0.91	0.99
	40~80	2.48	2.12	2.06	2.48	1.48	1.78	1.84
	>80	3.95	2.65	2.83	3.19	2.29	2.32	2.50
腐殖质厚度（cm）	<10	0.80	1.42	1.53	1.70	1.47	1.61	1.89
	10~20	1.24	2.14	2.65	3.42	3.25	3.15	3.28
	>20	2.48	3.31	3.59	3.99	3.61	4.13	4.38

②杉木标准林分蓄积量收获模型：

$$M = C_0 SI^{C_1} [1 - e^{(C_2 + C_3 SI + C_4 SI^2)A}]^{(1 - C_5 - C_6 SI - C_7 SI^2)^{-1}} \qquad (2\text{-}23)$$

式中：M——蓄积量；

SI——地位指数；

A——林分年龄；

C_0，C_1，…，C_7——待定参数（表2-8）。

表2-8 待定参数表

模型	参　数							
	C_0	C_1	C_2	C_3	C_4	C_5	C_6	C_7
杉木	7.327 729	1.535 658	-0.085 146	-0.002 443	0.000 091	0.845 296	-0.010 514	0.000 054

以杉木主伐年龄26年计算，$SI = 13$，$M = 289.5$ m³/hm²；$SI = 14$，$M = 327$ m³/hm²；$SI = 15$，$M = 365.9$ m³/hm²。

③杉原木中径材的平均价格走势见表2-9。

表2-9 杉原木中径材平均价格走势　　　　　　　单位：元

年月	2011年11月	2011年12月	2012年1月	2012年2月	2012年3月	2012年4月	2012年5月	2012年6月
价格	1200	1250	1250	1250	1280	1280	1300	1300

④杉木木材生产经营成本。

伐区作业设计费：10元/m³。

采伐成本：130元/m³。

集材费用：30元/(m³·km)。

运输费用：1.2元/(m³·km)。

装车费用：20元/m³。

量检费用：6元/m³。

销售、管理、不可预见费用：销价的6%。

税金：72元/m³。

⑤木材生产利润：25元/m³。

⑥投资收益率：取6%，根据计算公式，先列出调整系数计算式。

立地质量修正系数：

$$K_1 = \frac{评估对象立地等级的标准林分在主伐时的蓄积量}{参照林地立地等级的标准林分在主伐时的蓄积量} \qquad (2\text{-}24)$$

地利等级修正系数：

$$K_2 = \frac{现实林分主伐时的立木价}{参照林分主伐时的立木价} \qquad (2\text{-}25)$$

物价指数调整系数常用两个评估基准日时的木材销售价格比值替代。

$$K_3 = \frac{评估基准日的木材销售价格}{交易案例评估基准日的木材销售价格} \qquad (2\text{-}26)$$

其他因子的修正值 K_4，本案例只有林地剩余使用年限不一致，所以 K_4 为年限修正系数。

年限修正系数：

$$K_4 = 1-(1+r)^{-m} / 1-(1+r)^{-n} \qquad (2\text{-}27)$$

根据上述数据，计算如下：

参照案例 1：

$$K_1 = 327 \div 289.5 = 1.129$$

现实林分主伐时的立木价 $= 1300-(10+130+1.5\times30+30\times1.2+$
$$20+6+1300\times0.06+72)-25$$
$$= 878 \text{ 元}$$

参照林分主伐时的立木价 $= 1300-(10+130+1\times30+20\times1.2+$
$$20+6+1300\times0.06+72)-25$$
$$= 905 \text{ 元}$$

$$K_2 = 878 \div 905 = 0.97$$

$$K_3 = 1300 \div 1200 = 1.08$$

$$K_4 = (1-1.06^{-40}) \div (1-1.06^{-50}) = 0.955$$

$$B_u = K_1 \cdot K_2 \cdot K_3 \cdot K_4 \cdot G \cdot S$$
$$= 1.129\times0.97\times1.08\times0.955\times500 = 565 \text{ 元}$$

参照案例 2：

$$K_1 = 327 \div 365.9 = 0.894$$

现实林分主伐时的立木价 $= 878 \text{ 元}$

参照林分主伐时的立木价 $= 1300-(10+130+1\times30+30\times1.2+$
$$20+6+1300\times0.06+72)-25$$
$$= 893 \text{ 元}$$

$$K_2 = 878 \div 893 = 0.98$$

$$K_3 = 1300 \div 1250 = 1.04$$

$$K_4 = (1-1.06^{-40}) \div (1-1.06^{-45}) = 0.974$$

$$B_u = K_1 \cdot K_2 \cdot K_3 \cdot K_4 \cdot G \cdot S = 0.894\times0.98\times1.04\times0.974\times600 = 532 \text{ 元}$$

参照案例 3：

$$K_1 = 327 \div 327 = 1$$

现实林分主伐时的立木价 $= 878 \text{ 元}$

参照林分主伐时的立木价 $= 1300-(10+130+2\times30+40\times1.2+$
$$20+6+1300\times0.06+72)-25$$
$$= 851 \text{ 元}$$

$$K_2 = 878 \div 851 = 1.03$$

$$K_3 = 1300 \div 1300 = 1$$

$$K_4 = (1-1.06^{-40}) \div (1-1.06^{-35}) = 1.03$$

$$B_u = K_1 \cdot K_2 \cdot K_3 \cdot K_4 \cdot G \cdot S = 1\times1.03\times1\times1.03\times600 = 552 \text{ 元}$$

取土体 3 个参照案例的估算值的算术平均数为评估值：

$$B_u = (565+532+552) \div 3 = 550 \text{ 元}$$
$$\text{林地评估值} = 550 \times 10 \times 15 = 82\,500 \text{ 元}$$

2.5.1.3 年金资本化法

年金资本化法是以林地每年稳定的收益（地租）作为投资资本的收益，再按适当的投资收益率求出林地资源资产价值的方法。其计算公式为：

$$E = \frac{A}{P} \tag{2-28}$$

式中：A——年平均地租；

P——投资收益率。

年金资本化法均为无限期的，当林地使用权为有限期时，其公式为：

$$E_n = \frac{A}{P} \cdot \left[1 - \frac{1}{(1+P)^n} \right] \tag{2-29}$$

式中：n——使用权的期限；

E_n——林地使用权为 n 年的评估值。

这种方法是收益法中的一种特殊形式，要满足稳定的纯收益和无限经营期的两个前提，才能利用这个公式，所评估的是能够无限期经营的所有权价格。在评估实务中，经常是评估一定期限的林地使用权价格，须用有限期的年金资本化法公式。这种方法只适合有稳定年地租收入的林地资源资产评估，但在评估实践中，用材林林地的租金支付方式多种多样，有转让时一次性支付、轮伐期末一次计提、每年等额支付、每年按一定金额增长每年支付等方式，所以在应用公式时，必须搞清楚林地净收益方式，只有严格满足稳定的纯收益才能用有限期年金资本化法公式。

随着林地租金的支付方式不断丰富，目前在评估实践中经常发现林地租金是按一定金额增长收取，这样林地资源资产评估公式调整为以下形式。

①林地纯收益按一定数额递增的公式：

$$E_n = \left(\frac{A}{P} + \frac{b}{P^2} \right) \cdot \left[1 - \frac{1}{(1+P)^n} \right] - \frac{b}{P} \times \frac{n}{(1+P)^n} \tag{2-30}$$

式中：A——第一年林地净收益；

b——净收益逐年递增的数额；

其他参数含义同式（2-28）和式（2-29）。

此公式的假设前提：一是净收益未来第 1 年为 A，此后按数额 b 逐年递增；二是报酬率为 P，且 $P \neq 0$；三是收益期限为有限年 n。

②林地纯收益按一定比率递增的公式：

$$E_n = \frac{A}{P-g} \cdot \left[1 - \left(\frac{1}{1+P} \right)^n \right] \tag{2-31}$$

式中：A——第一年林地净收益；

g——净收益逐年递增的比率。

此公式的假设前提：一是净收益未来第 1 年为 A，此后按比率 g 逐年递增；二是报酬

率为 P，且 $P \neq g$[当 $P = g$ 时，$B_n = A \cdot n/(1+P)^n$]；三是收益期限为有限年 n。

应用上述公式时注意对投资收益率的理解，前面内容讲到投资收益率不包括通货膨胀率，但这里的投资收益率一般都是包通货膨胀率，关键看林地净收益与投资收益率是否匹配，如果年平均地租已剔除了通货膨胀率的影响，则投资收益率也应不包括通货膨胀率。像林地租金是按一定方式增长的，投资收益率应包括通货膨胀率。一般来说林地租金（净收益）比较稳定，林地租金合约一经签署，不会发生经常的变动。但通货膨胀率变动较大，所以计算时应取评估时点前较长时间段（10 年、5 年）求平均通货膨胀率，消除个别年份的异常波动带来的影响。一般来说，林地资源资产评估中的投资收益率的取值较低比较合理，这是由于林地资源资产具有长期性、安全性、风险可转嫁性等特点。

【例 2-12】某林农拟向村集体承包 100 亩林地进行毛竹林经营，双方协议约定每年地租为 30 元/亩，要求现在一次性支付租赁期内地价。

①承包经营期为长期经营（即无限期）。

②承包经营期为 30 年。

请分别计算该林地租赁价。

①长期经营且年地租稳定，可采用年金资本化法计算，考虑到竹林的经营效益较高，其投资收益率取值为 10%，则该地价为：

$$E = A/P = 100 \times 30/0.1 = 30\ 000\ 元$$

该林农一次性应支付 3 万元林地使用费。

②承包租赁期为 30 年，可采用有限期林地使用费法计算可得

$$B_{30} = E \times [(1.+0.1)^{30} - 1]/(1+0.1)^{30} = 30\ 000 \times 0.943 = 28\ 290\ 元$$

该林农一次性应支付 28 290 元（30 年）林地使用费。

【例 2-13】某林场欲租赁 900 亩采伐迹地给某老板，租赁经营期限 30 年，自 2012 年 1 月 1 日起至 2041 年 12 月 31 日止，初步谈成租赁费用的数额及给付方式为：租赁经营期限内，第 1 年按每年每亩 26 元交租赁费，第 2 年起，以第 1 年缴交租赁费为基数，以 4% 递增率缴交租赁费用。假定投资收益率为 8%，求这 900 亩采伐迹地 30 年林地使用权价格。

根据上述数据，利用上述公式计算可得：

$$30\ 年林地使用权价格 = 900 \times 26 \div (8\% - 4\%) \times (1 - 1.04^{26} \div 1.08^{26}) = 396\ 443\ 元$$

$$单位面积 30\ 年林地使用权价格 = 440\ 元/亩$$

2.5.1.4　同龄林林地评估中必须注意的问题

①同龄林林地评估的计算方法有两大类，即收益法、市价法，各方法又因具体的情况有着若干种计算的公式，因此在进行林地资源资产评估时，必须广泛收集当地的自然、经济以及经营方面的资料，在占有大量资料的基础上，分析、选定适合于评估对象的计算方法。也可做多种方案的计算，然后通过分析比较，从中确定林地的资产价值。

②同龄林经营的周期（轮伐期）一般较长，因此在评估中投资收益率的确定十分重要，它对评估的结果将发生极大的影响，一般投资收益率越高，林地的价格越低。在各个计算公式中通常采用的成本是重置成本，其选用的投资收益率应是不包括通货膨胀的投资收益率。

③林地期望价法是各种方法中理论上较为完美的方法，但这种方法是建立在若干假设和预测的基础上。如收获的预测不准确或假设的条件不合理，则可能导致评估结果的严重偏差。因此，在采用该方法时必须对收获预测和假设条件进行详细的分析，与林业企业的经营状况进行比较，并将其测算的结果与市价法等其他方法进行比较分析，以修正偏差，得到科学、合理的评估结果。

④林地期望价法中采用的经营成本应为重置成本，即现在的劳动价格，重新营造森林的成本。这个成本支出的水平必须与收获预测的经营水平相一致，如收获预测值是以现实成熟林分为基础，则重置成本的技术指标必须是按现实成熟林过去营造的技术指标，而不能用现在采用的技术标准。由于现在的经营水平比过去高，投工、投资量大，林木的生长也相对较好，如用现在标准的重置成本，而预测仍用较粗放经营的过去营造的林分为基础，则其收获量偏低，资产的价值人为下降，使评估结果出现偏差。

2.5.2 异龄林林地资源资产评估

根据异龄林的结构与经营特点，异龄林林地资源资产的价值测算可以用收益现值法、市场价法来评估，但不能用重置成本法，因为大多数异龄林为天然林，人工林极少，其营造的成本难以确定，加之要培育一片异龄林所需时间长，是营林的成本，还是木材生产成本很难分清，更增加了其成本测定的困难，使重置成本法无法使用。异龄林林地的市场价格法实际上与同龄林林地的市场价格法是相同的，因此不再介绍，仅介绍收益现值法。

林地的收益现值法就是将林地今后以至遥远将来的收益，全部折为现值，其计算的方法实质上就是林地期望价的计算方法。但异龄林由于林地始终都有林木，林地的收益能力与林木的收益能力交织在一起，无法细分，其期望价公式计算结果是林地和林地上的林木的综合价格。要确定地价，则必须对其土地的价值与林木的价值分割开来，通常分割的方式有两种：一种是比例系数法，另一种是剩余价值法。

2.5.2.1 比例系数法

比例系数法就是将期望价公式计算的异龄林的收益现值按当地森林经营的习惯比例分为地价和林价两部分。该方法的关键问题是确定异龄林的收益现值和确定林价与地价的比例系数。现以一个计算实例来说明。

设某地10 hm²的阔叶异龄林承包期已满，在新的承包合同签订前要求对其林地资源资产价格进行评估，并在这一基础上确定新的地租租金。

(1)收益现值计算

据调查，该异龄林的择伐周期为10年，每次择伐每公顷可出材45 m³，其中50%是大径原木，30%为中径原木，20%为小径材和非规格材。每出材1 m³，可获得纯收入500元，每年分摊的管护费为45元/m²，投资收益率为6%，择伐强度为30%。

$$B_u = \frac{A_u}{(1+P)^u - 1} - \frac{V}{P} = \frac{500 \times 45}{1.06^{10} - 1} - \frac{45}{0.06} = 27\ 700\ 元/hm^2$$

（2）比例系数确定

比例系数的确定，必须考虑当地森林经营实践中习惯性的林价中的山价（地租）所占份额。据某市现行政策，林价中的山价（地租）部分所占份额为30%。

（3）计算地价与地租

地价：

$$B_n = B_u \cdot K = 27\ 700 \times 0.30 = 8310\ \text{元/hm}^2$$

地租：

$$F = B_n \cdot P = 8310 \times 0.06 = 499\ \text{元/hm}^2$$

2.5.2.2 剩余价值法

剩余价值法是求出异龄林的收益现值后，将其减去林地上现有林木的价值，剩余的作为地价，其计算公式为：

$$V_0 = B_u - X_n \tag{2-32}$$

式中：B_u——异龄林的收益现值；

X_n——刚择伐完的异龄林林分余下的林木的价值。

根据调查，该林分择伐后保留蓄积量为 150 m^3/hm^2，出材率60%，出材量为 90 m^3/hm^2，但木材的口径小，价格较低，经济收益较差，每出材 1 m^3，仅有纯收入 200 元。

$$X_n = 200 \times 90 = 18\ 000\ \text{元/hm}^2$$

$$V_0 = 27\ 700 - 18\ 000 = 9700\ \text{元/hm}^2$$

由此可见，该例中按剩余价值法计算该异龄林的林地价为 9700 元/hm^2，占收益现值的35%，接近比例法计算的结果。

任务2.6 用材林评估案例与分析

2.6.1 案例项目背景

自然人××在 3 年前用 329.9 亩森林资源资产向银行办理了抵押贷款，现无力继续履行借款合同，银行已向法院申请抵押资产处置工作，法院委托评估机构对××权属所有的 329.9 亩森林资源资产进行处置评估。具体情况见下文的报告节选。

2.6.2 案例评估报告正文节选

××市人民法院：

××资产评估事务所（普通合伙）接受贵院的委托，根据有关法律、法规和资产评估准则，本着客观、独立、公正、科学的原则，按照公认的资产评估方法对××市人民法院拟财产处置涉及的被执行人××拥有的 329.9 亩森林资源资产进行了评估，本所评估人员按照必要的评估程序对委托评估的资产实施了实地查勘、市场调查与询证，对委估资产在 2020 年 11 月 3 日所表现的公允价值作出了反映，现将资产评估情况及评估结果报告如下：

一、委托人及其他评估报告使用人

（一）委托人简介

名　　　称：××市人民法院

（二）产权持有人

姓　　　名：××
性　　　别：男
民　　　族：汉
出生年月：××××年××月×日
身份证号：＊＊＊＊＊＊＊＊＊＊＊＊＊＊＊＊＊＊

（三）其他评估报告使用人

本评估报告的使用人为委托人、经济行为相关的当事方。

国家法律、法规规定的其他评估报告使用人。

除国家法律法规另有规定外，任何未经评估机构和委托人确认的机构或个人不能由于得到评估报告而成为评估报告使用人。

二、评估目的

评估委估资产于评估基准日的市场价值，为××市人民法院确定财产处置参考价提供参考依据。

本评估报告只能用于上述目的，且只能在该特定评估目的下具有有效性。

三、评估对象和范围

（一）评估对象

评估对象是××市人民法院拟财产处置涉及的被执行人××拥有的 329.9 亩森林资源资产。

（二）评估范围

评估范围为于评估基准日 2020 年 11 月 3 日被执行人××权属所有的位于 A 县 B 乡 C 村 D 小组和 E 县 F 镇 G 村 H 小组面积为 329.9 亩森林资源资产，共涉及林权证 2 本、宗地 5 块；林权证分别为××××。两本林权证林地终止日期分别为 2060 年 4 月 29 日、2044 年 10 月 22 日、2032 年 12 月 31 日，林权证登记林种为用材林，树种为杉木、马尾松、阔叶树等，活立木总蓄积量为 570 m³，其中杉木 211 m³、松树 257 m³、阔叶树 102 m³，具体详见××林业规划设计有限公司 2020 年 11 月出具的《××市××329.9 森林资源资产调查报告》（××林调字〔2020〕第 0029 号）。

纳入本次评估范围的资产与价格评估委托书所确定的事宜范围一致。

（三）引用其他机构出具的报告的结论所涉及的资产类型、数量和账面金额（或者评估值）

本次评估除引用××林业规划设计有限公司 2020 年 11 月出具的《××市××329.9 亩森林资源资产调查报告》（××林调字〔2020〕第 0029 号）外，没有引用其他专业报告或结论，报告主要内容如下：

（1）调查目的

全面查清委托调查范围内的林地、林木资源资产种类、数量、质量与分布，客观、公正反映调查范围内分林种、树种、龄级的各类林地森林资源现状，为编制《资产评估报告书》提供准确的科学依据，为××市人民法院拟财产处置提供参考依据。

（2）调查依据

①《森林资源规划设计调查主要技术规定》（2003 年）（以下简称《技术规定》）；

②《××省森林资源二类调查（第七次）技术规程》（2019 年）（以下简称《技术规程》）；

③《××省 2013 年森林资源补充调查操作细则》（以下简称《补充操作细则》）；

④《森林资源资产评估技术规范》（LY/T 2407—2015）；

⑤《××林区各树种二元立木材积表》。

（3）调查范围

调查范围为委托人××市人民法院提供的林权证涉及的宗地范围，分别位于××市 B 乡 C 村 D 小组、F 镇 G 村 H 小组。

（4）调查内容

查清委托人××市人民法院提供的调查范围内的林地权属、种类、数量、质量及分布。

（5）调查方法

本次调查按国家《技术规定》《技术规程》及《补充操作细则》等技术规定要求，采取地面调查为主、地面调查与遥感判读相结合的方式进行。地面调查采用小班全查的方法进行，小班蓄积量按照标准样地实测法测算，按照小班面积的 2% 设置样地数量，根据地形和资源现状选择有代表性的地段布设样地，根据样地蓄积再推算整个小班蓄积量。通过小班区划调查，掌握森林资源种类、数量、质量及分布。

①小班区划方法。按照《技术规程》及《补充操作细则》要求的小班划分条件及相关基础资料，根据遥感影像和地形图现地确定各种界线的准确位置，逐块勾绘小班界线。小班区划最小面积为 1.0 亩，勾绘难度较大时，可布设若干 GPS 点进行区划。

②小班调查方法。乔木林采用样地实测调查法，即按小班面积的 2% 设置样地，树木起测胸径 5 cm，实测样地内林木树种、胸径、树高等调查因子，计算各树种各径阶蓄积

量，统计样地总蓄积量；未达检尺标准的幼龄林，用 10 m×10 m 样方实测树种平均年龄、平均高、平均胸(地)径、株数，调查记载整地方法、规格、造林年度、造林密度、混交比、成活率、保存率及抚育措施；分树种调查小班散生木、四旁树株数、平均树高、平均胸径，计算各树种蓄积量和总蓄积量。

(6)调查结果

①权属情况。经调查，此次纳入调查范围内××权属所有的森林资源资产，共涉及林权证 2 本，5 块宗地。

②面积及蓄积量。根据实地调查和内业统计，此次调查证载面积 329.9 亩，实际面积 329.9 亩。共计活立木总蓄积量为 624 m³。其中，杉木蓄积量 265 m³、松木蓄积量 257 m³、阔叶树蓄积量 102 m³。具体调查结果详见森林资源量调查明细表。

（四）纳入评估范围资产法律权属情况、经济状况和物理状况

(1)法律权属状况

纳入本次评估范围的森林资源资产有林权证，产权清晰，不存在权属瑕疵。

(2)经济状况

被评估对象分别为天然马尾松林、人工杉木林，人工杉木林分别为 2001 年、2012 年和 2017 年种植，林木生长正常，具有一定的经济效益。

(3)物理状况

本次纳入评估范围的林木资产树种主要为马尾松、杉木，龄组为成熟林、近熟林、中龄林、幼龄林，胸径 3.5~16.2 cm，树高 2.3~13.5 m，郁闭度 0.7~0.9，林木长势正常。

四、价值类型

（一）价值类型

本次评估的采用的价值类型为市场价值。

（二）价值类型定义

市场价值是指自愿买方和自愿卖方在各自理性行事且未受任何强迫的情况下，评估对象在评估基准日进行正常公平交易的价值估计数额。

（三）选择价值类型的理由

采用市场价值类型的理由是市场价值类型与其他价值类型相比，更能反映交易双方的公平性和合理性，使评估结果能满足本次评估目的之需要。

五、评估基准日

本项目评估基准日是 2020 年 11 月 3 日。

该评估基准日是根据评估目的与委托人共同协商而定，尽可能地接近了实施资产评估目的的工作日及评估目的的实现日，本次评估的一切取证均为在该基准日有效的价格标准。

六、评估依据

（一）行为依据

《××省××市人民法院价格评估委托书》。

（二）法律法规依据

《中华人民共和国森林法》《中华人民共和国森林法实施条例》《中华人民共和国资产评估法》《森林资源资产评估管理暂行规定》和其他有关规定。

（三）准则依据

①《资产评估基本准则》（财资〔2017〕43号）；

②《资产评估执业道德准则》（中评协〔2017〕30号）；

③《资产评估执业准则——资产评估报告》（中评协〔2018〕35号）；

④《资产评估执业准则——资产评估程序》（中评协〔2018〕36号）；

⑤《资产评估执业准则——资产评估委托合同》（中评协〔2017〕33号）；

⑥《资产评估执业准则——资产评估档案》（中评协〔2018〕37号）；

⑦《资产评估执业准则——资产评估方法》（中评协〔2019〕35号）；

⑧《资产评估执业准则——利用专家工作及相关报告》（中评协〔2017〕35号）；

⑨《资产评估执业准则——森林资源资产》（中评协〔2017〕41号）；

⑩《资产评估机构业务质量控制指南》（中评协〔2017〕46号）；

⑪《资产评估价值类型指导意见》（中评协〔2017〕47号）；

⑫《资产评估对象法律权属指导意见》（中评协〔2017〕48号）；

⑬《人民法院委托司法执行财产处置资产评估指导意见》（中评协〔2019〕14号）。

（四）产权、数量、质量核查及取价依据

①委托人提供的林权证复印件；

②《××省森林资源二类调查操作细则》（××森林资源监测中心，2009年4月）；

③××林业规划设计有限公司2020年11月出具的《××市××329.9亩森林资源资产调查报告》（××林调字〔2020〕第0029号）；

④《森林资源资产评估技术规范》（LY/T 2407—2015）；

⑤《××省林业调查常用表》；

⑥《速生丰产用材林培育技术规程》（LY/T 1706—2007）；

⑦《杉木速生丰产用材林》（LY/T 1384—2007）；

⑧《天然林保护修复制度方案》（中共中央办公厅、国务院办公厅 2019 年 7 月印发）；

⑨《××省财政厅××省林业厅关于下达 2018 年度第二批省级生态公益林补偿资金的通知》（××财农指〔2018〕10 号）；

⑩评估人员收集的有关市场询价、参数资料记录。

七、评估方法

（一）评估方法选择

依据资产评估准则的规定，资产评估方法一般分为收益法、市场法和成本法 3 种方法。

收益法是资产预期获利能力的量化与现值化，强调的是资产的预期盈利能力。根据《森林资源资产评估技术规范》（LY/T 2407—2015）规定，本次评估对象中的天然林，由于国家天然阔叶林保护政策的限制难以进行采伐利用，目前最可行的评估方法是从生态补偿的角度考虑，因此，对天然阔叶林采用收益法进行评估；对本次评估对象中的杉木人工林，龄组已达中龄林，适合采用收益法；此外，对林地价值的评估是从地租的角度考虑，即每年具有一定的地租收益，适合采用收益法进行评估。

成本法是指在合理评估企业重新获取相同或类似资产所需代价的基础上确定评估对象价值的思路。根据《森林资源资产评估技术规范》（LY/T 2407—2015）规定，成本法适合用于幼龄林的评估，对本次评估对象中的幼龄人工杉木林，采用重置成本法。

市场法是以现实市场上的参照物来评价估值对象的现行公平市场价值，它具有估值数据直接取材于市场，估值结果说服力强的特点。本次评估对象——近熟龄用材林即将可以采伐，木材市场价格容易获得，木材生产经营成本也容易获得，因此，适合采用市场价倒算法进行评估，属于市场法中的一种。

综上所述，根据《森林资源资产评估技术规范》（LY/T 2407—2015）规定，结合本次评估目的及评估对象的特点，林木资产评估采用市场价倒算法、重置成本法、收益法、收获现值法，林地资产评估采用年金资本化法。

（二）评估方法说明

（1）市场价倒算法

用材林成、近成熟林（天然阔叶林除外）林木资产采用市场价倒算法评估，技术思路是：林分成熟，已可主伐利用，将林分主伐时的木材销售总收入，扣除木材生产经营成本、税费、木材生产段的合理利润及林地使用费（若主伐时一次性支付）后，将其剩余值作为林木资产评估值。计算公式为：

$$E = W - C - F \tag{2-33}$$

式中：E——评估值；

　　W——木材销售总收入；

　　C——木材生产经营成本；

　　F——木材生产经营利润。

（2）重置成本法

用材林中未成林造林地、幼龄林及年龄小于10年中龄林人工林木资产采用重置成本法评估，技术思路是：按现在的技术标准和工价、物价水平，重新营造一片与被评估资产同样的林分所需的资金成本和资金的投资收益（利息）作为林木资产的评估值。计算公式为：

$$E_n = K \cdot \sum_{i-1}^{n} C_i \cdot (1 + P)^{n-i+1} \tag{2-34}$$

式中：E_n——林木资产评估值；

$\qquad K$——林分质量综合调整系数；

$\qquad C_i$——第 i 年的以现时工价及生产水平为标准的生产成本；

$\qquad n$——林分年龄；

$\qquad P$——投资收益率。

（3）收益法

本次评估对象涉及天然阔叶林，由于政策限制难以进行采伐利用，因此，本次评估从生态公益林补偿的角度进行评估，其收益参照公益林的生态补偿基金，即将获得的亩补偿金额作为收益额，将收益年期内的收益额折现累计相加计算其价值的一种评估方法。计算公式为：

$$E_n = \frac{A}{r-s}\left[1 - \left(\frac{1+s}{1+P}\right)^n\right] \tag{2-35}$$

式中：E_n——林木资产评估值；

$\qquad A$——亩生态补偿金额；

$\qquad r$——资本化率；

$\qquad s$——预计生态补偿逐年递增比率；

$\qquad P$——投资收益率；

$\qquad n$——收益年期。

（4）收获现值法

用材林中龄林、近熟林林木资产（天然阔叶林除外）采用收获现值法评估，技术思路是：即预测林分生长到主伐时可生产的木材的数量，并利用木材市场倒算法测算出其立木的价值并将其折成现值，然后再扣除评估基准日到主伐前预计要进行各项经营措施成本的折现值，将其剩余部分作为被评估林木的评估值。计算公式为：

$$E_n = K \cdot \frac{A_u + A_a(1+P)^{u-a} + A_b(1+P)^{u-b} + \cdots}{(1+P)^{u-n+1}} - \sum_{i=n}^{u-1} \frac{C_i}{(1+P)^{i-n+1}} \tag{2-36}$$

式中：E_n——林木资产评估值；

$\qquad K$——林分质量调整系数；

$\qquad A_u$——标准林分 u 年主伐时的纯收入（指木材销售收入扣除采运成本、销售费用、管理费用、财务费用、有关税费、木材经营合理利润后的部分）；

$\qquad A_a$、A_b——标准林分第 a、b 年的间伐纯收入；

$\qquad C_i$——第 i 年的营林生产成本；

u——经营期；

n——林分年龄；

P——投资收益率。

（5）年金资本化法

林地资产采用年金资本化法，年金资本化法是将被评估林地资产每年相对稳定的地租收益作为资本投资收益，按适当的投资收益率估算林地评估值的方法。计算公式为：

$$B_n = \frac{A \cdot \left[\,(1+P)^n - 1\,\right]}{P \cdot (1+P)^n} \tag{2-37}$$

式中：B_n——林地使用权为 n 年的评估值；

A——林地年租金；

P——折现率；

n——林地使用权剩余经营年数。

八、评估程序实施过程和情况

本项目评估于 2020 年 11 月 3 日开始，至 2020 年 11 月 28 日工作结束，整个评估工作分以下 5 个阶段进行：

（一）评估准备阶段

2020 年 11 月 3 日接受委托人的委托，与委托人就本次评估的目的、评估基准日、评估范围、需收集资料等问题协商一致，制订资产评估工作计划，并与委托人确定现场勘查时间。

（二）资产清查阶段

2020 年 11 月 13 日，评估项目组人员和林调人员赴现场对委托人提供的委估财产进行现场勘查，对评估对象的真实性、合法性及其具体情况进行查证，并按照资产评估准则及资产评估工作的需要，收集资产评估所需文件资料；同时，由委托人组织相关人员到现场配合现场调查工作，并对现场调查工作进行见证。

考虑到森林资源资产的专业性，本次评估资产清查是由××林业规划设计有限公司对纳入评估范围内的资产进行森林资源资产评估专项调查，资产清查结果以××林业规划设计有限公司 2020 年 11 月出具的《××市××329.9 亩森林资源资产调查报告》（××林调字〔2020〕第 0029 号）为准，评估人员到现场进行了核查工作。

（三）选择评估方法、收集信息、估算的过程

根据评估对象的情况选用适宜的评估方法，同时收集各方法适用的市场信息，经过科学的计算后得出初步评估值。

（四）评估汇总及反馈阶段

对初步评估结果进行分析汇总，对评估结果进行必要的调整、修改和完善。按评估机

构内部资产评估报告三审制度和程序对报告进行反复修改、校正。

（五）提交报告阶段

在上述工作基础上，起草资产评估报告，与委托人就评估结果交换意见，在全面考虑有关意见后，最后出具正式资产评估报告。

九、评估假设

（一）前提假设

①交易假设。是指假定所有待评估资产已经处在交易的过程中，评估师根据待评估资产的交易条件等模拟市场进行估价。交易假设是资产评估得以进行的一个最基本的前提假设。

②公开市场假设。是指假定在市场上交易的资产，或拟在市场上交易的资产，资产交易双方彼此地位平等，彼此都有获取足够市场信息的机会和时间，以便于对资产的功能、用途及其交易价格等作出理智的判断。公开市场假设以资产在市场上可以公开买卖为基础。

③持续经营假设。是指假设评估对象在评估目的经济行为实现后，仍将按照原有的经营目的、经营方式持续经营下去。假设评估对象所涉及资产在评估目的经济行为实现后，仍按照预定之开发经营计划、开发经营方式持续开发或经营。

④委托人及相关当事人所提供的有关本次评估的资料真实、完整、合法、有效。

⑤所有申报评估资产的产权均是正常的，因而能够进行合法的自由交易，无任何限制或影响交易的他项权利之设置或其他瑕疵。

（二）基本假设

①假设评估基准日后影响资产价格的国家和地区的政治、经济和社会环境无重大变化。

②假设评估基准日后影响资产价格的有关国家宏观经济政策、产业政策和区域发展政策无重大变化。

③假设评估基准日后影响资产价格的有关的利率、赋税基准及税率、政策性整体征收费用等无重大变化。

④假设评估基准日后无不可抗力造成影响资产价格的重大不利影响。

（三）具体假设

①本次评估的资产以评估基准日的实际存量为前提，有关资产的现行市价以评估基准日的国内有效价格为依据；

②本次评估测算、取值的各项参数值不考虑通货膨胀因素的影响；

当上述条件发生变化时，评估结果一般会失效。

（四）特定假设及限定条件

①对本次纳入评估范围内的资产，除特别说明除外的，产权持有人可以进行有效的管理，且不存在权属争议。

②除本报告有特别说明外，我们未考虑评估对象所涉及资产可能承担的抵押、担保事宜，以及特殊的交易方式等因素的影响。

③报告中的评估结论是反映评估对象在本次评估目的下，根据公开市场原则确定的价值，未考虑该资产进行产权登记或权属变更过程中应承担的相关费用和税项。评估结论也不应当被认为是对评估对象可实现价格的保证。

评估人员根据资产评估的规定和要求，认定以上前提条件在评估基准日时成立，当上述评估假设发生变化时，将会影响并改变评估结论，评估报告将会失效，评估人员不承担由此导致评估结论不合理的责任。

十、评估结论

在评估基准日 2020 年 11 月 3 日下，经评定估算，本次评估的被执行人××拥有的森林资源资产价值为 532 787.00 元，人民币大写伍拾叁万贰仟柒佰捌拾柒元整，其中，林木资产价值 356 862.00 元，林地资产价值 175 925.00 元，具体见表 2-10。

表 2-10　森林资源资产评估价值表

位置	面积（亩）	林木评估价值（元）	林地评估价值（元）	评估总价值（元）	备注
B 乡 C 村 D 小组	172.80	78 692	102 833	181 525	
F 镇 G 村 H 小组	157.10	278 170	73 092	351 262	
合　计	329.90	356 862	175 925	532 787	

十一、特别事项说明

①评估基本事项与评估委托书载明事项存在差异的情形，以及相关处理方法不存在评估基本事项与评估委托书载明事项存在差异的情形。

②是否进行现场调查，以及现场调查过程中相关当事人的配合情况评估人员进行了现场调查，委托人和申请执行人（债权人）已安排人员到现场配合现场调查工作。

③人民法院提供材料的欠缺情况，以及评估资料缺失对资产评估机构及其资产评估师形成评估结论的影响。

××市人民法院已提供被执行人身份证、林权证等权属资料，由于被执行人（产权持有人）未到场配合现场调查工作，未收集到承诺函、情况证明等资料，存在辅助资料欠缺情况，但缺失资料不影响评估结论的形成，特提醒报告使用人了解该情况。

④评估财产涉及的当事人欠缴与评估财产相关的税费等事项，以及评估结论是否予以考虑未发现评估财产涉及的当事人欠缴与评估财产相关的税费等事项。

⑤其他需要说明的重要事项：

a. 在评估过程中，委托人及相关当事方提供的产权依据、森林资源资产调查报告等相关的所有资料是编制本报告的基础，我所评估人员对以上资料进行了必要的核查与验证，但委托人及相关当事方应对所提供资料的可靠性、真实性、准确性、完整性负责。

b. 在履行评估程序过程中，评估人员依据评估有关规定对委托人及相关当事方提供的评估对象的权属文件、资料进行了关注，并进行了必要的查验，但是对委托评估资产权属文件的鉴定工作已超出了评估工作的范围，故我们不对此发表意见。

c. 考虑国家天然林保护政策及林木采伐限制的影响，本次评估范围内天然阔叶纯林、混交林是从生态补偿的角度进行评估，特提醒报告使用人了解该情况。

d. 本次评估是直接引用定××林业规划设计有限公司 2020 年 11 月出具的《××市××329.9 亩森林资源资产调查报告》(××林调字〔2020〕第 0029 号) 载明的数据。评估机构直接引用专业机构测定报告，如果由于专业测定报告结果偏差造成评估结果失实，评估机构及评估人员不承担任何法律责任。在此特提醒报告使用人注意。

e. 本次评估基准日以《××省××市人民法院价格委托书》的落款日期为基准日，因此与现场勘查日期存在差异。在此特提醒报告使用人注意。

十二、评估报告使用限制说明

①评估报告只能用于资产评估报告载明的评估目的和用途。本次评估结果仅作为委托人本次评估目的价值参考意见，即本评估只能用于为确定委托人确定财产处置参考价提供参考依据之目的，不能用于其他目的。若为其他用途，需根据指定评估目的另行评估。

②委托人或者其他资产评估报告使用人未按照法律、行政法规规定和资产评估报告载明的使用范围使用资产评估报告的，资产评估机构及其资产评估专业人员不承担责任。

③除委托人、资产评估委托合同中约定的其他资产评估报告使用人和法律、行政法规规定的资产评估报告使用人之外，其他任何机构和个人不能成为资产评估报告的使用人。

④资产评估报告使用人应该正确理解评估结论。评估结论不等同于评估对象可实现价格，评估结论不应当被认为是评估对象可实现价格的保证。

⑤本评估报告必须完整使用方为有效，对仅使用报告中部分内容所导致的可能损失，本所不承担任何责任。除法律、法规规定以及相关当事方另有约定外，未征得出具评估报告的资产评估机构同意，资产评估报告的内容不得被摘抄、引用或披露于公开媒体。

⑥根据国家有关部门的规定，评估结果有效期为一年，即从资产评估基准日 2020 年 11 月 3 日至 2021 年 11 月 2 日有效。当评估目的在有效期内实现时，评估结果可以为委托人确定财产处置参考价提供参考依据(还需结合评估基准日的期后事项的调整)。超过一年，需重新进行资产评估(表2-11)。

⑦当政策调整对评估结论产生重大影响时，应当重新确定评估基准日进行评估。

表 2-11　森林资源资产评估明细表

评估基准日：2020 年 11 月 3 日

产权人：

调查小班号	核查面积（亩）	土层厚度（cm）	腐殖质层厚度（cm）	立地等级	地类	林种	起源	树种组成	林龄（年）	龄组	平均胸径（cm）
1	63.00	80	10	Ⅱ	乔木林	用材林	天然	7松2阔1杉	18	近熟林	9.20
2	109.80	80	10	Ⅱ	乔木林	用材林	天然	7松2阔1杉	18	近熟林	8.80
3	46	80	10	Ⅰ	乔木林	用材林	人工	10杉	4	幼龄林	3.5
4	45.2	80	10	Ⅰ	乔木林	用材林	天然	9阔1杉	15	近熟林	7.00
5	30	80	10	Ⅰ	乔木林	用材林	人工	10杉	4	幼龄林	3.6
6	30.2	80	10	Ⅰ	乔木林	用材林	人工	10杉	9	中龄林	8.6
7	5.7	80	10	Ⅰ	乔木林	用材林	人工	10杉	21	成熟林	16.2
合计	329.9										

平均高度（m）	郁闭度	单位面积株数（株/亩）	总蓄积量（m³） 杉	松	阔	计	林木评估价值（元）	林地评估价值（元）	总价值（元）	备注
8.2	0.7	73	13	94	27	134	28 764.00	37 491.00	66 255.00	
8.6	0.7	76	23	163	47	233	49 928.00	65 342.00	115 270.00	
2.3	0.9	206	13	0	0	13	96 600.00	24 216.00	120 816.00	
5.9	0.8	60	7	0	28	35	11 608.00	23 795.00	35 403.00	
2.4	0.86	212	10	0	0	10	63 000.00	11 418.00	74 418.00	
7.0	0.82	183	123	0	0	123	72 637.00	11 494.00	84 131.00	
13.5	0.82	96	76	0	0	76	34 325.00	2 169.00	36 494.00	
			265	257	102	624	356 862.00	175 925.00	532 787.00	

十三、资产评估报告日

本评估报告日为 2020 年 11 月 28 日。

十四、签字盖章

本文在此处略。

资产评估说明（节选）

六、评估技术说明

根据《森林资源资产评估技术规范》及本次评估的目的和评估对象的具体情况，本次森林资源资产评估分别按不同项目、不同树种采用不同的方法进行评估测算。具体评估方法、技术经济指标、测算过程和评估结果说明如下：

（一）评估方法

（1）市场价倒算法

用材林成、近成熟林(天然阔叶林除外)林木资产采用市场价倒算法评估，技术思路是：林分成熟，已可主伐利用，将林分主伐时的木材销售总收入，扣除木材生产经营成本、税费、木材生产段的合理利润及林地使用费(若主伐时一次性支付)后，将其剩余值作为林木资产评估值。计算公式为：

$$E = W - C - F \tag{2-38}$$

式中：E——评估值；

　　　W——木材销售总收入；

　　　C——木材生产经营成本；

　　　F——木材生产经营利润。

（2）重置成本法

用材林中未成林造林地、幼龄林及年龄小于 10 年中龄林人工林木资产采用重置成本法评估，技术思路是：按现在的技术标准和工价、物价水平，重新营造一片与被评估资产同样的林分所需的资金成本和资金的投资收益(利息)作为林木资产的评估值。计算公式为：

$$E_n = K \cdot \sum_{i-1}^{n} C_i \cdot (1 + P)^{n-i+1} \tag{2-39}$$

式中：E_n——评估值；

　　　K——林分质量综合调整系数；

　　　C_i——第 i 年的以现时工价及生产水平为标准的生产成本；

　　　n——林分年龄；

　　　P——投资收益率。

（3）收益法

本次评估对象涉及天然阔叶林，由于政策限制难以进行采伐利用，因此，本次评估从生态公益林补偿的角度进行评估，其收益参照公益林的生态补偿基金，即将获得的亩补偿金额作为收益额，将收益年期内的收益额折现累计相加计算其价值的一种评估方法。计算公式为：

$$E_n = \frac{A}{r-s}\left[1-\left(\frac{1+s}{1+r}\right)^n\right] \tag{2-40}$$

式中：E_n——评估值；

A——亩生态补偿金额；

r——资本化率；

s——预计生态补偿逐年递增比率；

n——收益年期。

（4）收获现值法

用材林中龄林、近熟林林木资产（天然阔叶林除外）采用收获现值法评估，技术思路是：即预测林分生长到主伐时可生产的木材的数量，并利用木材市场倒算法测算出其立木的价值并将其折成现值，然后再扣除评估基准日到主伐前预计要进行各项经营措施成本的折现值，将其剩余部分作为被评估林木的评估值。计算公式为：

$$E_n = K \cdot \frac{A_u + A_a(1+P)^{u-a} + A_b(1+P)^{u-b} + \cdots}{(1+P)^{u-n+1}} - \sum_{i=n}^{u-1}\frac{C_i}{(1+P)^{i-n+1}} \tag{2-41}$$

式中：E_n——林木资产评估值；

K——林分质量调整系数；

A_u——标准林分 u 年主伐时的纯收入（指木材销售收入扣除采运成本、销售费用、管理费用、财务费用、有关税费、木材经营合理利润后的部分）；

A_a，A_b——标准林分第 a，b 年的间伐纯收入；

C_i——第 i 年的营林生产成本；

u——经营期；

n——林分年龄；

P——投资收益率。

（5）年金资本化法

林地资产采用年金资本化法，年金资本化法是将被评估林地资产每年相对稳定的地租收益作为资本投资收益，按适当的投资收益率估算林地评估值的方法。计算公式为：

$$B_n = \frac{A \cdot [(1+P)^n - 1]}{P \cdot (1+P)^n} \tag{2-42}$$

式中：B_n——林地使用权为 n 年的评估值；

A——林地年租金；

P——折现率；

n——林地使用权剩余经营年数。

（二）假设与说明

①本次评估所涉及的木材价格、生产成本、出材率、山场作业条件、经营成本等，均按委估林场现有林分生长及经营管理的平均水平确定。

②本次评估所采取方法为整体平均数评估，并未针对每个小班进行独立设计，因此不考虑各小班间的生产条件差异，重点考虑林分的蓄积水平差异，其评估价值应以所有小班总价值为基准，所列示各小班的评估价值仅供报告使用人参考，若除林分蓄积外的小班因子与生产条件差异较大则不宜将各小班拆分独立作价。

③本次评估对于天然阔叶林按公益林补助角度获取收益进行计算其价值。

④本次评估涉及的生态公益林补偿金额增长率是根据前两次生态补偿金额相隔的时间段测算出来的增长率。

（三）重要前提及限定条件

①在未来可预见的时间内被评估资产按现有经营现状继续经营，符合现有林业政策，到期正常采伐，预测的收入、成本及费用在未来经营中能如期实现。

②未来国家对水、电等能源的价格不做重大调整，本次评估测算中假定其价格在未来的经营中基本保持不变。

③本次评估测算各项参数取值均按基准日取值，因此未考虑通货膨胀因素。

④国家宏观经济政策无重大变化。

⑤由于木材经营中涉及采伐指标的问题，而采伐指标的分配受政府政策、市场因素不确定因素影响，故本次评估中并未考虑主伐时采伐指标的影响。

⑥国家现行的银行利率、汇率、税收政策等无重大改变。

⑦本次评估测算价值为一次性支付价值总额。

（四）有关技术经济指标

（1）营林成本

营林生产成本根据当地林业公司造林的社会平均发生额综合确定，本次评估确定的营林成本考虑了地租成本，结果见表2-12。

表2-12　各年度营林成本

年度	第1年	第2年	第3年	第4年	第5年以后	备注
营林成本（元/亩）	863	315	235	235	75	

（2）木材价格

以当地林业企业及参考其周边县市木材销售情况综合分析后，确定木材统材价格，结果见表2-13。

表2-13 木材统材价格表

树种	杉	松	阔
价格（元/m³）	1050	740	620

（3）木材经营成本

伐区设计费及检尺费：12元/m³；

直接采伐成本：100元/m³，含砍倒、打枝、造材、集材归楞；

林道维修费：15元/m³；

装车及运费：分摊至每方木材约120元/m³；

管理费、销售费用及不可预见费：按木材销售收入10%计取；

木材生产经营利润：一般按木材生产经营成本的10%计取。

（4）出材率

根据待评估山场现状，参考有关文件规定的出材率：杉木出材率70%，松木出材率65%。

（5）投资收益率

投资收益率是一个关键参数，受经营目标、经营树种、树木生长阶段等多因素影响，由于林业是长周期性行业，一般来说林业投资收益率较低，一般为6%～10%，本次评估结合经营山场的特点及目前无风险报酬率的情况，林业生产投资收益率按8%计取。

（6）林地地租

根据委估山场立地质量条件和地利条件平均水平情况，结合周边市场类似租金情况，综合确定年化地租为50元/亩。

（7）林木蓄积量生长预测模型

根据《杉木速生丰产用材林》（LY/T 1384—2007）对应地类的生长低限指标，预测杉木林分至主伐时林分蓄积量。

（8）主伐年龄

参照《速生丰产用材林培育技术规程》（LY/T 1706—2007），杉木的主伐年龄一般为20年。

（9）杉木间伐相关技术经济指标

根据《杉木速生丰产用材林》（LY/T 1384—2007），杉木分别在第12年、第15年进行间伐，间伐强度分别为10.9%、15.1%，出材率按70%计算，木材经营成本按第3款指标进行测算。

（10）公益林经济技术指标

①亩生态补偿金额。根据公益林补助政策，每亩每年补助金额为21元（扣除10%的管理费用）。

②生态公益林补偿金额增长率。经测算，生态公益林补偿金额增长率扣除通货膨胀率因素后为3%。

（五）评估举例

（1）市场价倒算法

以调查小班2为例，林权证号为××林证字〔2015〕第××××号，宗地号为××××的宗地为例，该宗地面积为 109.8 亩，树种为 7 松 2 阔 1 杉，龄组为近熟林，胸径 8.8 cm，树高 8.6 m，亩蓄积量 2.1258 m³，其中杉亩蓄积量 0.2126 m³，松亩蓄积量 1.4881 m³，阔亩蓄积量 0.4252 m³，杉木出材率 70%，松树出材率 65%，阔叶树出材率 60%。

根据上述木材经济技术指标，杉木木材价格 1050 元/m³，马尾松木材价格 740 元/m³，阔叶树木材价格 620 元/m³，杉木每方净收益 645.2 元/m³，松树每方净收益 370.9 元/m³，阔叶树每方净收益 264.7 元/m³，采用市场价倒算法计算林木价值，计算过程见表 2-14。

表 2-14　木材纯收益计算过程表

项目	细项	各树种测算明细				备注
		杉	松	软阔	硬阔	
	出材率(%)	70	65	60	60	
木材销售收入（元/m³）	产量	1	1	1	1	
	木材综合单价	1050	740	620	820	采用木材综合单价
	销售收入	1050	740	620	820	
木材生产经营成本（元/m³）	采伐劳务费	100	100	100	100	含采伐、制材、归堆，每立方米 100 元
	装车车费	20	20	20	20	每立方米 20 元
	运输费	100	100	100	100	每立方米 100 元
	设计费、检尺费	12.0	12.0	12.0	12.0	每立方米 12 元，其中设计费 6 元/m³、检尺费 6 元/m³
	林道维修费	15	15	15	15	每立方米 15 元
	管理、销售及不可预见费	105	74	62	82	按木材销售收入的 10% 计算
	合计	352	321	309	329	
木材生产经营利润（元/m³）		53	48	46	49	按木材生产经营成本的 10% 计算
每立方米净收益（元/m³）		645.2	370.9	264.7	441.7	
每立方米蓄积净收益（元/m³）		451.6	241.1	158.8	265.0	

该宗地林木价值 = 109.8×(0.2126×70%×645.2+1.4881×65%×370.9)
　　　　　　　 = 49 928.00 元（取整）

以调查小班 7 为例，林权证号为 ××林证字〔2014〕第 ××号，宗地号为 ××，该宗地面积为 5.7 亩，树种为 10 杉，龄组为成熟林，胸径 16.2 cm，树高 13.5 m，亩蓄积 13.26 m³，蓄积量 76 m³。

该宗地林木价值 = 76×70%×645.2 = 34 325.00 元

（2）重置成本法

以调查小班 3 为例，林权证号为 ××林证字（2014）第 ××号，宗地号为 ××的宗地为例，该宗地面积为 46 亩，树种为杉木，林龄为 4 年，龄组为幼龄林，平均胸径 3.5 cm，平均树高 2.3 m，亩平均株数 206 株，参照林分亩树高 2.3 m，采用重置成本法计算林木价值，计算过程如下：

$$该宗地林木价值 = 46 \times 1 \times (2.3/2.3) \times [863 \times (1+0.08)^4 +$$
$$315 \times (1+0.08)^3 + 235 \times (1+0.08)^2 + 235 \times (1+0.08)^1]$$
$$= 96\ 600.00\ 元（取整）$$

(3) 收益法（天然林资产评估）

以调查小班 4 为例，林权证号为××林证字〔2014〕第××号，宗地号为××的宗地为例，该宗地面积为 45.2 亩，林种起源为天然林，树种为 9 阔 1 杉，平均胸径 7 cm，平均树高 5.9 m，属公益林，根据公益林补助政策，每亩每年补助金额 21 元（扣除 10%的管理费用），收益率为 8%，预计补助金额的年增长率 3%（两次补助金额差额与年限间隔测算），剩余使用期限 24 年，采用收益法计算公益林的林木价值，计算过程如下：

$$该宗地公益林的价值 = 45.2 \times 21 \times 90\% \times \{1-[(1+0.03) \div (1+0.08)]^{24}\} \div (8\%-3\%)$$
$$= 11\ 608.00\ 元（取整）$$

(4) 收获现值法

以调查小班 6 为例，林权证号为××林证字（2014）第××号，宗地号为××的宗地为例，该小班核查面积为 30.2 亩，树种为杉木，林龄为 9 年，龄组为中龄林，平均胸径 8.6 cm，平均树高 7.0 m，亩平均蓄积量 4.071 m³（参照林分亩蓄积为 4.59 m³），根据杉木速生丰产技术规程，主伐年龄为 20 年，至主伐期间第 12、15 年进行间伐，间伐强度为 10.9%、15.1%，由上述经济技术指标可知，参照林分第 12 年亩蓄积量为 10.2 m³，第 20 年主伐时亩蓄积量为 14.2 m³，出材率为 70%，第 1 次间伐净收益为 383 元/亩、第 2 次间伐净收益为 650 元/亩、主伐净收益为 6588 元/亩，折现率为 8%，后期每年投入营林成本为 75 元/亩，采用收获现值法计算林木价值，计算过程见表 2-15。

表 2-15 杉木纯林每亩间伐净收益测算表

类别	项目	第 1 次间伐（第 12 年）	第 2 次间伐（第 15 年）	备 注
木材生产经营成本（元/m³）	采伐劳务费	72.3	122.8	每立方米 100 元
	运输及上车费	86.8	147.4	每立方米 100 元，装车 20 元/m³，运输 80 元/m³
	设计费、检尺费	8.7	14.7	每立方米 12 元，其中设计费 6 元/m³、检尺费 6 元/m³
	林道维修费	10.8	18.4	每立方米 15 元
	管理、销售及不可预见费	65.1	110.5	按木材销售收入的 5%计算
	合计	243.8	413.9	

(续)

类别	项目	第1次间伐 (第12年)	第2次间伐 (第15年)	备 注
木材销售收入	亩产量(m³)	0.723	1.228	第1、2次间伐强度分别 为10.9%、15.1%， 出材率70%
	木材单价(元)	900.0	900.0	
	销售收入(元)	651.0	1105.4	
	木材经营利润(元/m³)	24.4	41.4	按木材生长经营 成本的10%计算
	间伐净收益(元/m³)	383	650	

该宗地林木价值 $=30.2\times\{(4.071/4.59)\times[6588+383\times(1+0.08)^{20-12}+650\times(1+0.08)^{20-15}]$
$\div(1+0.08)^{20-9+1}-75\times[(1+0.08)^{20-9+1}-1]\div[0.08\times(1+0.08)^{20-9+1}]\}$
$=72\,637.00$ 元(取整)

(5)年金资本化法

以调查小班 2 为例，林权证号为××林证字〔2015〕第××号，宗地号为××××的宗地为例，该宗地面积为 109.8 亩，树种为 7 松 1 杉 2 阔，龄组为近熟林，剩余使用期限 39.5 年，投资收益率取8%，年化地租50元/亩，根据上述经济技术指标，按年金资本化法计算林地价值，计算过程如下：

$$林地评估价值 = 109.8\times50\times\div8\%\times[1-1\div(1+8\%)^{39.5}]$$
$$=65\,342.00\ 元(取整)$$

(六)评估结论

在评估基准日 2020 年 11 月 3 日下，经评定估算，本次评估的被执行人××拥有的森林资源资产价值为 532 787.00 元，人民币大写伍拾叁万贰仟柒佰捌拾柒元整，其中，林木资产价值 356 862.00 元，林地资产价值 175 925.00 元，具体见表 2-16。

表 2-16 森林资源资产评估价值表

位置	面积(亩)	林木评估价值(元)	林地评估价值(元)	评估总价值(元)	备注
B 乡 C 村 D 小组	172.80	78 692	102 833	181 525	
F 镇 G 村 H 小组	157.10	278 170	73 092	351 262	
合 计	329.90	356 862	175 925	532 787	

2.6.3 案例分析

森林资源资产评估项目操作要求符合评估规范和准则要求，现对本评估项目从评估思路、评估假设及限制条件、价值类型、核心的关键点进行分析。

2.6.3.1 评估思路

评估思路的确定主要取决于评估目的、评估对象的特点、使用现状、林业相关政策及收集的资料情况。本次评估对象是自然人权属拥有329.9亩森林资源，涉及5个小班，林种全部为用材林，有幼龄林、中龄林、近熟林及成熟林，起源有人工林和天然林，树种涉及杉木、松木及阔叶树，评估对象面积虽然不大，但龄组和树种结构非常丰富，基于评估对象资产情况，结合《森林资源资产评估技术规范》(LY/T 2407—2015)规定和国家天然阔叶林保护政策要求，本次评估项目方法采用如下。

①用材林幼龄林采用的重置成本法，是按现在的技术标准和工价、物价水平，重新营造一片与被评估资产同样的林分所需的资金成本和资金的投资收益(利息)作为林木资产的评估值；幼龄林评估常采用重置成本法和现行市价比较法两种方法，如果找不到同类幼林交易案例时，一般用重置成本法作为幼龄林评估的首选方法。

②用材林中龄林(天然阔叶林除外)采用收获现值法评估，技术思路是：预测林分生长到主伐时可生产的木材的数量，并利用木材市场倒算法测算出其立木的价值并将其折成现值，然后再扣除评估基准日到主伐前预计要进行各项经营措施成本的折现值，将其剩余部分作为被评估林木的评估值。由于中龄林距造林年代较久远，成本归集难度较大，如果同类交易案例比较少的情况下，采用收获现值法是合适的一种方法。

③涉及天然阔叶林，由于政策限制难以进行采伐利用，本次项目的评估思路是从生态公益林补偿的角度进行评估的，其收益参照公益林的生态补偿基金，即将获得的亩补偿金额作为收益额，将收益年期内的收益额折现累计相加计算其价值的一种评估方法。在这种情况下，天然阔叶林林木资产价值采用收益法进行评估切实可行。

④用材林成熟林林木资产采用市场价倒算评估，技术思路是：用材林成、近成熟林(天然阔叶林除外)林木资产采用市场价倒算法评估，技术思路是：林分成熟，已可主伐利用，将林分主伐时的木材销售总收入，扣除木材生产经营成本、税费、木材生产段的合理利润及林地使用费(若主伐时一次性支付)后，将其剩余值作为林木资产评估值。按《森林资源资产评估技术规范》的规定，近熟林一般是采用收获现值法进行评估，估计评估人员考虑到评估的近熟林离可采伐近相差1~2年，所以直接采用了市场价倒算法进行评估，由于近熟林是不可以直接进行采伐的，采用市场价倒算进行评估存在一定的不足。

⑤林地资产采用年金资本化法，年金资本化法是将被评估林地资产每年相对稳定的地租收益作为资本投资收益，按适当的投资收益率估算林地评估值的方法。这种方法应用简单方便，但合理确定年租金是难点。

2.6.3.2 评估假设及限制条件

评估假设是评估结果成立的重要前提，合理假设是非常关键的。本项目采用如下假设及限制条件。

(1)评估假设

交易假设、公开市场假设、持续经营假设，这些假设是各资产评估中的常用假设，假设的确定主要是由评估目的、价值类型及资产特点等因素决定，如果评估选取的市场价值类型，这三个假设一般都会用到。

（2）具体假设与限制条件

①本次评估所涉及的木材价格、生产成本、出材率、山场作业条件和经营成本等，均按委估林场现有林分生长及经营管理的平均水平确定。

②本次评估所采取方法为整体平均数评估，并未针对每个小班进行独立设计，因此不考虑各小班间的生产条件差异，重点考虑林分的蓄积量水平差异，其评估价值应以所有小班总价值为基准，所列示各小班的评估价值仅供报告使用人参考，若除林分蓄积外的小班因子与生产条件差异较大则不宜将各小班拆分独立作价。

③本次评估对于天然阔叶林按公益林补助角度获取收益进行计算其价值。

④本次评估涉及的生态公益林补偿金额增长率是根据前两次生态补偿金额相隔的时间段测算出来的增长率。

⑤由于木材经营中涉及采伐指标的问题，而采伐指标的分配受政府政策、市场因素不确定因素影响，故本次评估中并未考虑主伐时采伐指标的影响。

⑥在未来可预见的时间内被评估资产按现有经营现状继续经营，符合现有林业政策，到期正常采伐，预测的收入、成本及费用在未来经营中能如期实现。

这些具体假设是森林资源资产评估类项目中特有的，符合森林资源资产评估实际情况，由于评估对象分布广泛，各小班的作业条件都不同，落实到每个不同小班时其经营成本都是有差异的，如果将评估结果直接应用各小班单独处置，评估结果精度会存在一定的偏差；另外就是采伐指标的问题，小班林分到主伐年龄时，如果不能全部皆伐的话，就不能简单套用市场价倒算法进行评估，所以这里假设不考虑主伐时采伐指标的限制还是比较合理的。具体如何假设，要遵循林业相关政策、评估目的及委托方的具体要求综合确定。

2.6.3.3 价值类型

价值类型是资产评估的重要因素，价值类型的确定主要取决于评估目的、委托方要求、资产特点等因素，目前法院对不良资产处置时，一般要求采用市场价值类型，具体起拍折扣由法院按规定确定。

2.6.3.4 本项目关键点分析

除把握评估思路、假设、价值类型等因素外，本次项目还有以下要点需要说明。

（1）收获现值法中的关键点

①参照林分的选取。本次评估项目采用《杉木速生丰产用材林》（LY/T 1384—2007）中的低限生长指标作为参照林分生长过程表（表2-17），如果当地林业局或相关主管部门有各树种的生长过程表或生长模型，采用当地的研究成果也是一种可行的办法，如果在本地无法收集到这类研究成果，采用《杉木速生丰产用材林》（LY/T 1384—2007）中的生长指标也是一种可行的办法。

表 2-17 杉木生长低限指标

林龄(年)	I 类地				II 类地			
	平均高（m）	平均胸径(cm)	年平均生长量（m³/亩）	亩蓄积量（m³/亩）	平均高（m）	平均胸径（cm）	年平均生长量（m³/亩）	亩蓄积量（m³/亩）
3	1.3				1.2			
4	2.3	2.8	0.04	0.16	2			
5	3.4	3.9	0.08	0.40	2.9	2.9	0.05	0.25
6	4.5	5.3	0.17	1.02	4	4.1	0.11	0.66
7	5.6	6.7	0.28	1.96	5	5.3	0.19	1.33
8	6.7	7.9	0.4	3.20	5.9	6.4	0.28	2.24
9	7.6	9.0	0.51	4.59	6.7	7.4	0.37	3.33
10	8.4	10	0.62	6.20	7.4	8.3	0.46	4.60
11				7.84				6.02
12	9.9	11.7	0.79	9.48	8.7	9.9	0.62	7.44
14	11	13.1	0.78	10.92	9.7	11.2	0.71	9.94
16	12	14.2	0.77	12.32	10.6	12.3	0.69	11.04
18	12.8	15.3	0.74	13.32	11.3	13.2	0.67	12.06
20	13.5	16	0.71	14.20	11.9	14	0.64	12.80
25	14.8	17.6	0.64	16.00	13	15.6	0.56	14.00
30	15.8	18.7	0.57	17.10	13.9	16.7	0.5	15.00

注：摘录自《杉木速生丰产用材林》（LY/T 1384—2007），被评估林地属 I 类地。

运用该表时要注意，表中的林龄是含苗龄的，如果小班林分平均年龄是从造林年数算起的话，还要加上苗龄运用此表才是正确的。

②收获现值法计算公式折现年限。《森林资源资产评估技术规范》（LY/T 2407—2015）中收获现值法的计算公式如下：

$$E = K \cdot \frac{A_u + A_a (1 + P)^{u-a} + A_b (1 + P)^{u-b} + \cdots}{(1 + P)^{u-n+1}} - \sum_{i=n}^{u-1} \frac{C_i}{(1 + P)^{i-n+1}} \quad (2\text{-}43)$$

计算公式中的主伐纯收益折现年限为 $u-n+1$，与之前大多教材及《森林资源资产评估技术规范》（DB35/T 642—2005）中的 $u-n$ 年相差 1 年，如何理解背后逻辑，折现年限实质就是将未来主伐时的纯收益折现至评估时点的时间间隔。对于公式之间的细微差异，说明如下：《森林资源资产评估技术规范》（LY/T 2407—2015）的收获现值法中林分年龄 n 一般是包括了苗龄的时间，所以折现年限就是 $u-n+1$；如果 n 林分年龄是按造林年份起算，折现年限应是 $u-n$，所以折现年限到底是 $u-n$ 还是 $u-n+1$，具体看林龄是否含苗龄（一般苗龄考虑 1 年）；经营周期也称为轮伐周期，是指林木造林起至林木主伐时所经历的时间。

（2）市场价倒算法的木材销价合理确定

木材销价合理确定是计算销售收入的关键，木材规格不同，其价格不同，重点是准确计算木材统价，或综合材和原木的平均价格。一般来说，主要是结合小班的平均胸径、平均树高数据计算，特别标准地每木检尺数据，可分别径阶计算出各径阶下的出材率，分规格汇总，分析各规格下的占比，结合各规格下木材价格，计算出平均价格。关键要有标准地每木检尺数据及适用当地的出材率表，才能合理计算平均木材销售价格。

（3）评估过程中涉及的税金问题

本次评估项目为何未考虑增值税，根据《中华人民共和国土地增值税暂行条例》规定，农业生产者销售的自产农产品免征增值税，具体是指从事种植业、养殖业、林业、牧业、水产业的单位和个人生产的初级农产品免征增值税；农产品应当是列入《农业产品征税范围注释》的初级农业产品；本次评估对象用材林是产权人造林、培育营造的，林分成熟后是以销售木材为目的，销售自己种植的木材属于《农业产品征税范围注释》的初级农业产品范畴，故无需要考虑增值税及附加费用的问题。

（4）天然阔叶林如何评估的问题

对天然阔叶林如何评估的关键，是分析天然阔叶林能为产权持有人带来哪些收益，由于国家天然阔叶林保护政策规定，天然阔叶林不能进行采伐，所以采用择伐期的收益法也不合适，但政策规定，天然阔叶林可以参照公益林获得公益林补偿基金，所以本次评估项目采用生态补偿基金作为收益计算是合理的。如果天然阔叶林可以利用进行林下经济生产活动，可以再计算林地的租金收益，如果天然阔叶林不再加以利用，一般不宜计算林地租金收益。

实训1 用材林林木资源资产评估中市场价倒算法的应用

一、实训目的

掌握市场价倒算法在成熟林资产评估中的应用，重点掌握木材销售收入、木材经营利润的计算。

二、实训环境要求

资产评估综合实训中心。

三、实训内容

①计算林分蓄积量。
②计算林分出材量。

③计算木材销售收入、木材生产经营成本、木材生产经营利润。

④确定该小班林木资产价值。

四、实训要求

根据给定材料计算成熟林林木资产价值，并写出具体的计算过程。

五、实训材料

2010年某个体户拟转让1 hm² 杉木成熟龄，该林分为杉木纯林，所属赣南地区，平均年龄28年，评估人员在这片林分中选取了一块代表性的样地，样地面积800 m²，并对样地进行了每木检尺（表2-18），现要求根据样地调查资料，推算待评估林分蓄积量，结合下列给出的经济技术指标，确定出这片杉木成熟林林木资产价值。

（一）每木检尺表

表2-18　每木检尺表

阶径(cm)	数量(株)	阶径(cm)	数量(株)
6	4	24	6
8	1	26	1
10	3	28	2
12	4	30	
14	8	32	1
16	14	34	
18	16	36	
20	8	合计	
22	21		

（二）相关技术经济指标

（1）木材价格（表2-19）

表2-19　杉木木材价格表　　　　单位：元/m³

大径	中径	小径	短小
1450	1200	1000	850

（2）木材经营成本

①伐区作业设计费：按蓄积量7元/m³。

②木材检量费：6元/m³。

③杉木直接采伐成本：110 元/m³。

④道路维护费用：5 元/m³。

⑤短途运输成本：15 元/m³。

⑥销售费用：销售价的 1%。

⑦不可预见费：销售价的 2%。

⑧管理费用：销价的 3%。

（3）税费

免征。

（4）木材经营利润率

按木材生产经营成本的 10% 计算。

（5）出材率（表 2-20）

表 2-20 　杉木一元材种出材率

径阶 (cm)	经济材出材率（%）					径阶 (cm)	经济材出材率（%）				
	大径	中径	小径	短小	合计		大径	中径	小径	短小	合计
6				64.31	64.31	20			80.72	0.92	81.64
8			53.58	19.19	72.77	22			81.35	0.72	82.07
10			67.17	9.5	76.67	24		28.76	53.03	0.68	82.47
12			74.01	4.76	78.78	26		44.1	38.13	0.56	82.79
14			76.69	3.19	79.88	28		54.03	28.63	0.39	83.06
16			78.85	1.93	80.58	30	15.18	45.55	22.21	0.39	83.34
18			79.77	1.42	81.19	32	30.9	34.67	17.67	0.34	83.58

（6）一元材积表（表 2-21）

表 2-21 　杉木一元材积表 　　　　　　　　　　　单位：m³

径阶（cm）	6	8	10	12	14	16	18	20	22	24	26	28	30	32
赣南林区	0.006	0.015	0.028	0.047	0.071	0.103	0.138	0.181	0.23	0.286	0.348	0.417	0.493	0.575

实训 2　用材林林木资源资产评估中收获现值法的应用

一、实训目的

掌握收获现值法在中龄林林木资源资产评估中的应用，重点掌握标准林分在主伐时的纯收预测，林分质量调整系数的确定。

二、实训环境要求

资产评估综合实训中心。

三、实训内容

①计算标准林分主伐时蓄积量。
②计算标准林分主伐时的纯收入。
③确定林分质量调整系数。
④计算各小班的林木评估价值。

四、实训要求

根据给定小班调查材料计算各小班林分的立木经济价值，并写出具体的计算过程。

五、实训材料

(1)小班调查因子表(表 2-22)

表 2-22　小班调查因子表

小班号	树种	面积 (hm²)	林龄 (年)	平均胸径 (cm)	平均高 (m)	优势胸径 (cm)	优势高 (m)	郁闭度	公顷株数 (株/hm²)	断面积 (m²/hm²)	蓄积量 (m³/hm²)	地位指数
1	杉木	2.1	16	13.5	10.1	18.1	12.9	0.72	2242	32.06	176.4	14
2	杉木	1.5	20	20.4	15.8	24.7	18.5	0.77	871	28.39	220	18

年龄 \ 指数级	14	18
4	9.7	20.5
6	28.5	53.6
8	56.2	98.9
10	89.9	151
12	126.5	205.5
14	163.2	259
16	198.4	309.2
18	230.9	355
20	260	395.7

（续）

年龄＼指数级	14	18
22	285.7	431.4
24	307.9	462.1
26	326.9	488.4
28	343.1	510.7

（2）杉木标准林分蓄积量生长过程表和杉木一元材种出材率（表2-23）

表2-23　杉木一元材种出材率

径阶（cm）	经济材出材率（%）				
	大径	中径	小径	短小	合计
6				64.31	64.31
8			53.58	19.19	72.77
10			67.17	9.50	76.67
12			74.01	4.76	78.78
14			76.69	3.19	79.88
16			78.85	1.93	80.58
18			79.77	1.42	81.19
20			80.72	0.92	81.64
22			81.35	0.72	82.07
24		28.76	53.03	0.68	82.47
26		44.1	38.13	0.56	82.79
28		54.03	28.63	0.39	83.06
30	15.18	45.55	22.21	0.39	83.34
32	30.90	34.67	17.67	0.34	83.58

（3）杉木标准林分胸径生长方程（表2-24）

$$D=a(1-e^{bt})^c \tag{2-44}$$

式中：t——林分年龄。

表2-24　杉木标准林分胸径生长方程参数

地位指数	a	b	c
14	17.970 423 96	−0.127 226 8	2.593 360 72
18	22.097 793 62	−0.118 674 91	2.139 930 87

(4)评估相关技术经济指标

年平均营林生产成本(含地租)180元/hm^2,杉木原木980元/m^3,综合材850元/m^3,主伐时木材生产销售的成本和费用为(包括设计费、检尺费、采伐成本、集材费用、道路维修养护费、管理费、销售费用、不可预见费等)280元/m^3,利润为木材生产成本10%,投资收益率为6%,杉木主伐年龄为26年。

复习思考题

1. 市场价倒算法测算中应注意哪些方面?

2. 使用现行市价法时应注意哪些关键问题?

3. 异龄林资源资产具有哪些特点?

4. 请简述异龄林林木资源资产评估中经常使用的方法。

5. 异龄林林木资源资产评估中必须注意的问题有哪些?

6. 中龄林林木资产是否可以用重置成本法计算?

7. 某一块用材林林木资源资产用3种方法评估出来的结果差异比较大,如何进行分析?

8. 某人工杉木林小班186亩,林龄为3年,用于银行抵押贷款。经核查,面积与林权证所附地形图界线基本一致,面积为林权证所标示面积186亩。幼林保存率为90%(保存150株/亩),平均高为1.4 m。根据收集的相关经济指标,确定评估的技术参数:

①营造林成本:营林生产成本主要包括清山、整地、栽植、苗木、作业道路和抚育管护等,其营林成本根据林地状况,采用当地现时的民工工资和物价标准进行测算。第1年855元/亩(其中清山1个工日/亩、整地2个工日/亩、栽植0.5个工日/亩、抚育2个工日/亩、苗木20元/亩、作业道路5元/亩。经调查,该县目前营造林的农民工工价一般100元/工日),第2年200元/亩,第3年200元/亩,第4年及以后年度管护成本5元/亩。

②林地年纯收益(租金)的确定:经调查,目前该县与评估造林地条件相似的宜林地年租金30~40元/(亩·年),本评估取值35元/(亩·年)。

③K值的确定:包括K_1树高调整系数和K_2保存调整系数。

树高调整系数采用江西省原世界银行贷款项目《林木生长量预测表》作为标准林分,3年生树高为1.6 m;原设计造林初植密度为167株/亩。

④折现率的确定(P值):包括无风险利率和风险利率,参照我国中长期贷款利率,以及森林经营的不确定性风险因素,确定本次折现率为5%。

⑤折现年限的确定:栽植当年到评估基准日年份为折现年限(3年)。

9. 某林场拟将203亩人工杉木进行采伐权的拍卖,该小班林龄为26年,林分平均胸径16 cm,平均高15 m,亩蓄积量16 m^3,请评估该小班的林木价值。经调查,当地的有关技术经济指标如下:

①木材销售价格:平均按规格材1280元/m^3,非规格材1000元/m^{3}计取。

②采运成本:按240元/m^{3}计取(含道路维修费)。

③销售管理费用：按 10 元/m³ 计取。

④税费：取消。

⑤经营利润率：按木材生产经营成本的 10% 计取。

⑥伐区作业设计费：5 元/m³（按立木蓄积量）。

⑦木材检量费：6 元/m³。

⑧出材率：综合出材率为 70%，其中规格材为 50%，非规格材为 20%。

10. 某民营林业公司拟转让近期收购的 100 hm² 杉木林，该林分经营类型为一般用材林，林龄为 28 年，已过主伐期，处于成熟林组，林分平均胸径 18 cm，平均树高 16 m，平均蓄积 160 m³/hm²，请评估该小班价值。据调查相关技术经济指标如下：

①木材价格：木材价格以委托评估资产附近林产品交易市场木材销售价为基础，结合待评估林木资产的实际平均胸径综合确定木材的平均售价。经调查分析，杉原木售价 800 元/m³，杉综合材售价 650 元/m³。

②木材经营成本：木材经营成本主要包含伐区设计费、检尺费、采造集装费、运费、销售管理费等，以出材量为计算基数，合计为 17 元/m³。

③木材销售税费：木材销售税费主要包含增值税、城建税、维检费、不可预见费等，合计按销售收入的 18.0% 征收。

④经营利润率：按主伐成本的 16.0% 计算。

⑤出材率：按委估资产地方标准《××市县林区商品林主要树种出材率表》，胸径 18 cm 的杉木出材率 70%（其中原木 25%，综合材 45%）。

项目3 经济林资源资产评估

知识目标

1. 了解经济林的分类。
2. 熟悉经济林资源经营特点和资产界定。
3. 掌握经济林核查项目和评估资料收集。
4. 掌握经济林资源资产评估测算的方法和应用要点。

技能目标

1. 具备经济林资源资产评估资料收集的能力。
2. 能够熟练选用评估方法对不同时期经济林资源资产进行评估测算。
3. 要求学生初步具备经济林资源资产评估能力。

素质目标

1. 能够严格遵守评估准则规定，培养良好的行为习惯，增强遵纪守法意识。
2. 了解我国经济林发展历史，激发爱国情怀。
3. 培养学生善于与人相处、与人沟通的团队协作能力。

案例引入

××农业开发有限公司拟用所属经济林林木及林地使用权资产向银行申请贷款，涉及【×府林证字〔2016〕第 2905030004 号】【×府林证字〔2016〕第 2907020036】【×府林证字〔2016〕第 2907060015】三本林权证 5 个宗地，坐落在××县××镇××村境内，现林地都种植了脐橙，有产前期脐橙林，也有始产期脐橙林和盛产期脐橙林，3 本林权证林地使用终止期限为 2066 年 1 月 1 日，资产清单见表 3-1。该公司现委托××资产评估事务所进行此次评估工作，假定评估基准日为 2020 年 12 月 31 日。评估公司派小王负责本次评估项目，小王应如何开展本次评估工作？经济林评估过程中需收集哪些资料？脐橙林评估方法如何选择？

表 3-1　经济林资源资产清单

林权证编号	小班号	实际面积（亩）	地貌	坡向	坡度	坡位	土壤类型	土层厚度	腐殖层厚	肥力等级	地类
×府林证字〔2016〕第2905030004号	00002	167.9	丘陵	无	缓	全	红壤	厚	中	中	特别灌木林
×府林证字〔2016〕第2905030004号	00004	247.2	丘陵	无	陡	全	红壤	厚	中	中	特别灌木林
×府林证字〔2016〕第2905030004号	00007	106.6	丘陵	无	陡	全	红壤	厚	中	中	特别灌木林
×府林证字〔2016〕第2907020036号	00006	235.2	丘陵	无	缓	全	红壤	厚	中	中	特别灌木林
×府林证字〔2016〕第2907060015号	00013	170.5	丘陵	无	缓	全	红壤	厚	中	中	特别灌木林
合　计		927.4									

林种	起源	郁闭度	树种组成	优势树种	龄组	平均树高（m）	平均冠幅（m）	平均林龄（年）	总株数（株）
经济林	人工	0.20	10脐橙	脐橙	产前期	1.1	1.2	3	6716
经济林	人工	0.20	10脐橙	脐橙	产前期	1.1	1.2	3	9641
经济林	人工	0.20	10脐橙	脐橙	产前期	1.1	1.2	3	4371
经济林	人工	0.35	10脐橙	脐橙	始产期	2.1	2.8	5	9878
经济林	人工	0.40	10脐橙	脐橙	盛产期	2.7	3.4	9	6479
									30 606

任务 3.1　认识经济林资源资产评估

经济林是以生产油料、工业原料、药材、干鲜果品及其他副特产品为主要目的的森林，是森林资源的重要组成部分。经济林的经营是林业生产的重要内容之一，许多经济林树木的果实、种子、花、叶、皮、根、树脂、树液等可加工提炼成油料、淀粉、香料、漆料、配料、树脂、单宁、药物等物质，这些物质都是社会经济建设和人民生活所不可缺少的。大力发展油茶、核桃等经济林产业，对于推动建立林草生态产品价值实现机制，实现生态美、百姓富和乡村振兴具有重要意义。

3.1.1　经济林资源资产的分类

经济林是经济效益较高的林种，根据《森林资源规划设计调查技术规程》(GB/T 26424—2010)，经济林林种分为 5 个二级林种。

(1)食用原料林

以生产食用油料、饮料、调料、香料等为主要目的的森林、林木和灌木林。如生产食用油的油茶、油橄榄、油棕、八角、香桂等，生产工业用油的油桐、乌桕、山苍子等。

(2)林化工业原料林

以生产树脂、橡胶、木栓、单柠等非木质林产化工原料为主要目的的森林、林木和灌木林。如生产工业原料的橡胶林、黑荆林等拷胶原料林、黄檀紫胶寄主林、漆树林等。

(3)药用林

以生产药材、药用原料为主要目的的森林、林木和灌木林，如杜仲林、厚朴林、银杏林、黄柏林等。

(4)果树林

以生产各种干鲜果品为主要目的的林木。如生产鲜果的柿、柑橘、苹果、梨、荔枝、龙眼、桃、李等，生产干果的板栗、锥栗、核桃等。

(5)其他经济林

以生产其他林副(特)产品为主要目的的森林、林木和灌木林，如茶树林、桑树林。

3.1.2　经济林资源资产的经营特点

(1)种类繁多、资源丰富

我国有经济价值的经济林树种约 1000 余种，仅木本油料作物就有 200 多种，木本粮食树种近百种，木本鞣料植物 200 余种，木本药材树种近百种，果树近百种，资源非常丰富，一些种类已形成较大的生产规模。各个种类的树种特性、经营要求、栽培技术、加工利用技术均不相同。

（2）栽培历史悠久、生产经验丰富

经济林栽培历史和农业发展历史同时开始的。如栗、枣、柿、油茶、核桃等都有数千年的栽培历史。在长期栽培经济林的生产实践中，劳动人民创造积累了丰富的栽培管理经验，在3000年前就创造了嫁接的方法，积累了一系列林农间作、以农养林、以耕代抚、筑埂修台、开沟引水等栽培措施，培育出许多具有栽培经济价值的优良品种。

（3）产品利用形式多样、培育技术复杂

用材林利用的主要是树干的木材，而经济林产品利用的形式多样，有的是花，有的是果，有的是树叶，有的是树皮，有的是枝条、树根，有的是树脂、树液，有的甚至是寄生昆虫的分泌物。提高经济林产品的数量和质量是经济林栽培的主要目的，针对不同的经济林产品，就有不同的技术措施，针对多种多样的经济林产品就产生了复杂的培育技术。

（4）经济林经营见效快、收益时间长

经济林树种大多数培育3~5年就可获得收益，而且获得收益的时间很长，少则8~10年，多则几十年上百年。在这样长的时间内，每年都可以相对稳定地收获经济林的产品，经济效益十分可观。

（5）经济林经营需要较高投入

经济林的经营是属于高投入高产出的作业方式。许多果树造林时开带挖穴、施肥喷药、每公顷的投资都在万元以上，产果以后每年的施肥、修剪、疏果、防病、治虫每公顷的成本也要数千元，甚至上万元。但其经济效益可观，每年每公顷的收益都在万元以上，高的可达数万元。如果降低经济投入，其产量将明显下降，甚至出现负效益。如我国南方，相当部分的油茶林管理粗放，每年仅除一次草，其产油量仅 $30 \sim 40 \ kg/hm^2$，收益仅够供采集和加工的费用。

（6）经济林成熟期不明显，且差异大

经济林的生长阶段通常分为4个阶段，即产前期、始产期、盛产期和衰产期。林木进入衰产期就已成熟，必须进行更新换代。经济林的衰产期差异很大，不同树种衰产期不同，相同树种，不同品种间差异也很大，就是品种相同但经营措施不同，其变化都很大。如龙眼树一般衰果期为60~80年，但经营得好，一些上百年的古树还是硕果累累，不见衰败。又如油茶衰果期为60~70年，但不少百年油茶林，仍高产稳产。

3.1.3　经济林资源资产的界定

经济林是人工培育的植被，属人工林，一般来说经济林的特点是高投入高产出。经济林资产是以经济林资源为内涵的财产，它包括所有以经济林要求进行经营的经济林资源。经济林资产主要由以下3部分构成。

（1）林地资产

经济林林地资产，是指承载着经济林林木的土地。这类土地的地利等级一般较高，多属于低山、矮山、近山，交通条件较方便，其地租一般要高于其他林种。地租的测算一般以其上面的经济林种类、经营方式、收益和成本为基础。

（2）林木资产

经济林林木资产，是指经济林的林木。它们具有生产经济林产品的能力。它们的价格与其生产能力有关。

（3）产品资产

经济林产品资产，是指经济林林木上生长着的经济林产品。它是半成品，成熟采收之后，其林中经济林产品资产为零，之后随着产品的形成，其价值又逐渐增加。

3.1.4　影响经济林资源资产价值的主要因素

影响经济林资源资产价值的因子很多，有的因子对资产价值影响因素很大，在评估过程中应充分了解各因子对资产价值的具体影响。

（1）树种和品种

经济林树种的调查是容易的，但在经济林资源资产的评估中仅有树种是不够的，相同树种不同品种间经济价值的差异是极大的。相同经营水平、相同年龄阶段的经济林树木，好的品种树木的价值可能是差的品种树木的数倍。因为好的品种不仅产品的产量高，而且质量好，市场的售价很高。因此，在清查中必须查清待评估的经济林林木的品种。

（2）树种年龄和生长阶段

经济林的生长发育阶段对经济林的评估方法选用、产品产量的测算都有着密切的关系。要正确确定待评估经济林所处的发育阶段，就必须掌握该地区该品种各个发育阶段的大致时间。该资料要在本地区范围内收集，如本地区没有则可将收集的范围扩大。根据我国经济林经营的情况，一些主要经济林树种生长发育阶段的划分见表3-2。

表3-2　中国主要经济林树种生长发育阶段时间一览表

树　种	产前期（年）	始产期（年）	盛产期（年）	衰产期（年）	经济寿命（年）
油茶	1~3	4~8	15~60	70~80	70
核桃	1~6	7~15	20~60	80~100	80
油橄榄	1~3	4~9	10~30	40~60	40
香榧	1~7	8~20	20~100	100~200	100
文冠果	1~3	4~9	10~30	40~50	40
毛栗	1~3	4~9	10~50	60~70	60
油桐	1~3	4~5	6~25	25~30	25
乌桕	1~3	4~10	10~50	50~60	50
板栗	1~3	4~10	15~60	70~90	70
枣	1~3	4~8	10~40	60~80	60
柿子	1~3	4~10	10~80	80~100	80
茶叶	1	2~3	4~30	40~60	40
苹果	1~3	4~10	15~40	40~60	40

（续）

树　种	产前期(年)	始产期(年)	盛产期(年)	衰产期(年)	经济寿命(年)
梨	1~3	4~15	16~90	100~150	100
柑橘	1~3	4~14	15~35	40~60	40
葡萄	1	2~3	4~30	30~50	30
桃	1~2	3~6	7~15	16~17	16
枇杷	1~3	4~10	10~30	40~50	40
杨梅	1~4	5~14	15~50	60~70	60
龙眼	1~5	6~18	20~50	60~80	60
荔枝	1~4	5~18	20~80	100~150	100

调查经济林树种年龄的主要目的是要确定经济林树种所处的生长发育阶段。经济林树种的生长发育阶段分为产前期、始产期、盛产期和衰产期。

①产前期。是指果树从栽植或嫁接开始，到开始开花结果的时期，这时期主要是树木的营养生长阶段。

②始产期。对于果树就称为始果期，是指果树开始进入开花结果的时期。这一期开始时树木的年龄较小，树冠也小，产量极低。在这以前树木处于营养生长阶段，到这一阶段后期，树冠基本形成，树木从营养生长逐渐过渡到生殖生长，其产品的产量逐渐增加。

③盛产期。这是经济林林木大量生产经济林产品的时期。维持时间较长，一般在10~50年。对于以果实为产品的经济林林木来讲，这段时间大量的养分供给生殖生长，产量大而相对比较稳定。

④衰产期。这一时期的林木开始老化，产量下降，继续经营已失去意义，必须考虑进行更新。

由于经济林的生长发育阶段因树种、品种和经营水平而异。在查得林木的年龄后，应对林木生长的状况、产品的产量进行分析，确定林木所在的生长发育阶段。

(3)树种经济寿命

经济林树种的经济寿命就是经济林的经济成熟期，即为经济林经营中经济林产品的年平均收益从相对比较稳定到开始显著下降的时间。在这个时间后产量明显下降，如果继续经营会造成经济损失，土地资源无法充分利用，通常应进行更新。经济林的经济寿命是测算经济林资源资产价值的重要时间指标，它决定了经济林的培育周期。每一个品种都有大致相同的经济寿命时间表，但在每个地方，各种经营水平下有较大变动。因此，必须收集待评估经济林资源资产所在地区或附近地区有关该品种栽培的资料。通过分析论证，确定其经济寿命期。

(4)树种产量资料

经济林的产量是经济林资源资产价格测算的主要依据。经济林的产量不仅需要预测当年的产量，而且要求预测各个生长发育阶段的平均产量。这些资料在一般性资源调查的材料中无法得到，它必须通过各个产区统计部门的统计资料或单位部门财务档案中收集求出其平均产量，再根据本地区的经营水平进行适当修正以作为评估的基本资料。

（5）经营成本

经济林经营成本也是经济林资源资产评估的重要基础资料。经济林的经营成本随着其经济水平而变化。通常将经营水平分为一般和集约两个层次。分别层次确定其基本的经营措施、投资额、投工量。这些资料可在产区的财务档案中查出，进行分析、整理后使用。

（6）产品销售价格

经济林产品的季节性强，大多是一年一次出售的，即一年中仅在某一个季节有产品出售，而其他季节就没有这种产品。因此，经济林资源资产评估中经常得不到评估基准日的产品销售价格，评估所用的价格大多利用最近时期的产品销售价格。在市场经济条件下，产品的价格变化较频繁。因此，在评估中可根据该产品的销售价格变化趋势，预测评估基准日时的产品销售价格，以这一销售价格为基础进行经济林资源资产的评估。为预测其销售价格的变化趋势就必须调查历年来该品种的市场平均价格。这一资料的收集可查阅评估地区统计部门的统计年鉴。

（7）社会平均利润率

社会平均利润率是确定经济林经营利润率的重要参考数据。社会平均利润率必须通过大量的社会经济调查资料分析而得到。

（8）地利等级

地利等级对用材林来讲，主要影响产品的采运成本；而对经济林来讲，不仅与产品的采运成本有关，还与肥料的运输、上山劳力的工资等生产成本有关，其对经济林的影响相较用材林更为显著，经济林的地利等级主要以坡度和离销售点的远近距离作为评定的主要依据。

任务3.2　经济林资源资产清查和资料收集

经济林资源资产评估是经济林产生林产品能力的价值，确定其价值，首先要清查经济林对象，熟知经济林评估资料，确定评估方法的选择。

3.2.1　经济林资源资产清查的主要项目和内容

为了更清楚评估对象，满足评估要求，一般需要清查经济林资源主要项目和内容包括以下几个方面。

（1）树种和品种

经济林树种的调查是容易的，但在经济林资源资产的评估中仅有树种是不够的，相同树种不同品种间经济价值的差异是极大的。因此，在清查中必须查清待评估的经济林林木的品种。

（2）树种的年龄和生长阶段

调查经济林树种年龄的主要目的是要确定经济林树种所处的生长发育阶段。经济林树种的生长发育阶段分为产前期、始产期、盛产期和衰产期。

(3) 单位面积产量

单位面积产量是经济林评估的重要基础资料。单位面积产量在现地进行调查是较为困难的，通常是通过财产档案，以获得上一年的经济林产品的产量。

(4) 待评估资产的面积

经济林林地资源资产的面积也是评估的主要基础资料。调查不同品种、不同年龄的经济林面积，并分别进行统计与绘制待评估资产的基本图。

(5) 密度

密度可用郁闭度或单位面积株数表示，郁闭度直接反映林木对土地利用的程度，株数也可间接反映林地利用状况。

(6) 直径与树高

直径和树高反映了林木的大小。对于以果实为目的的经济林树种，其产量与直径和树高关系并不密切，但也能反映林木的生长状况，而以树皮、树脂、树液为产品的经济林，其产量与直径和树高紧密相关。

(7) 立木蓄积量

灌木状的经济林树种不需要调查其蓄积量。对于一些高大乔木的经济林树种，需要调查立木蓄积量，因为木材生产也可作为它的一个产品，特别是接近衰产期的乔木树种。

(8) 立地质量

立地质量直接决定了林地的生产潜力，并影响着林地的价格。好的立地，投工投资少而产量高，差的立地要获得同样的产量则要额外增加许多投资。经济林的立地质量一般以环境因子法进行评定，标准和用材林不完全相同。用材林一般在地形隐蔽的阴坡、半阴坡生长较好，而许多经济林则在地势开阔的阳坡、半阳坡产量较高。

(9) 地利等级

地利等级对用材林来讲，主要影响产品的采运成本，而对经济林来讲不仅和产品的采运成本有关，还和肥料的运输、上山劳力的工资等生产成本有关，其影响比用材林更为显著，经济林的地利等级主要以坡度和离销售点的远近距离为评定的主要依据。

(10) 权属

经济林资源资产的权属一般较清楚，尤其是林权。因此，调查时主要是搞清土地的权属，山林权都必须以县以上人民政府发的权属证书作为依据。

3.2.2 经济林资源资产评估资料收集

经济林评估收集的资料主要包括：一是前文提及的权属资料；二是经济林成本及产量资料，又主要包括待评估经济林品种的经济寿命、待评估经济林品种的生长发育阶段划分、待评估经济林品种的产量资料、经济林的经营成本、经济林的产品的销售价格和社会平均利润率。

讨论：作为本次任务导入案例，依据森林资源资产清单，具体需要收集哪些评估资料？

经济林林木资源资产评估方法

经济林资源资产的评估方法总体上也采取现行市价法、重置成本法和收益现值法。但由于经济林经营的特点，各种方法的计算又有其特点和使用范围。处于不同生长发育阶段的经济林资源资产的经济效益和经营特点均不相同，选择的评估方法也不一样。以下分别对各生长发育阶段进行讨论。

3.3.1　产前期的经济林资源资产评估

产前期即经济林从造林到刚开始有产品产出的时期，也是经济林的幼龄阶段，其评估宜选用重置成本法，在经济林交易市场公开、活跃、发育完善的条件下，也可使用现行市价法。采用现行市价法评估时应合理选取 3 个以上参照案例进行测算后综合确定，并应合理确定林分质量调整系数与物价指数调整系数。

(1) 重置成本法

新造经济林的生产工序主要有劈山清杂、开带挖穴、施肥定植、防病治虫、修枝定形、除草、管理费用分摊、林地地租等。计算公式为：

$$E_n = K \cdot \sum_{i=1}^{n} C_i \cdot (1 + P)^{n-i+1} \tag{3-1}$$

式中：E_n——第 n 年的经济林资产评估值；

　　　K——林分质量调整系数；

　　　C_i——第 i 年以现时工价及生产经营水平为标准计算的生产成本，主要包括第 i 年度投入的工资、物质消耗和地租等；

　　　n——经济林年龄；

　　　P——投资收益率。

由于经济林第 1 年的投资很大，而第 2 年后各项投资相对稳定。故设 C_1 为第 1 年的造林成本，C_2 为第 2 年以后的年平均费用，则该公式简化为：

$$E_n = K \cdot \{ C_1 \cdot (1+P)^n + C_2 \cdot [(1+P)^n - 1]/P \} \tag{3-2}$$

在重置成本法中对成本的投入必须达到预期的效果，即一定的成活率、株数、高生长和树冠生长。有些经济林已投入足额的成本，但由于经营管理不善如除草、防病、治虫不适时等人为的原因，或由于干旱、冻寒等客观原因造成其经济林林分未能达到预定的效果，这些损失必须由经济林资源资产的原占有者承担。因为在测算的投资收益率中已包含了风险利率。此外，重置成本多以社会平均成本为基础测算的，而对于某块地，由于增加了一些成本，或者由于管理水平高，气候条件好，它的实际效果要优于平均水平，这样资产的价格就应比同年的经济林资源资产价格高，因此经济林资源资产评估就必须根据它的实际效果对原计算结果进行修正。

讨论：在经济林资源资产评估中应用的重置成本法时，是否应该考虑到经济性贬值，以及在什么情况状况下考虑？

【例3-1】某林果场拟以锥栗林进行抵押贷款（2020年初），该锥栗林为2015年春天营造的幼林，面积10 hm²。目前锥栗林生长良好并已全部经过嫁接，平均每公顷420株，平均树高3.3 m，冠幅3.0 m，试对其价值进行评估。

据调查，有关经济技术指标如下：

①锥栗林营林生产成本：

a. 新造锥栗林营林生产成本：

劈草、炼山、修路：1500 元/hm²。

挖穴整地：3000 元/hm²。

施基肥：2100 元/hm²。

锥栗苗费：600 元/hm²。

栽植：450 元/hm²。

第1年抚育（2次）、施肥：1800 元/hm²。

第2年抚育、施肥：1800 元/hm²。

第3年抚育、施肥：1800 元/hm²。

前3年每年病虫害防治费：900 元/hm²。

嫁接、修剪（第3年）：1350 元/hm²。

b. 第4年起锥栗林正常营林生产成本：

抚育施肥：1500 元/hm²。

病虫害防治费：900 元/hm²。

修剪：300 元/hm²。

②投资收益率：8%。

③林地地租：年地租600 元/hm²。

④参照林分平均生长指标：当地同年龄锥栗林平均树高3.5 m，平均冠幅3.2 m。

计算过程及结果如下：

锥栗林为新造5年生幼林，选用重置成本法评估其资产价值。

$$E_n = K \cdot \sum_{i=1}^{5} C_i \cdot (1+P)^{n-i+1}$$

林分质量调整系数：

$$K = \frac{现实林分平均树高}{当地参照林分平均树高} \times \frac{现实林分平均冠幅}{当地参照林分平均冠幅} = \frac{3.3}{3.5} \times \frac{3.0}{3.2} = 0.88$$

每公顷锥栗林评估值 = 0.88×[（1500+3000+2100+600+450+1800+900+600）×1.08⁵+
（1800+900+600）×1.08⁴+（1800+900+1350+600）×1.08³+
（1500+900+300+600）×1.08²+（1500+900+300+600）×1.08]
= 297 876 元/hm²

则10 hm²的锥栗林评估值 = 29 787×10 = 297 876 元

(2)现行市价法

现行市价法的使用与用材林林木资源资产评估相同，要求有发育充分，制度健全的交易市场，且具有可选案例 3 个或 3 个以上方能实施。产前期经济林林木主要是营养生长，因此交易案例的调整系数除考虑待评估经济林资源资产与交易案例的时间差异外，主要考虑待评估经济林资源资产与交易案例中经济林资源资产在林分质量上的差异以及林木年龄的差异。

在评估实践中，以物价调整系数修正待评估经济林资源资产与交易案例的时间差，以现实林分株数和冠幅的大小与参照林分的株数和冠幅的比值的乘积为林分质量调整系数，从而实现对经济林资源资产案例的修正。最后综合平均，确定待评估经济林资源资产评估值。

$$E_n = \frac{s}{n} \sum_{i=1}^{n} G_i \cdot K_i \cdot K_{i1} \cdot K_{i2} \tag{3-3}$$

式中：G_i——第 i 个案例经济林资产单位面积交易价格；

K_i——物价调整系数；

K_{i1}——林分质量调整系数；

K_{i2}——其他因素综合调整系数；

s——待评估经济林资源资产面积；

其他参数含义同式(3-1)。

3.3.2 始产期的经济林资源资产评估方法

始产期也称为初产期，是经济林开始有一定数量产品产出到产品产量稳定的盛产期之间的发育阶段。这一阶段的经济林资产评估可选用重置成本法、收益现值法和现行市价法进行评估。

(1)重置成本法

在始产期之前经济林林分只有投入，没有收益，它类似于工厂的建设期。始产期经济林林分每年都有一定的收入，而且收益迅速增加，与工厂的投产期十分类似。根据一般财务核算办法的规定，投资仅计算到试投产期，其后的投入作为经营的成本。因此，经济林资产评估中重置成本的全价应计算到经济林资产年收益值大于年经营投资的前一年，这时重置成本值达到最大值。始产期阶段，经济林林分的产品产量和创利能力迅速发展以至达到稳定，进入盛产期，其资产价值达到最高，因此在始产期不应考虑折耗，应通过经济林林分质量调整系数来修正重置成本值以确定经济林资产评估值。计算公式为：

$$E_n = K \cdot \sum_{i=1}^{n} (C_i - A_i)(1 + P)^{n-i+1} \tag{3-4}$$

式中：E_n——经济林资产评估值；

K——林分质量调整系数；

C_i——第 i 年生产成本现值；

A_i——第 i 年经济林产品收入；

n——经济林资产年收益值大于年经营投资的前一年。

质量调整系数应按现实林分冠幅、产量与参照林分冠幅、产量的比值确定，关键分析对其价值影响最大的因子。

(2)收益现值法

始产期阶段采用收益现值法应明确该品种经济林的经济寿命，待评估经济林林分距盛产期的平均产量，并分段计算，计算公式为：

$$E = K \cdot \left[\sum_{i=n}^{n_1-1} \frac{A_i}{(1+P)^{i-n+1}} + AI \cdot \frac{(1+P)^{n-n_1+1}-1}{P \cdot (1+P)^{u-n+1}} + \frac{AJ}{(1+P)^{u-n+1}} \right] \tag{3-5}$$

式中：E——评估值；

    K——林分质量综合调整系数，可用现实林分的年产量与预测年产量的比值进行修正；

    AI——盛产期平均年净收益；

    AJ——经济寿命期末经济林木材的净收益；

    A_i——初产期各年的净收益；

    u——经济寿命期；

    n——林分的年龄；

    n_1——盛产期的开始年；

    P——投资收益率。

（3）现行市价法

现行市价法的计算与产前期的一样，但林分质量调整系数应以产量为标准进行调整，而不应以冠幅大小和株数为标准进行调整。

3.3.3 盛产期的经济林资产评估方法

盛产期是经济林资产的产品产量最高、收益多而稳定的时期。这时期持续时间很长，其持续年数因树木的品种和经营管理水平而差异较大。持续时间长的可达70~80年，一般占其经济寿命的2/3以上，经济林的经济收益绝大多数在这一时期产生。在这时期的经济林资产评估可用收益现值法、重置成本法和现行市价法。

（1）收益现值法

盛产期是经济林资产获取收益的阶段，在这一阶段林木生长主要是生殖生长，经济林产品产量相对较为稳定，其资产的评估值可用下列公式表示：

$$E = K \cdot AI \cdot \frac{(1+P)^{u-n+1}-1}{P \cdot (1+P)^{u-n+1}} \tag{3-6}$$

式中：E——评估值；

    K——林分质量综合调整系数；

    AI——盛产期内年净收益；

    u——经济寿命期；

    n——林分年龄；

    P——投资收益率。

【例3-2】某林果场欲转让一片锥栗林30年的经营期，面积5 hm²，年龄9年，平均冠幅4 m，平均树高3.5 m，每公顷株数600株，已进入盛产期，相关技术经济指标附后，试评估该锥栗林的转让价。

①锥栗价格：根据周边现有品种询价结果，结合当地收购情况，确定锥栗产地交货价6元/kg。

②产量预测：咨询周边和当地多家种植户的产量情况，根据评估对象的亩株数、树冠、年龄情况，预测产量 2250 kg/hm²。

③经营成本：

采果费：1.5 元/kg。

管理费（含销售费用）：销售价的 1.5%。

化肥、农药：2700 元/hm²。

抚育工资：675 元/hm²。

施肥工资：600 元/hm²。

病虫防治工资：675 元/hm²。

修剪工资：375 元/hm²。

清园工资：450 元/hm²。

其他：150 元/hm²。

④经营利润：直接生产成本的 15%。

⑤投资收益率：10%。

该锥栗林已进入盛产期，30 年后还未退出盛产期，可用收益现值法进行评估。根据以上指标可计算出每年每公顷的净收益：

$$AI = 2250 \times (6 - 1.5 \times 1.15 - 0.09) - 2700 - 675 - 600 - 675 - 375 - 450 - 150$$
$$= 3791.25 \ 元/hm^2$$

该锥栗林的评估值：

$$E_n = 5 \times 3791.25 \times [(1+10\%)^{30} - 1] / [10\% \times (1+10\%)^{30}]$$
$$= 178\ 700 \ 元$$

（2）现行市价法

经济林林分盛产期采用的现行市价法与始产期的相同。

讨论：经济林林木资产评估中如果涉及产量预测的情况，应该通过那些途径来获取产量数据？

3.3.4　衰产期的经济林资产评估

衰产期经济林的产量逐年下降，继续经营将是高成本低收益，甚至出现亏损，因此必须及时采伐更新。在这个阶段的经济林资源资产可用剩余价值法进行评估。特别是乔木树种的经济林中，其剩余价值主要是木材的价值。

3.3.5　经济林林木资产评估方法应用

以引入案例为例，举例说明脐橙林林木资产评估测算过程，相关技术经济指标如下。

（1）造林成本

①地租：50 元/（亩·年）。

②新建果园生产成本：2284.5 元/亩。

其中各项分别：

清山整地：1200元/亩。

新修道路：200元/亩。

水利、管道等配套设施：500元/亩。

基肥：45 kg×1.4元/kg＝63元/亩。

做堆：36元/亩。

种苗：3.9元/株×45株/亩＝175.5元/亩。

栽植：90元/亩。

工具：20元/亩。

③抚育：18.60元/（株·年）。

工资：6.52元/株。

水电：0.35元/株。

肥料：8.31元/株。

农药：0.36元/株。

工具及配件：0.38元/株。

松土：1.39元/株。

其他：1.29元/株。

（2）经营成本

①采摘及分挑成本：为销售收入的15%。

②管理、销售、不可预测算费用：为销售收入的10%。

③投资收益率：10%。

④采摘阶段利润率：为采摘及分挑成本的10%。

（3）产量预测

脐橙经济林产量预测：根据调查评估对象果园的经营水平及最近两年产果量，以及调查评估对象周边类似脐橙品种稳产前及稳产期的平均年脐橙采摘量，预测评估对象至稳产状态年平均产果量。其各年产脐橙平均产量预测见表3-3。

表3-3　评估对象脐橙产量预测表

年度	第6年	第7年	第8年	第9~25年
脐橙产量(kg/株)	25	30	38	45

（4）脐橙收购价格

根据公司过去两年脐橙销售价格和脐橙市场行情调查分析，确定果园的脐橙出收购价格见表3-4。

表3-4　果园的脐橙收购价格

品种	脐橙（纽荷尔）
价格(元/kg)	3.6

（5）小班评估值测算过程

①00002 小班测算过程：00002 小班为脐橙林产前期，本次评估采用重置成本法进行计算。

$$第 1 年重置成本 = 50+2284.5+18.6×40 = 3078.5 元$$
$$第 2 年重置成本 = 50+18.6×40 = 794 元$$
$$第 3 年重置成本 = 50+18.6×40 = 794 元$$

由于本次产前期脐橙林林分生长正常，与当地脐橙林林分生长水平基本一致，故本次林分质量调整系数取 1。

$$林木资产评估值 = 1×167.9×(3078.5×1.1^3+794×1.1^2+794×1.1^1) = 995\ 920 元$$

②00006 小班测算过程：00006 小班为脐橙始产期，故本次评估采用分段收益现值法。00006 小班在林龄 6~8 年为始产期，产量不稳定，到第 9 年起脐橙产量基本稳定，6~8 年为产量调整期。

第 1 年纯收益计算：

$$收入 = 25×3.6×9878 = 889\ 020 元$$
$$成本 = 18.6×9878+50×235.2+889\ 020×15\%×(1+10\%)+889\ 020×10\%$$
$$= 431\ 081 元$$
$$纯收益 = 889\ 020-431\ 081 = 457\ 939 元$$

依次计算第 2~4 年纯收益：

第 2 年纯收益：

收入 = 1 066 824 元　　成本 = 478 199 元　　纯收益 = 588 625 元

第 3 年纯收益：

收入 = 1 351 310 元　　成本 = 553 588 元　　纯收益 = 797 722 元

第 4 年纯收益：

收入 = 1 244 628 元　　成本 = 525 317 元　　纯收益 = 980 683 元

$$小班林木资产评估值 = 457\ 939/1.1+588\ 625/1.1^2+797\ 722/1.1^3+$$
$$980\ 683/1.1^3×(1-1/1.1^{17})/0.1$$
$$= 7\ 412\ 409 元$$

③00013 小班测算过程：00013 小班为脐橙盛产期，故本次评估采用收益现值法。

$$纯收益 = 642\ 420 元$$
$$小班林木评估值 = 642\ 420×(P/A，10\%，25-9) = 5\ 026\ 107 元$$

任务3.4 经济林林地资源资产评估方法

经济林林地资源资产的评估由于其上的经营方式不同于用材林，其评估的方法的具体形式也不同于用材林林地资源资产评估方法，评估方法同样主要采用林地期望价法、现行市价法、年金资本化法。

3.4.1 经济林林地资产评估方法

(1)林地期望价法

经济林是将经济林在无穷多个经济寿命期的纯收益(扣除了正常成本利润)全部折为现值作为林地的价格。在计算时先把各年的收入和支出(含成本利润)折算为经济寿命期末的后价，然后再根据无穷递缩等比级数的求和公式将其求和，计算公式为：

$$B_u = \frac{\sum_{i=1}^{u} A_i(1+P)^{u-i+1} - \sum_{i=1}^{u} C_i(1+P)^{u-i+1}}{(1+P)^u - 1}$$ (3-7)

式中：A_i——各年销售收入；

$\quad C_i$——各年的经营成本(含税、费及合理利润)；

$\quad u$——经济寿命期；

$\quad B_u$——林地期望价；

$\quad P$——投资收益率。

该公式必须预测各年度的收益和经营成本，计算较困难，为了便于计算，可假设造林的成本相同，盛产期收入相同，盛产前期的销售收入相近，每年的经营成本大体相同。这样该公式可简化为：

$$B_u = \frac{A_n \cdot [(1+P)^n-1] \cdot (1+P)^{u-n}/P + A_m \cdot [(1+P)^m-1]/P - C(1+P)^u}{(1+P)^u-1} - \frac{V}{P}$$ (3-8)

式中：B_u——林地期望价；

$\quad A_n$——初产期平均年收益；

$\quad A_m$——盛产期平均年收益；

$\quad V$——年平均营林生产成本；

$\quad C$——造林时投资；

$\quad n$——初产期年数；

$\quad m$——盛产期年数；

$\quad u$——经济寿命期；

$\quad P$——投资收益率。

该公式分盛产前期和盛产期两段计算经济林的收益，其资料收集较为容易，计算也大为简化，是经济林林地资产评估中常用的方法。

(2)年金资本化法

林地地价的年金资本化法是以林地每年的平均纯收入(地租)作为投资的收益额(利息)，以当地该行业某类经营林树种的平均投资收益率作为利率来求算其本金——地价的方法。计算公式为：

$$E = \frac{A}{P}$$ (3-9)

式中：A——年平均地租；

　　P——投资收益率。

　　根据经济林林地地租获取方式不同，地价的计算公式也可有多种形式，与上文介绍的年金资本化多种形式公式一致。

　　该公式简单易算，关键问题是确定年平均地租和投资的收益率，在经济林林地资产评估中，由于林地上的经济林木在较长的时间内每年有稳定的收入，其地租也较稳定并经常每年定期付给，这样在每年支付地租的经济林资产评估中经常采用该方法。

　　（3）现行市价法

　　现行市价法是以在市场上已成交的类似的林地价格作为参照物，然后确定待评估资产价格的方法。在所有林种的林地资源资产评估中现行市价法的公式都相同，但经济林林地资源资产评估相比用材林更为复杂。其考虑的因子除了立地质量和地利等级外，还应考虑其地上经济林树种、品种、年龄和经营年限。最好能找到 3 个以上与被评估资产的立地质量、地利等级、树种和品种、林木年龄相近的评估案例作为参照物，然后进行综合的评价。

　　经济林林地资源资产的评估与经济林木资源资产评估一样必须注意：经济林的产量预测，造林成本的预测，经济寿命期的确定，经营风险的确定及投资收益率的确定。

3.4.2　经济林林地资源资产评估测算

　　以上述脐橙林资源资产评估案例进行测算，根据被评估林地所处地理位置和立地质量，参照周边地区地租水平、道路修建程度，综合确定脐橙林林地综合年租 50/（亩·年）。评估基准日至林地使用期限为 45 年整。

$$单位面积林地使用权资产 = 50×(P/A，10\%，45) = 668 \ 元/亩$$

以 00002 小班计算：

$$00002 \ 小班经济林林地价值 = 167.9×668 = 112 \ 157 \ 元$$

任务3.5　经济林资产评估案例与分析

3.5.1　案例项目背景

　　××村民委员会为经济发展及扶贫需要，拟收购××脐橙家庭农场拥有的 50 亩果园资产，共涉及 1400 株脐橙果树，其中 2007 年种植 400 株，2017 年种植 1000 株，果树长势良好，果园设施齐全及果园内林道分布合理，便于采摘，现委托方及产权方共同委托一家评估机构评估该果园资产，为××村民委员会收购该项资产提供价值参考依据。具体情况见下文报告节选。

3.5.2　案例评估报告节选

×× 村民委员会：

×× 资产评估事务所（普通合伙）接受贵单位委托，根据有关法律、法规和国家有关资产评估准则的规定，本着客观、公平、公正、公开、科学的原则，按照收益法和重置成本法，对拟收购事宜涉及的 ×× 脐橙家庭农场拥有的脐橙果园资产价值进行了评估，本所评估人员按照必要的评估程序对委托评估的资产实施了实地查勘、市场调查与询证，对委估资产在 2020 年 3 月 20 日所表现的市场价值作出了公允反映。现将资产评估情况及评估结果报告如下。

一、委托人及其他评估报告使用人

（一）委托人简介

名称：×× 村民委员会

（二）产权持有人简介

名称：×× 脐橙家庭农场

统一社会信用代码：*****************

类型：个体工商户

经营者：×××

经营场所：××××××

组成形式：家庭经营

注册日期：2017 年 09 月 28 日

经营范围：脐橙种植及销售（依法须经批准的项目，经相关部门批准后方可开展经营活动）

（三）其他评估报告使用人

本评估报告的使用人为委托人、经济行为相关的当事方。

国家法律、法规规定的其他评估报告使用人。

除国家法律法规另有规定外，任何未经评估机构和委托人确认的机构或个人不能由于得到评估报告而成为评估报告使用人。

二、评估目的

评估委估资产于基准日的市场价值，为 ×× 村民委员会拟收购 ×× 脐橙家庭农场拥有的脐橙果园资产事宜提供价值参考依据。本评估报告只能用于上述目的，且只能在该特定评估目的下具有有效性。

三、评估对象和范围

（一）评估对象

为××脐橙家庭农场拥有的脐橙果园资产。

（二）评估范围

为位于××市××县××镇的××脐橙家庭农场所拥有的约50亩果园资产，脐橙数量以委托方与产权方共同清点且盖章申报的数据为准。委估所涉及的果树为脐橙，总株数1400株，分别为2007年种植400株，2017年种植1000株，均种植于××脐橙家庭农场租用的土地内，具体情况详见资产评估明细表。

纳入上述评估范围的资产和委托人提供的资产是一致的。

（三）纳入评估范围资产法律权属情况、经济状况和物理状况

（1）法律权属状况

产权持有人未提供果业证，但提供了营业执照和经营者身份证复印件、土地租赁协议，承诺函等，不存在产权瑕疵。

（2）经济状况

被评估对象生长正常，能产生一定的经济效益。

（3）物理状况

为位于××市××县××镇的××脐橙家庭农场所拥有的果园资产。委估所涉及的果树为脐橙，总株数1400株，分别为2007年种植400株，平均地径13.5 cm，平均树高240 cm，平均冠幅230 cm×260 cm；2017年种植1000株，平均地径5 cm，平均树高180 cm，平均冠幅130 cm×150 cm，均种植于××脐橙家庭农场租用的土地内，具体情况详见资产评估明细表。

以上委托评估对象和评估范围与经济行为涉及的评估对象和评估范围一致。

四、价值类型及其定义

（一）价值类型

本次评估的采用的价值类型为市场价值。

（二）价值类型定义

市场价值是指自愿买方和自愿卖方在各自理性行事且未受任何强迫的情况下，评估对象在评估基准日进行正常公平交易的价值估计数额。

（三）选择价值类型的理由

采用市场价值类型的理由是市场价值类型与其他价值类型相比，更能反映交易双方的公平性和合理性，使评估结果能满足本次评估目的之需要。

五、评估基准日

本项目评估基准日是 2020 年 3 月 20 日。

该评估基准日是根据评估目的与委托人共同协商而定，尽可能地接近了实施资产评估目的的工作日及评估目的的实现日，本次评估的一切取证均为在该基准日有效的价格标准。

六、评估依据

（一）行为依据

委托人与本所签订的"资产评估委托合同"。

（二）法律法规依据

《中华人民共和国民法典》《中华人民共和国资产评估法》《中华人民共和国土地管理法》，以及其他相关法律、法规。

（三）准则依据

①《资产评估基本准则》（财资〔2017〕43 号）；
②《资产评估执业道德准则》（中评协〔2017〕30 号）；
③《资产评估执业准则——资产评估报告》（中评协〔2018〕35 号）；
④《资产评估执业准则——资产评估程序》（中评协〔2018〕36 号）；
⑤《资产评估执业准则——资产评估委托合同》（中评协〔2017〕33 号）；
⑥《资产评估执业准则——资产评估方法》（中评协〔2019〕35 号）；
⑦《资产评估执业准则——资产评估档案》（中评协〔2018〕37 号）；
⑧《资产评估执业准则——森林资源资产》（中评协〔2017〕41 号）；
⑨《资产评估机构业务质量控制指南》（中评协〔2017〕46 号）；
⑩《资产评估价值类型指导意见》（中评协〔2017〕47 号）；
⑪《资产评估对象法律权属指导意见》（中评协〔2017〕48 号）。

（四）产权依据

①产权持有人提供的营业执照和经营者身份证复印件、土地租赁协议（复印件）；
②委托人承诺函、产权持有人承诺函、权属情况证明。

（五）取价依据

①《森林资源资产评估技术规范》（LY/T 2407—2015）（国家林业局公告〔2015〕第6号）；

②《赣南—湘南—桂北脐橙生产技术规程》（NY/T 977—2006）；

③中华园林苗木网；

④委托人提供的资料和评估人员现场勘察及进行市场询价。

七、评估方法

（一）评估方法选择

《资产评估基本准则》规定：资产评估的基本方法包括市场法、收益法和成本法。根据评估对象、价值类型、资料收集情况等相关条件，分析3种资产评估基本方法的适用性，恰当选择一种或多种资产评估基本方法。

成本法也称重置成本法，是指从待评估资产在评估基准日的复原重置成本或更新重置成本中扣除其各项价值损耗，来确定评估对象价值的评估思路。

市场法也称市场价格比较法，是指通过比较被评估资产与最近售出；类似资产（即可参照交易资产）的异同，并将类似资产的市场价格进行调整，从而确定评估对象价值的评估思路。

收益法是指通过估算被评估资产未来预期收益资本化或折现以确定评估对象价值的评估思路。

市场法是以现实市场上的参照物来评价评估对象的现行公平市场价值，它具有评估角度和评估途径直接、评估过程直观、评估数据直接取材于市场、评估结果说服力强的特点。收益法虽然没有直接利用市场参照物，但它强调的是资产的预期盈利能力，收益法的评估结果是资产预期获利能力的量化与现值化，适应有稳定收益的资产。而成本法是从资产重置的角度间接地评价资产的公平市场价值，它是从资产重新构建的角度来确认资产评估价值。

本次纳入评估范围的2007年种植的脐橙进入盛产期，且生长管护情况较好，根据《森林资源资产评估技术规范》（LY/T 2407—2015）规定，处于盛产期的果树具有单独收益的能力，适合采用收益法进行评估，2017年种植的脐橙为初产期，根据《森林资源资产评估技术规范》（LY/T 2407—2015）规定采用成本法。

对于纳入评估范围的果树，本次采用收益法、成本法进行评估。

（二）评估方法介绍

（1）收益法

收益现值法是即将未来脐橙果树产出所带来净收益折成现值的一种计算方法，该法是通过估算被评估的经济林资源资产（脐橙果树）在未来经营期内各年的预期净收益按一定的折现率(投资收益率)折算为现值，并累计求和得出被评估经济林资源资产(脐橙果树)评估值的一种评估方法。其计算公式为：

$$E_n = A_u \cdot \frac{(1+P)^{u-n}-1}{P \cdot (1+P)^{u-n}}$$

式中：E_n——经济林资产评估值；

$\qquad A_u$——盛产期内每年的纯收益值；

$\qquad P$——投资收益率；

$\qquad u$——经济寿命期；

$\qquad n$——经济林林木年龄。

(2)重置成本法

重置成本法是按现时的工价及生产水平重新营造一块与被评估脐橙果园资产相类似的脐橙果园资产所需的成本费用，作为被评估脐橙果园资产的评估值。其计算公式为：

$$E_n = K \cdot \sum_{i=1}^{n} C_i \cdot (1+P)^{n-i+1}$$

式中：E_n——评估值；

$\qquad K$——经济林林分质量综合调整系数；

$\qquad C_i$——第 i 年的以现时工价及生产水平为标准的生产成本；

$\qquad n$——林分年龄；

$\qquad P$——投资收益率。

(三)评估方法应用

(1)收益法

评估举例：生物资产——果园资产评估明细表序号之1

名称：脐橙(纽荷尔)；地径：13.5 cm；高度：240 cm；冠幅：230 cm×260 cm；栽植年份：2007 年；数量：400 株。

经调查测算，相关经济技术指标如下。

①营林成本。农药、肥料、种植、除草成本根据市场调查结果，进入盛产期内每亩每年费用 4500 元；林道维护费用 10 元/(亩·年)；设备购置费(主要包括打药机、水管、药管)，为 100 元/(亩·年)；租金根据委托方即产权持有人提供的租地合同，本次评估对象所处采摘园土地主要为 2007 年租赁，按合同约定，租金为 20 元/(亩·年)；管理费用主要为采摘园管理人员的工资，每亩每年按 600 元计算；每亩株数通过评估人员现场勘察及根据株行距测算为 45 株/亩。具体测算见表 3-5。

表 3-5　年度营林成本　　　　　　　　　　　　　单位：元/(亩·年)

项　目	2020 年	2021 年	2022 年	2023 年	2024—2031 年
农药、肥料、种植、除草	4500	4500	4500	4500	4500
林道修建、维护	10	10	10	10	10
打药机、水管、药管	100	100	100	100	100

（续）

项　目	2020 年	2021 年	2022 年	2023 年	2024—2031 年
抚育、管护费	600	600	600	600	600
租　金	20	20	20	20	20
合　计	5230	5230	5230	5230	5230

②销售收入。销售单价根据以往脐橙市场收购价格情况，预测未来收益期脐橙销售单价为 2.7 元/斤；产量及产量利用率根据评估山场地形、经营情况、脐橙往年产量及产量利用率的情况，考虑果树有大小年因素及有次品果的情况，预测未来平均年产量为 150 斤/株，产量利用率为 80%。

根据上述指标，脐橙盛产期内销售收入计算见表 3-6。

表 3-6　脐橙盛产期销售收入计算表

项目	年　度					
	2020 年	2021 年	2022 年	2023 年	2024 年	2025—2030 年
单株产量(斤/株)	150	150	150	150	150	150
每亩产量(斤/亩)	6750	6750	6750	6750	6750	6750
单价(元/斤)	2.7	2.7	2.7	2.7	2.7	2.7
产量利用率(%)	80	80	80	80	80	80
销售收入(元/亩)	14 580	14 580	14 580	14 580	14 580	14 580

③采摘成本。采摘费用根据所在地劳动力市场情况，结合评估山场地形及交通情况，鲜果采摘费用每斤按 0.15 元计算。

④销售及不可预见费按销售收入的 8% 计算。

⑤投资收益率。本次评估的投资收益率采用风险累加法确定，具体由无风险报酬率加上风险报酬率，无风险报酬率采用十年期国债到期收益率计算，约 3%；风险报酬率主是根据果园经营风险、市场销售风险、财务风险及管理负担的情况综合确定，目前脐橙果园经营风险较大，果树存在较大的黄龙病感染风险，结合目前赣南脐橙果园整体经营风险情况，本次评估的风险报酬率按 13% 计算，故投资收益率按 16% 计取。

⑥果树经济寿命。根据《森林资源资产评估技术规范》(LY/T 2407—2015) 规定，脐橙的经济寿命一般为 25 年，即满 25 年需进行更新换代。

⑦每年净收益计算。

$$每年每亩净收益=鲜果销售收入-营林成本-采摘费用-销售及不可预见费$$
$$=14\,580-5230-0.15\times6750\times80\%-8\%\times14\,580$$
$$=7374 元$$

⑧每亩评估值的计算。

$$E_n=7374\times\{[(1+16\%)^{12}-1]\div[16\%\times(1+16\%)^{12}]\}$$
$$=38\,321 元/亩$$

⑨单株价值计算。根据上述计算可知，每亩折现值为 38 321 元，每亩株数为 45 株，则

$$单株价值 = 38\ 321\ 元/亩 \div 45\ 株/亩$$
$$= 852\ 元/株（取整）$$

⑩评估价值计算。总株数为 400 株，则

$$评估价值 = 单株价值 \times 总株数$$
$$= 852\ 元/株 \times 400\ 株$$
$$= 340\ 800.00\ 元$$

（2）重置成本法

评估举例：生物资产——果园资产评估明细表序号之 2

名称：脐橙（纽荷尔）；地径：5 cm；高度：180 cm；冠幅：130 cm×150 cm；栽植年份：2017 年；数量：1000 株。

相关经济技术指标如下：

①营林成本。苗木费用根据评估人员市场询价调查了解 2 年生苗木 20 元/株，包含运费；农药、肥料、种植、除草成本根据市场调查结果，第 1 年每亩每年费用 3150 元，第 2 年每亩每年费用 3600 元，第 3 年每亩每年费用 4050 元；林道维护 10 元/（亩·年）；设备购置费（主要包括打药机、水管、药管），100 元/（亩·年）；

租金根据委估山场立地质量条件和地利条件平均水平情况，结合周边市场类似租金情况，综合确定年化地租 100 元/亩；管理费用主要为采摘园管理人员的工资，每亩每年按 600 元计算（表 3-7）。

表 3-7　各年度营林成本　　　　单位：元/（亩·年）

项　目	第 1 年	第 2 年	第 3 年
果树苗木费	900		
农药、肥料、种植、除草	3150	3600	4050
林道修建、维护	10	10	10
打药机、水管、药管	100	100	100
抚育、管护费	600	600	600
租　金	100	100	100
合　计	4860	4410	4860

②投资收益率。按上文说明的统一按 16% 计取。

③林分质量综合调整系数。经评估人员市场调查，标准果园脐橙生长情况为评估每亩株数约 45 株，树高 250 cm，冠幅 180 cm×200 cm，通过对比纳入评估范围内的脐橙生长情况，综合确定林分质量调整系数 K 取 0.7。

$$E_n = 0.7 \times [4860 \times (1+16\%)^3 + 4410 \times (1+16\%)^2 + 4860 \times (1+16\%)]$$
$$= 13\ 411\ 元/亩（取整）$$

④单株价值计算。根据上述计算可知，每亩重置价值为 13 411 元，每亩株数 45 株，则：

$$单株价值 = 13\ 411\ 元/亩 \div 45\ 株/亩$$
$$= 298\ 元/株（取整）$$

⑤评估价值计算。总株数为 1000 株，则：

$$评估价值 = 单株价值 \times 总株数 = 298\ 元/株 \times 1000\ 株$$
$$= 298\ 000.00\ 元$$

八、评估程序实施过程和情况

本项目评估于 2020 年 3 月 20 日开始，至 2020 年 3 月 26 日工作结束。整个评估工作分以下五个阶段进行。

（一）评估准备阶段

2020 年 3 月 20 日，接受委托人委托，与委托人就本次评估的目的、评估基准日、评估范围等问题协商一致，并制订出资产评估工作计划。

2020 年 3 月 20 日，项目组负责人赴现场配合委托人和产权持有人进行资产清查等工作。随后评估项目组人员进入现场对委估资产进行了初步了解，并按照资产评估准则及资产评估工作的需要，收集资产评估所需文件资料。

（二）现场评估阶段

项目组现场评估阶段的时间为 2020 年 3 月 20 日，主要工作如下。

①在委托人及产权持有人的陪同下，对产权持有人申报的果树资产进行了抽样核查，并三方签字确认，再对果树的历年经营数据进行登记。

②对产权持有人提供的评估资料进行核对、鉴别，对发现的问题协同产权持有人作出调整。

③根据评估准则的要求，对委估资产相关资料进行了清查。

④根据委估资产的实际状况和特点，确定评估资产具体评估方法。

（三）选择评估方法、收集信息、估算的过程

2019 年 3 月 21 日—2019 年 3 月 24 日，根据评估对象的情况选用适宜的评估方法，同时收集各方法适用的市场信息，经过科学的计算后得出初步评估值。

（四）评估汇总阶段

2019 年 3 月 25 日—2020 年 3 月 26 日，对初步评估结果进行分析汇总，对评估结果进行必要的调整、修改和完善。按评估机构内部资产评估报告三审制度和程序对报告进行反复修改、校正。

（五）提交报告阶段

在上述工作基础上，起草资产评估报告，与委托人就评估结果交换意见，在全面考虑有关意见后，最后出具正式资产评估报告。

九、评估假设

（一）一般假设

(1)交易假设

交易假设是指假定所有待评估资产已经处在交易的过程中，评估师根据待评估资产的交易条件等模拟市场进行估价。交易假设是资产评估得以进行的一个最基本的前提假设。

(2)公开市场假设

公开市场假设是指假定在市场上交易的资产，或拟在市场上交易的资产，资产交易双方彼此地位平等，彼此都有获取足够市场信息的机会和时间，以便于对资产的功能、用途及其交易价格等作出理智的判断。公开市场假设以资产在市场上可以公开买卖为基础。

(3)持续经营假设

持续经营假设是指假设评估对象仍将按照原有的经营目的、经营方式持续经营下去。

（二）特殊假设

①本次评估是以本资产评估报告所列明的特定评估目的为基本假设前提。

②经济环境稳定假设。是假定评估基准日后国家现行的有关法律法规及政策、国家宏观经济形势无重大变化，本次交易各方所处地区的政治、经济和社会环境无重大变化，无其他不可预测和不可抗力因素造成的重大不利影响。

③无不利影响假设。是指假定无其他人力不可抗拒因素及不可预见因素对委托人的待估资产造成重大不利影响。

④无瑕疵假设。是指假定待估资产存在的权属瑕疵事项已全部揭示。

⑤数据真实假设。是指假定委托人与产权人提供的资料真实、合法、有效。

当出现与前述假设条件不一致的事项发生时，本评估结果一般会失效。

十、评估结论

我们根据国家有关资产评估的法律、法规、规章和评估准则，本着独立、公正、客观的原则，履行了资产评估法定的和必要的程序，采用公认的评估方法，对纳入评估范围的资产实施了实地勘察、市场调查、询证和评估计算，评估得出纳入评估范围的资产在评估基准日 2020 年 3 月 20 日的评估结论见表 3-8。

表 3-8　脐橙果园评估价值

项目	总株数(株)	评估价值(元)	备注
生物资产——脐橙果园	1400	638 800.00	
合计	1400	638 800.00	

评估价值大写：人民币陆拾叁万捌仟捌佰元整。

十一、特别事项说明

评估报告使用人应关注下述特别事项对评估结论的影响。

（一）权属等主要资料不完整或者存在瑕疵的情形

对纳入本次评估范围的果园资产，产权持有人未提供果业证，但已提供营业执照和经营者身份证复印件、土地租赁协议等资料，也提供书面产权承诺或其他合法的替代产权证明，不存在产权瑕疵；纳入评估范围的资产相关权属依据是以委托方提供的资料为准，若期后因权属纠纷产生的损失，与本评估事务所及参与此项目的评估人员无关。

（二）委托人未提供的其他关键资料情况

对纳入本次评估范围的果园资产，产权持有人未提供果业证。

（三）未决事项、法律纠纷等不确定因素

未发现纳入评估范围的资产未决事项、或有事项、法律纠纷等不确定因素。

（四）重要的利用专家工作及相关报告情况

无。

（五）重大期后事项

未发现纳入评估范围资产的重大期后事项。

（六）评估程序受限的有关情况、评估机构采取的弥补措施及对评估结论影响情况

无。

（七）其他需要说明的事项

①对委托人及产权持有人存在的可能影响资产评估值的瑕疵事项，在委托时未作特殊说明而评估人员已履行评估程序仍无法获知的情况下，评估机构及评估人员不承担相关责任。

②由委托人和产权持有人提供的与评估相关的经济行为文件及其他有关资料是编制本报告的基础。委托人及产权持有人和相关当事人应对所提供的以上评估原始资料的真实

性、合法性、准确性和完整性承担责任。本所对委托人及产权持有人提供的有关经济行为文件等资料进行了独立审查，但不对上述资料的真实性负责。

③中国资产评估师协会颁布的《资产评估对象法律权属指导意见》中指出，委托人和相关当事人应当提供评估对象法律权属等资料，并对所提供的评估对象法律权属资料的真实性、合法性和完整性承担责任。资产评估师执行资产评估业务的目的是对评估对象价值进行估算并发表专业意见，对评估对象法律权属确认或发表意见超出资产评估师执业范围。

④评估结论是反映评估对象在本次评估目的下，根据公开市场原则确定的现行价格。

⑤本次评估的脐橙果园资产价值未包含土地租赁期内的林地使用权价值，同时脐橙果园资产价值是基于土地租赁合同中的租金水平进行测算的，特此说明。

⑥纳入本次评估范围内脐橙果树数量是以委托方与产权方清点且共同申报确认的数据为准，果树规格大小是根据评估人员在现场测量的数据确定，评估人员对果树种植密度进行了抽样调查，结合种植面积情况，测算的果树数量与申报的数量基本一致，故本次评估的果树数量以委托方与产权方共同申报确认的数据为准，在此特提醒各报告使用人注意。如果资产交割时，实际数量与确认的数量不一致时，建议按报告中的评估单价乘以实际数量调整评估结果。

十二、评估报告使用限制说明

①评估报告只能用于资产评估报告载明的评估目的和用途。本次评估结果仅作为委托人本次评估目的价值参考意见，即本评估只能用于××村民委员会收购事宜提供参考依据之目的，不能用于其他目的。若为其他用途，需根据指定评估目的另行评估。

②委托人或者其他资产评估报告使用人未按照法律、行政法规规定和资产评估报告载明的使用范围使用资产评估报告的，资产评估机构及其资产评估专业人员不承担责任。

③除委托人、资产评估委托合同中约定的其他资产评估报告使用人和法律、行政法规规定的资产评估报告使用人之外，其他任何机构和个人不能成为资产评估报告的使用人。

④资产评估报告使用人应该正确理解评估结论。评估结论不等同于评估对象可实现价格，评估结论不应当被认为是评估对象可实现价格的保证。

⑤本评估报告必须完整使用方为有效，对仅使用报告中部分内容所导致的可能损失，本公司不承担任何责任。除法律、法规规定以及相关当事方另有约定外，未征得出具评估报告的资产评估机构同意，资产评估报告的内容不得被摘抄、引用或披露于公开媒体。

⑥根据国家有关部门的规定，评估结果有效期为一年，即从资产评估基准日 2020 年 3 月 20 日起至 2021 年 3 月 19 日有效。当评估目的在有效期内实现时，评估结果可以为××村民委员会收购事宜提供价值参考依据（还需结合评估基准日的期后事项的调整）。超过一年，需重新进行资产评估。

⑦当政策调整对评估结论产生重大影响时，应当重新确定评估基准日进行评估。

十三、评估报告日

本评估报告日为二〇二〇年三月二十六日。

3.5.3　案例分析

任何资产评估要符合评估技术规范和评估准则要求，针对本次经济林资产评估从评估思路、资料收集、评估时应注意的关键点进行简要分析。

3.5.3.1　评估思路

评估思路的确定主要基于评估目的、评估对象的特点、使用现状、林业相关政策情况综合考虑，根据《森林资源资产评估技术规范》(LY/T 2407—2015)的规定，一般将经济林资产评估划分产前期经济林资产评估、初产期经济林资产评估、盛产期经济林资产评估、衰产期经济林资产评估，产前期的经济林评估主要采用重置成本法和市场成交价比较法，初产期的经济林评估主要重置成本法、收获现值法、市场成交价比较法，盛产期的经济林评估主要采用收获现值法、市场成交价比较法，衰产期的经济林评估主要按剩余价值评估，主要是指林木的价值；本次评估对象为产前期和盛产期的经济林，案例中分别采用了重置成本法和收益现值法，案例的不足之处是，评估方法中没有说明不采用市场成交价比较法的理由。本案例评估思路的确定符合评估技术规范要求，不足之处就是对可选用的方法未列出没有选用的理由。

3.5.3.2　经济林评估的资料收集

该案例应该收集如下资料。

(1)收集脐橙经济寿命确定依据

经济林的经济寿命是测算经济林资源资产价值的重要时间指标，它决定了经济林的培育周期。每一个品种都有大致相同的经济寿命时间表，但在每个地方，各种经营水平下有较大变动。因此，必须收集待评估经济林资源资产所在地区或附近地区有关该品种栽培的资料，通过分析论证，确定其经济寿命期。

(2)脐橙的生长发育阶段划分

脐橙的生长发育阶段对评估方法选用、产品产量的测算都有着密切的关系。要正确确定待评估脐橙所处的发育阶段，就必须掌握该地区该品种各个发育阶段的大致时间。该资料要在本地区范围内收集，如本地区没有则可将收集的范围扩大，也可以咨询果业专家或依据果树栽植规范的相关规定确定。

(3)脐橙的产量资料

脐橙的产量是其价格测算的主要依据。脐橙的产量不仅需要预测当年的产量，而且要求预测各个生长发育阶段的平均产量。这些资料在资源调查的材料中无法得到，它必须通过各个产区统计部门的统计资料或单位部门财务档案中查取，求出其平均产量，再根据本地区的经营水平进行适当修正以作为评估的基本资料。

(4)脐橙林的经营成本

脐橙林的经营成本也是脐橙林资源资产评估的重要基础资料，主是指经营果树的人工费、材料、机械使用费等，具体表现在抚育、修剪、施肥、打药、病虫害防治、采摘等工序成本。经济林的经营成本随着其经济水平而变化，通常将经营水平分为一般和集约两个层次。分别层次确定其基本的经营措施投资、投工量。这些资料还需要在产区的财务档案中查出，进行分析、整理后使用。

(5)脐橙的销售价格

经济林产品季节性强，大多是一年一次出售的，即一年中仅在某一个季节有产品出售，而其他季节就没有这种产品。因此，经济林资源资产评估中经常得不到评估基准日的产品销售价格，评估所用的价格大多利用最近时期的产品销售价格。在市场经济条件下，产品的价格变化较频繁。因此，在评估中是根据该产品的价格变化趋势，预测评估基准日时的产品销售价格，以这一销售价格为基础进行经济林资源资产的评估。为预测其销售价格的变化趋势就必须调查历年来该品种的市场平均价格。这一资料的收集可查阅评估地区统计部门的统计年鉴。

(6)社会平均利润率

社会平均利润率是确定经济林经营利润率的重要参考数据。社会平均利润率必须通过大量的社会经济调查资料分析而得到。

(7)经营主体权属资料

经济主体权属资料主要是收集企业的营业执照、山林的不动产权证、果权证、山地租赁合同等资料，权属是资料是判断经营主体是否合法经营的依据，如果经营者提供不出权属类资料，评估人员一定要求经营主体提供相关说明，为何不能提供权属资料，综合分析后，确定是否可以承做本次评估业务。

3.5.3.3 经济林评估应注意的关键事项

(1)经济林清查内容要调查准确

经济林资源资产不同于用材林资产，其价值不是由木材决定，主要由经济林产品决定的，有其自身的经营特点，由于经济林产品的多样化，清查方法也有别于一般的用材林，具体清查经济林哪些内容，核心要分析影响经济林价值因素有哪些，一般来说品种、产量、生长阶段、长势等指标要重点调查，结合评估技术规范，经济林评估通常是分别不同生长阶段采用相对应的评估方法，所以经济林的种植年限，生长阶段需要调查清楚。如果评估人员对经济林不熟悉的情况下，建议聘请果业专家或林业调查单位协助清查，并出具调查报告或专业意见。《资产评估执业准则——森林资源资产》指出，森林资源资产实物量是价值评估的基础。资产评估专业人员在进行森林资源资产价值评定估算前，可以委托相关专业机构对委托人或者其他相关当事人提供的森林资源资产实物量清单进行现场核查，由核查机构出具核查报告，本评估案例中实物量是委托方及产权方提供，评估人员核实为主，与评估准则要求存在差距。

(2)经济林经营成本和林分质量调整系数合理确定

经济林评估通常用到重置成本法及收获现值法，这两种方法都涉及经济林经营成本的合理归集和确定，不同的经营者经营水平千差万别，具体是以实际发生的成本考虑，还是以一般经营水平下的成本考虑，一般情况下，高投入高产出，按栽植规范归集成本，计算结果时需要考虑林分质量调整系数，要以实际经营情况下的生长指标与按栽植规范对应的生长指标之间的差异计算；如果以经济林实际发生的合理成本计算的话，一般无须考虑林分质量调整系数。该案例果园产前期和盛产期的成本都是按种植规范正常经营水平进行归集的，分析了正常种植年数下的果树生长指标，用实际的生长指标与之参照林分状况下的生长指标进行对比，计算林分质量调整系数。林分调整系数的确定，关键找到同类果树栽植经营的技术规范，依据技术规范中的生长指标作为参照物计算林分质量调整系数。

(3) 经济林产量合理预测

经济林产量预测是计算经济林价值的关键，也是收益现值法计算中的难点。

由于经济林的年产量随经营水平、气候条件、品种不同，产量都有较大不同，同时产量调查均有季节性，给评估调查分析带来难度。一般来说，要多调查几家果园的各年度的产量，分析果园合理产量是多少，结合果园经营者提供的前几年产量数据，分析对比，只有做好调查工作，才有可能较准确预测未来的产量。如果可能的话，相关部门可以组织力量编制经济林各树种各品种的收获预测表。

实训 3 　油茶林资源资产评估项目

一、实训目的

掌握油茶林资源资产评估方法和评估技术要点。

二、实训环境要求

资产评估综合实训中心。

三、实训内容

①计算重置成本法中各年的营林成本。
②计算油茶林未来各年度的净收益。
③计算林分质量调整系数。
④计算出油茶林林木资产价值和林地使用权价值。

四、实训要求

根据下列所给资料，计算油茶林资源资产的经济价值，具体要求包括：
①建议电脑操作，形成评估明细表及汇总表。
②写出具体计算过程，用 A4 的纸张打印出来。

五、实训材料

（1）评估对象

××权属所有的 383.3 亩油茶林林木资产和林地使用权价值。

（2）评估范围

为自然人××位于 A 省 B 市 C 区 D 乡 E 村的权属所有 383.3 亩油茶林资产，根据××林业有限公司出具的《自然人××油茶林资源调查报告》中所示，林权证号为××林证字〔2014〕第 000××号，该油茶林面积为 383.3 亩，总株数为 35 422 株，分别为 2014 年和 2015 年种植；其中 2014 年种植 224.6 亩，2015 年种植 158.7 亩，详见附表森林资产清单。

（3）评估目的

评估委估资产于基准日的市场价值，为自然人××向银行申请抵押贷款额度提供价值参考依据。

（4）评估基准日

2019 年 3 月 15 日。

（5）相关经济技术指标

①收益期限。根据《油茶优良无性系丰产林培育技术规程》（DB36/T 551—2017），结合林地所属区域油茶实际经营情况，油茶一般第 1~4 年为产前期、第 5~8 年为初产期、第 9~45 年为盛产期，第 45 年以后进入衰产期，本次油茶收益期取 40 年。

②营林成本。营林生产成本根据当地油茶造林的社会平均发生额综合确定，本次评估确定的营林成本考虑了地租成本，结果见表 3-9。

表 3-9　各年度营林成本　　　　　　　　　　　　　　单位：元/亩

项　目	第 1 年	第 2 年	第 3~4 年	第 5~8 年	第 9~45 年
劈山、炼山、清山、整地(机械挖条带)、施基肥、栽植	1100				
苗木费	150				
抚育费	400	400	450	600	650
管理费分摊	20	20	20	20	20
护林费	5	5	5	5	5
道路开设及维修	80	10	10	10	10
年地租	80	80	80	80	80
合　计	1835	515	565	715	765

③销售单价。通过市场行情调查，评估基准日油茶鲜果的销售单价为 2.0 元/斤。

④采摘成本。采摘费用根据林地所在地劳动力市场情况，结合评估山场地形及交通情况，鲜果采摘费用每斤按 0.3 元计算；销售及不可预见费按销售收入的 6% 计算。

⑤投资收益率。由于林业是长周期性行业，一般来说林业投资收益率较低，一般为6%~10%，本次评估结合经营油茶林的特点及目前无风险报酬率的情况，投资收益率按10%计取。

⑥产量预测。根据《油茶优良无性系丰产林培育技术规程》(DB36/T 551—2017)中Ⅰ级地产油量指标，对标准油茶林的鲜果产量进行预测，鲜果产油率取6.25%，具体产量见表3-10。

表3-10　油茶鲜果产量及产油量

林 龄	5	6	7	8	≥9
产油量(kg/亩)	8	20	30	35	50
鲜果产量(500g/亩)	256	640	960	1120	1600

⑦林权证号为××林证字〔2014〕第0000××号，383.3亩所对应宗地林地使用终止年限为2064年3月15日。

森林资源资产清单见表3-11。

表3-11　森林资源资产清单

林权证编号	宗地号	位置	小班号	面积(亩)	林种	起源	立地质量	品种(品系)	栽植年份	平均树高(m)	平均冠幅(m)	平均每亩株数(株)	总株数(株)
××林证字(2014)第0000××号	0362122350000MDYMSY××01	D乡E村F组	00001	224.6	经济林	人工	Ⅱ	油茶	2014	1.94	1.5× 1.6	92	20 663
××林证字(2014)第0000××号	0362122350000MDYMSY××02	D乡E村F组	00002	158.7	经济林	人工	Ⅱ	油茶	2015	1.45	1.2× 1.3	93	14 759
小计				383.3									35 422

[复习思考题]

1. 简述经济林的定义，经济林的生长发育阶段如何划分？

2. 经济林资源资产如何界定？

3. 在经济林资源资产清查和评估中应收集哪些资料？

4. 某林场拟转让5 hm²5年生锥栗林，该锥栗林为嫁接苗造林，每公顷株数450株，平均树高3.3 m，冠幅3.0 m，请对该锥栗林价值进行评估。

据调查，有关经济技术指标如下：

①锥栗林营林生产成本：造林费用12 000元/hm²；1~3年每年抚育、施肥3600元/hm²；第4年起每年抚育、施肥、修剪3000元/hm²。

②投资收益率：8%。

③林地年地租：600 元/hm²。

④当地同年龄参照林分株数 450 株/hm²，平均树高 3.5 m，平均冠幅 3.1 m。

5. 某民营公司拟将一块面积为 150 亩的茶园作为抵押物进行银行抵押贷款，该茶园内茶树林龄为 7 年，处于盛产期，请计算该茶树经济林资产评估值。

据调查，相关参数指标如下：

①该地区茶树盛产期：第 6~20 年。

②该茶园内茶树进入盛产期后年平均收入：5800 元/亩。

③该茶园年平均经营成本：2650 元/亩，包括采摘人工、初级加工费、管护费、地租等。

④投资收益率：15%。

6. ××果农拟以脐橙林进行抵押贷款，该脐橙林为面积为 17.2 亩，共 1000 株，树龄 6年，已挂果 2 年，今年(即树龄第 6 年)为挂果第 3 年。假定 1~3 年为产前期，4~8 年为始产期，9~25 年为盛产期，26 年及以后为衰产期，到衰产期基本没收益。假定评估基准日 2010 年 5 月 20 日，林地剩余使用年限 45 年，请对其价值(林木和林地价值)进行评估。

据调查，相关经济技术指标如下：

①林地地租：30 元/(亩·年)。

②抚育成本：15.6 元/(株·年)。

③采摘及分挑成本：为销售收入的 12%。

④投资收益率：10%。

⑤脐橙收购价格：2.6 元/kg。

⑥销售、管理及不可预见费：3 项总计为当期销售收入额的 6%。

⑦经营利润：直接生产成本的 10%。

⑧脐橙经济林产量预测：脐橙产量预测见表 3-12。

表 3-12 脐橙产量预测表

年 度	第 6 年	第 7 年	第 8 年	第 9~25 年
橙产量(kg/株)	18	22	24	25

项目4 竹林资源资产评估

知识目标

1. 了解毛竹林经营类型的分类。
2. 熟悉竹林资源资产的特性及经营特点。
3. 掌握竹林核查项目和评估资料收集。
4. 掌握竹林资源资产评估测算的方法和应用要点。

技能目标

1. 具备竹林资源资产评估资料收集的能力。
2. 能够熟练运用评估方法对竹林资源资产进行评估测算。
3. 要求初步具备竹林资源资产评估能力。

素质目标

1. 树立诚实守信、客观公正的工作态度。
2. 履行道德准则和职业行为规范，培养社会责任感。
3. 培养勤勉尽责的工作态度。

案例引入

××县××镇××村拟将村集体所有的 1.32 万亩竹林 50 年使用权进行出资入股，具体涉及 7 个林班、39 个小班，现委托一家评估机构对该经济行为进行评估。

根据给定核查后的森林资源资产清单见表 4-1，如何测算出本次评估结果，在评估过程中还需要搜集哪些资料，需要采用哪些评估方法？

表 4-1 森林资源资产清单（部分数据）

序号	小班号	实际林地面积（亩）	权属	林种	立地条件						起源
					坡向	坡位	坡度	土壤类型	土层厚度（cm）	立地质量	
1	1	169.2	集体	用材	西北	全	陡	红壤	厚	肥沃	人工
2	2	212.8	集体	用材	东南	全	斜	红壤	厚	肥沃	人工
3	3	168.5	集体	用材	西南	全	缓	红壤	厚	肥沃	人工
4	4	192.3	集体	用材	南	上	陡	红壤	厚	肥沃	人工
5	5	299.6	集体	用材	东南	全	缓	红壤	厚	肥沃	人工
6	6	263.0	集体	用材	东	全	陡	红壤	较厚	肥沃	人工
7	7	151.6	集体	用材	东	全	陡	红壤	较厚	肥沃	人工
	合计	1457.0									

林种类型	林龄（年）	优势树种	组成树种	平均树高（m）	平均胸径（cm）	亩平株数（株）	小班毛竹株数（株）
新造毛竹林	3	竹	10 竹	12.4	6.8	110	18 612
新造毛竹林	3	竹	10 竹	12.7	6.6	103	21 918
新复垦毛竹林	4	竹	10 竹	12.3	6.5	173	29 151
新复垦毛竹林	4	竹	10 竹	12.1	6.2	180	34 614
成年竹林	6	竹	10 竹	11.7	6.5	228	68 309
成年竹林	6	竹	10 竹	11.9	6.9	223	58 649
成年竹林	6	竹	10 竹	11.9	6.9	244	1708
							232 961

任务 4.1　竹林资源资产评估概述

4.1.1　竹林资源资产的特性及经营特点

竹属单子叶植物纲禾本科竹亚科，是世界上生长最快的植物。竹四季常青，繁殖能力强，具有很高的生态、经济和文化价值。我国竹类植物共 40 多属 500 余种，主要分布在热带、亚热带和南温带，海拔 3000 m 以下的山地、丘陵和平原。

2015 年，我国竹林面积 441.93×10^4 hm²，占森林总面积的 3.6%。其中，毛竹林 268.56×

$10^4 hm^2$，占 60.77%，其他竹林 $173.37×10^4 hm^2$，占 39.23%。到 2020 年，我国竹林面积 $641.16×10^4 hm^2$，占林地面积的 1.98%，占森林面积的 2.94%。其中，毛竹林 $467.78×10^4 hm^2$，占 72.69%；其他竹林 $173.38×10^4 hm^2$，占 27.04%。可见，竹林在我国发展迅速。

我国《森林法》规定，竹林归入用材林，在《森林资源调查主要技术规定》中独立为一个林种。竹林产量高，竹子用途广，很多竹笋可食用，竹竿可做材或编织，经营竹林对生态破坏小，经济效益好，是林农致富的良好资产。而且在经营上及资产本身的性质上也有其特殊的地方。它主要的特点包括以下方面。

(1) 竹子生长快，周期短

竹子从竹笋出土到成竹时间很短，如毛竹仅需 50~60 d，一些小径竹种仅需 15~30 d，生长快时一昼夜可长 1 m 左右，长成以后竹子的高和径就基本上不发生变化，仅内部竹材质地会发生变化。竹林的成熟期短，毛竹仅 6~8 年，而其他小径竹多为 3~4 年，是林业中经营周期最短的树种。

(2) 竹林资源资产的产量高，经济效益好

竹林资源资产产量高，效益好，对地力消耗大，经营需要施肥，投入较大。以毛竹为例，经营好的毛竹林年产竹材 20~30 t/hm^2，笋 25~30 t/hm^2，仅竹材产量就大大超过速生丰产标准，加上笋的产量，竹枝竹箨的利用，经营最充分的毛竹林年产值高达 3.0 万~4.5 万元/hm^2，其他竹林如麻竹、绿竹经济效益也极为可观，经营得法仅竹笋每年可达 15 t/hm^2 以上，产值可达 2 万~3 万元/hm^2。通常，一般竹林只要稍加管理，其每公顷收入均可超过 4500 元。年投入和产出比一般都在 2 以上，大大超过了其他林种的产值。

(3) 竹林的采伐对生态破坏小

竹林一般都采用单株择伐，要求砍老留幼，砍密留稀，砍小留大，砍弱留强。它分为连年择伐或隔年择伐。以毛竹为例，连年择伐一般采伐强度不超过 16%，隔年择伐一般不超过 30%，都属于中、弱度的择伐。而且竹子的口径较小，小径竹的胸径不过 2~3 cm，大径竹最大的也不超过 20 cm，树冠也小。竹竿及枝条柔韧，采伐时不易压坏相邻竹和地被物，择伐后林相仍很完整，地被物无显著变化，对生态环境破坏小。有些竹种不仅根系发达，护土能力强，而且耐水淹，耐冲击，是护岸林的最好树种。我国竹林种植区有"存三去四莫留七"的谚语，意思是说：1~3 度竹留养，4 度竹抽砍，7 度以上则不宜保留。

(4) 竹林的更新能力强，垦复容易

竹子的根系有很强的分生繁殖能力。散生竹林(如毛竹)具有在土壤中横向生长的穿透能力很强的竹鞭，竹鞭既是养分贮存和输导的主要器官，又是有很强分生能力的器官。采伐后，无须人工更新，只要护笋养竹，就有足够的新竹形成。在有竹种的地方，仅须稍加垦复，就可迅速成林。对于丛生竹来讲，它没有横向发展的竹鞭，但它的杆基、杆柄具有很强的分生繁殖能力，采伐后也不需要人工更新，但丛生竹林扩张能力差，它只能缓慢地向四周扩张。一般散生竹造林较难但垦复易，多通过垦复来扩张面积，而丛生竹造林较容易，故应采用造林扩大面积。

(5) 部分竹林有大小年的特点

在竹林中一些竹种的大小年十分明显，如竹子中面积最大的毛竹，一年大量发笋长竹，一年换叶生鞭，交错进行，每两年为一个周期，发笋养竹的那一年称大年，换叶生鞭的那一年称小年。在经营粗放的毛竹林中大小年明显，大年挖笋，小年砍竹，笋和竹材的产量波动较大。经营集约的毛竹林，林中的大小年竹的数量相当，林分的大小年不明显，竹林的产量较稳定，称花年毛竹林。其他竹种的竹林大多数没有明显的大小年。

（6）竹林的调查技术和计量单位都较特殊

竹林调查方法和计量单位与一般的用材林不同，竹林调查大多采用样圆法进行，不仅要调查胸径、树高、株数，还要调查均匀度、整齐度等特殊项目。其数量按百株统计，而出售经常以重量(吨)计，笋产量也是以重量(吨)计。

（7）竹林具有异龄林的性质

竹林是典型的异龄林，它具有异龄林的一些基本性质，如林地资源资产的价值与其上生长着的竹子资产不可分割，无法用土地期望价来计算其土地价格。林地和采伐后留下的竹子共同构成一个具有巨大生产力的固定资产。笋和竹材的产量是以年为单位连续而不间断，其择伐周期为1~2年，一年的称为连年择伐，择伐周期为两年的称隔年择伐。

（8）竹林的经营要求高投入

竹林的产量高，每年从每公顷竹林土地上获取的干重可多达数吨(鲜重数十吨)，如此大的地力消耗须及时进行补充。在集约经营的竹林中，每年都需要大量地施肥，其成本投资十分巨大，当然也有粗放经营的，低投入、低产出的竹林。

4.1.2　毛竹林常见的经营类型

毛竹林是竹林中最常见的树种，是竹林中占比最高的树种。从全国范围来看，毛竹林占整个竹林面积的70%。毛竹林培育的主导利用方式多样，有培育竹笋为主导利用方式的经营类型、笋材两用的经营类型和材用的经营类型。不同的经营类型，经营方式不同，经营的技术要求也不同，评估过程的涉及营林成本和采伐经营成本也不同，获取收入的来源也不同。确定毛竹林的经营类型也是评估工作的重要内容，依据《毛竹林丰产技术》(GB/T 20391—2006)分类，毛竹林可分为以下3种类型。

①材用毛竹林。以竹材为主产品的毛竹林。

②笋用毛竹林。以竹笋为主品的毛竹林。

③笋材两用毛竹林。竹材和竹笋同时作为主产品的毛竹林。

毛竹材用、笋用和笋材两丰产林的产量、结构、技术经济指标、培育措施、建档、验收和调查方法等，具体参考《毛竹林丰产技术》(GB/T 20391—2006)。

任务4.2　竹林资源资产的核查及资料收集

4.2.1　竹林资源资产核查

竹子生长快、周期短，竹林中结构的动态变化较快。因此，竹林资源资产清查一般不能通过竹林档案材料的核查来代替，在评估前要求进行较为全面的竹林资源资产调查。竹林资源资产清查除了正常森林资源资产清查中需要调查的平均胸径、平均树高、株数以及各竹林小班的面积、立地质量、郁闭度、地利等级、权属外，还应增加以下项目。

（1）年龄结构调查

竹林的年龄结构（即各龄级的株数分布）的合理与否直接影响竹林的发笋能力。因此，它是评估竹林资源资产价格的一项重要指标。在竹林中不同年龄的竹子直径大小是基本一致的，不能通过直径大小来反映。但不同年龄的竹子竹竿的颜色、竹节有一定的变化，竹叶换叶也有一些痕迹，据此可判断竹子的年龄。在大径竹，如毛竹集约经营时，还在每年新竹上标上记号，标上年份来识别年龄。

在竹林年龄结构的调查中，要求判断样圆（或样地）内每株竹的年龄，通过若干个样圆（或样地）的调查，求出各年龄立竹的株数比例，进而推算全林各年龄的立竹株数。在毛竹林的调查中，年龄经常按度计算，毛竹换叶的次数为度数，毛竹新竹当年换叶，其后，每两年换一次叶。因此，毛竹的一度竹仅一年，以后每度为两年。

（2）整齐度调查

整齐度是指立竹胸径大小的整齐程度。丰产的毛竹林不仅要求胸径要大，而且要求直径大小整齐，即整齐度要高。整齐度定义为林分立竹的平均胸径与林分立竹胸径标准差的比值，该比值越大，立竹胸径的差异越小。据南京林业大学的研究结果，整齐度大于等于7的竹林为整齐竹林，整齐度在5~7的为一般整齐竹林，整齐度小于5的为不整齐竹林。丰产林的竹林要求整齐度大于等于7。

根据整齐度的定义，要提高整齐度，一是要提高林分的立竹平均胸径，平均胸径越大整齐度越高；二是减少胸径的变化，即降低平均胸径的标准差，标准差越小，整齐度越大。因此在其他条件基本相同的情况下，整齐度提高，竹材的产量和出笋量也随着提高。

整齐度的测算必须测定样圆（或样地）内所有样竹的胸径，将一个林分内调查的若干个样圆（或样地）的资料汇总，计算其平均胸径及其标准差。

（3）均匀度调查

均匀度是指林分中立竹分布的均匀程度。丰产的竹林不仅要求立竹的大小整齐而且要求分布均匀，均匀度高的竹林，竹株受光均匀，营养空间利用合理，光能利用率高，产量也高。

均匀度通常定义为样地株数的平均数和标准差的比值。均匀度大于等于5的为均匀竹林，均匀度3~5的为一般均匀竹林，小于3的为不均匀竹林。丰产竹林要求均匀度达到5或大于5的水平。在其他条件基本相同的条件下，随着均匀度的提高，出笋量也增加。

均匀度的调查要求每个资产小班要有一定数量的样圆（或样地，至少10个以上），每个样圆（或样地）计算其株数，按所有样圆（或样地）计算株数的平均株数及其标准差。

（4）出笋量调查

当年的出笋量是测算笋价值的重要基础数据。出笋量的调查只能在笋期刚结束时进行，既要调查已成幼竹的数量，也要调查已被挖走的笋的数量。对于已挖走的笋的数量和退笋的数量的调查要特别细致，因为笋挖走后笋头有的已被土掩盖了。过去的出笋量必须根据历史档案材料查找，或询问当地的经营者。

（5）生长级调查

生长级是反映竹类立地条件和经营水平的一个综合性指标。生长级以立竹的平均胸径来划分，立地条件好，经营水平高，立竹的平均胸径大，生长等级就高。以毛竹为例，我国将毛竹林分为5个生长级，胸径12 cm以上为Ⅰ级，10~12 cm为Ⅱ级，8~10 cm为Ⅲ级，6~8 cm为Ⅳ级，6 cm以下为Ⅴ级。

（6）经营级调查

经营级主要体现竹林的经营水平，不同经营水平的竹林的产笋量和产竹材量相差很大。经营级根据经营措施的配套情况和持续时间划分为以下3个等级。

Ⅰ经营级：有除草、松土并适当施肥等整套改善土壤理化性质的措施，有一套合理留笋养竹、合理采伐的制度，能及时防治病虫害，并连续实行6年以上。

Ⅱ经营级：每年劈山一次，注意留笋育竹和合理采伐，但不能形成一套科学的留笋养竹和采伐制度，一般能注意防治病虫害，连续此程度经营6年以上。

Ⅲ经营级：两年劈山一次，不能做到合理留笋养竹和科学采伐，没有进行病虫害防治，并连续此程度经营6年以上。

经营级的调查要求收集近年的竹林经营档案和财务档案。在未建立档案的地方应向原经营者了解，并根据该地立竹株数、年龄分布、生长等级情况进行核对。对于已达到Ⅰ或Ⅱ经营级措施，但实施时间达不到6年的，原则上要降等，但必须在备注中做详细注明。

（7）采伐情况调查

着重调查最近几年竹林的采伐情况，每年的采伐量，采伐的用工量等。

（8）丛数调查

在丛生竹中除了调查株数外，还必须调查丛数和每丛的株数，丛均匀度。在丛生竹的调查中样圆的半径应加大（一般样圆为3.26 m的半径，丛生竹调查应扩至5 m以上）。

（9）立木蓄积量调查

竹林中尤其是在散生竹如毛竹林中经常混生有一定数量的乔木，在竹林资源资产中，这些立木的资产也必须计算在内，应调查其树种树高、胸径、株数及蓄积量。其蓄积量作散生木蓄积量处理。

4.2.2　竹林资源资产评估资料收集

竹林资源资产评估还需要收集和调查有关资产经营和经济方面的资料。竹林资源资产评估资料收集时，评估工作人员应保持良好的执业态度，熟悉相关的法律法规，依法办事；要诚实守信，恪守独立、客观、公正的办事原则，不收虚假资料；杜绝玩忽职守、失职、渎职，出具虚假报告等不良行为。

（1）价格资料的收集及分析

竹林的价格资料主要是指竹材的价格和笋的价格。竹林的采伐和竹笋的挖掘是有季节性的，错过采集季节便没有这个产品也就没有该产品的现价。因此，竹林产品的价格大多是以最近一次采集季节的平均价格，作为现价的基础。由于市场的价格经常在变化，用上一季(通常是上一年)的价格作为现价是不合适的，因此在确定产品价格时必须根据近年来市场价格的变化趋势和物价指数对上一季的平均价格进行修正，以修正后的价格作为现价。

(2)竹林产量资料的收集

竹林的产量是竹林资源资产评估的最基础的资料。竹林的产量有竹材产量和竹笋产量两大部分。对于毛竹林来讲，竹笋产量中还分为冬笋产量和春笋产量两大部分。

产量调查的目的是预测未来的产量，竹材产量的调查及预测相对较容易，通常竹林的采伐是纳入采伐限额内的，采伐前要进行采伐作业设计，办理采伐证。而笋的产量调查及预测都较为困难，现地调查至多仅能调查到当年的产笋量，有时连当年的笋量都无法调查清楚，如毛竹春季春笋期后进行调查，最多仅能调查到其春笋的数量，而冬笋则无法调查。因此，笋产量主要通过社会调查和科学研究的资料分析得到。

(3)经营成本资料的收集

竹林的经营成本调查通常较为简单。在调整好的竹林中，主要是每年除草、翻土、施肥以及挖笋和砍竹的投工、投资。它们每年的数额大致是相同的，在新造竹林中有劈杂炼山、挖穴整地、种竹、抚育施肥以及母竹的购买和运输费用。每年的费用均不相同，在刚垦复和调整好的竹林，每年的抚育改造费用也较相近，但挖笋采伐的成本大不一样，随产量增加而增大。

(4)税费资料的收集

竹类产品属于林产品，全国绝大部分地方，基本免交税费，但还有极少数县市需要交纳相关费用(木材检疫费、作业设计费)，不同地区的税费项目不同，具体从林业和税务部门调查，即可获得。

讨论：*作为本次任务导入案例，结合森林资源资产清单情况，需要收集哪些评估资料?*

任务4.3　竹林资源资产评估方法

竹林资产的评估方法和一般资产评估一样，可以用重置成本法、收益现值法和现行市价法。竹林全是异龄林，但它的择伐周期短，多为1~2年，主伐年龄也较短，大径的毛竹一般为6~8年，小径竹一般3~4年。由于竹林是异龄林的性质，采伐方式一般是不皆伐，其产出效益是由林地和林木共同贡献，竹林价值一般都含林木和林地价值，评估计算时，根据评估目的要求决定是否作区分评估。竹林资产根据投产情况，竹林资产评估主要可分为两大类型：一种是新造的未投产竹林资源资产评估；另一种是已投产竹林资产评估，已投产竹林资产评估又可分为年龄结构不合理和年龄结构合理的竹林评估，现分别类型介绍评估方法。

4.3.1 新造未投产竹林资源资产评估

新造竹林与其他未成林造林地类似，造林以来均已投入了大量的人力和资金，但尚未取得回报。这类资产投资的成本明确，因此，多采用重置成本法进行，也可用现行市价法，但一般不用收益现值法。

(1)重置成本法

新造竹林第1年的生产成本主要用于母竹的购买、运输及劈山清杂，挖穴整地，施肥定植，除草松土，地租，管护费用分摊等费用支出；第2年以后主要是除草松土，施肥，地租，管护费用分摊等，其成本相对较稳定，其立竹资产价值的计算公式为：

$$E_n = \sum_{t=1}^{n} C_t (1+i)^{n-i+1} \tag{4-1}$$

式中：E_n——竹林资源资产评估值；

C_t——第 t 年成本费用；

i——投资收益率；

n——造林后的年数。

重置成本法中成本的计算通常以社会的平均成本计算，并且要求达到一定质量标准。因此，必须对现在林分立竹的成活和生长情况、分殖情况进行比较，以确定调整系数 K，并用这个系数对原测算结果进行调整，即将原公式乘上调整系数 K。

【例4-1】某村办林场2018年新造毛竹林169.2亩，2020年12月中旬对林地进行竹林资源调查，测得竹林平均高10.4 m，毛竹平均胸径6.8 cm，每亩株数110株，小班总株数8612株。经核查，当地林地的平均林地租金80元/亩，栽植母竹5元/株，购竹成本为2元/株，每亩栽植40株，整地成本280元/亩，幼竹林抚育每亩需2个工日，每个工日工资65元，施肥工价60元/(亩·年)，购肥成本约60元/(亩·年)，管护12元/(亩·年)，其他资产清单见表4-2。

表4-2 森林资源资产清单(部分数据)

小班号	林地面积	权属	林种	立地条件						起源	林种	林龄	优势树种	组成树种
				坡向	坡位	坡度	土壤种类	土层厚度	立地质量					
8	169.2	集体	用材	西北	全	陡	红壤	厚	肥沃	人工	毛竹	3	竹	10竹

8号小班的毛竹林资源资产评估价值测算过程如下：

第1年每亩重置成本 = 280+40×(5+2)+65×2+60+60+12+80 = 902 元

第2年重置成本 = 65×2+60+60+12+80 = 342 元

第3年重置成本 = 65×2+60+60+12+80 = 342 元

根据当地实际情况，决定从株数、竹林平均枝下高两项对评估值进行调整，以使实际林分与参照林分联系起来，由于委估竹林与参照林分生长状态基本一致，林分质量调整系

数 K 取为 1.00。

$$评估值 = 169.2×1×(902×1.06^3+342×1.06^2+342×1.06)$$
$$= 308\ 128.43\ 元$$

(2)现行市价法

现行市价法是资产评估中应用最为广泛的方法。该法应用的关键是能否找到与待评估资产类似的 3 个或 3 个以上已被评估或转让的资产交易的案例，用该案例作为参照价确定待评估资产的价值。由于竹林种类的多样性，环境的复杂性，在市场上无法找到与被评估资产一模一样的资产，另外由于交易时间的不同，市场的价格也发生变化。以上两个原因都要求对交易案例的价格进行调整。因此，在采用现行市价法时，通常有两个调整系数，一个是根据待评估资产与案例中交易资产之间的差异而确定的调整系数，即林分综合调整系数 K_1，一个是因时间变化而引起价格上变化的调整系数，即物价调整系数 K_2，经过两次调整后，基本上可满足要求，计算公式为：

$$E_n = \frac{S}{m}\sum_{j=1}^{m} E_j \cdot K_{j1} \cdot K_{j2} \tag{4-2}$$

式中：E_n——竹林资源资产评估值；

　　　E_j——第 j 个评估案例的单位面积交易价格；

　　　K_{j1}——第 j 个评估案例的林分综合调整系数；

　　　K_{j2}——第 j 个评估案例的物价调整系数；

　　　m——案例个数；

　　　S——竹林资源资产面积。

在实际评估中，由于我国森林市场发育不健全，积累的案例较少，寻找合适的交易案例较困难，而使该方法的运用受到限制。

4.3.2 已投产竹林资源资产评估

已投产竹林是指竹林已经开始产出经济效益的竹林，根据竹林年龄结构合理情况，分为结构不合理的竹林和结构合理的竹林，评估方法分别两种类型进行介绍。

4.3.2.1 结构不合理的竹林资源资产评估

结构不合理的竹林多是由于缺乏合理的采伐制度和留笋养竹制度造成的，这类竹林一般经营粗放，年度间的竹材和笋产量变化较大，因此要在一个调整期内，将其调整为年龄结构合理产量相对稳定的竹林，才可能用收益现值法对资产进行测算。这类竹林的经营年限一般较久，原造林的投资多已回收，而且年代长久，投入成本无法计算。因此，无法采用重置成本法进行估算，只能用收益现值法和现行市价法进行估算。一些竹林如毛竹林大小年明显，大小年的经济收入不同，其计算公式也不一样。

(1)花年竹林收益现值

花年竹林大小年不明显。针对那些竹、笋产量还不稳定，从开始有竹、笋产量，要经历几年才能达到竹、笋产量稳定的竹林，用收益现值法将其按林分结构调整状态分为调整期内和调整期后两段，对其进行分段评估。调整期的年数一般不超过 6 年。幼龄竹数量太少，其调整的年限较长；而幼壮年竹数量足够，成龄竹较少，则调整期较短。具体的年数要根据竹林的现有年龄结构确定。花年竹林的收益分段法计算公式如下：

$$E = \sum_{i=1}^{m} \frac{A_i}{(1+P)^i} + \frac{AI}{P \cdot (1+P)^m} \qquad (4\text{-}3)$$

式中：E——评估值；

m——调整期的年数；

A_i——调整期内第 i 年的净收益；

AI——进入稳产期时的年净收益；

P——投资收益率。

(2) 大小年竹林的收益现值

经营大小年明显的竹林，在进入稳定阶段后，大年和小年的竹材和笋的收益均不相同。因此，可将其看成 2 个以 2 年为周期进行永续作业的总体，并将其收益现值相加，再加上调整期内的收益现值，计算公式为：

$$E = \sum_{i=1}^{m} \frac{A_i}{(1+P)^i} + \frac{AI_1 \cdot (1+P) + AI_2}{[(1+P)^2 - 1] \cdot (1+P)^m} \qquad (4\text{-}4)$$

式中：E——评估值；

m——调整期的年数；

A_i——调整期内第 i 年的净收益；

AI_1——进入稳产期后大年的年净收益；

AI_2——进入稳产期后小年的年净收益；

P——投资收益率。

(3) 有限期竹林评估法

收益现值法是竹林在永续经营的前提下，或无期限转让，当竹林经营或转让为有限期（n 年）时，计算公式分别为：

① 花年竹林：

$$E_n = \left[\sum_{i=1}^{m} \frac{A_i}{(1+P)^i} + \frac{AI}{P \cdot (1+P)^m} \right] \cdot \left[1 - \frac{1}{(1+P)^n} \right] \qquad (4\text{-}5)$$

② 大小年竹林：

$$E_n = \left[\sum_{i=1}^{m} \frac{A_i}{(1+P)^i} + \frac{AI_1 \times (1+P) + AI_2}{[(1+P)^2 - 1] \cdot (1+P)^m} \right] \cdot \left[1 - \frac{1}{(1+P)^n} \right] \qquad (4\text{-}6)$$

【例 4-2】有一片 20 hm² 的毛竹林，年龄结构不合理，现需要评估该片毛竹林 30 年经营期转让价值。由于毛竹林结构不合理，需要通过 5 年进行调整，产竹和产笋量由不稳定逐步稳定，根据调查后得出其产竹、产笋量见表 4-3。

生产成本：抚育、砍杂等营林成本 1350 元/(hm²·年)；管护费用 150 元/(hm²·年)；采运成本(含采伐、集运材等)4 元/根；挖笋成本(含挖、运等)2 元/kg；毛竹销售

表4-3　产竹、产笋量统计表

年度	第1年	第2年	第3年	第4年	第5年	第6年
产竹量(株/hm²)	120	180	270	350	400	400
产笋量(kg/hm²)	750	980	1300	1600	2000	2000

及管理费用2元/根；毛竹销售价格16元/根，笋价格5元/kg，生产经营利润率20%，折现率10%。

第1年生产成本：

$$A_1 = 120 \times [16-(4+2) \times 1.2] + 750 \times (5-2 \times 1.2) - (1350+150) = 1506 \text{ 元}$$

第2年生产成本：

$$A_2 = 180 \times [16-(4+2) \times 1.2] + 980 \times (5-2 \times 1.2) - (1350+150) = 2034 \text{ 元}$$

第3年生产成本：

$$A_3 = 270 \times [16-(4+2) \times 1.2] + 1300 \times (5-2 \times 1.2) - (1350+150) = 2826 \text{ 元}$$

第4年生产成本：

$$A_4 = 350 \times [16-(4+2) \times 1.2] + 1600 \times (5-2 \times 1.2) - (1350+150) = 3530 \text{ 元}$$

第5年生产成本：

$$A_5 = 400 \times [16-(4+2) \times 1.2] + 2000 \times (5-2 \times 1.2) - (1350+150) = 3970 \text{ 元}$$

稳定期的纯收益：

$$A_6 = 3970$$

根据式(4-5)求算：

$$\begin{aligned}20 \text{ hm}^2 \text{ 的毛竹林转让30年经营期价值} &= 20 \times (1506/1.1+2034/1.1^2+2826/1.1^3+ \\ &\quad 3530/1.1^4+3970/1.1^5) \times (1-1/1.1^{30}) \\ &= 771\ 048 \text{ 元}\end{aligned}$$

(4)现行市价法

年龄结构不合理的竹林的现行市价法和新造竹林的现行市价法的计算公式是一致的，但其综合调整系数要根据立地质量和竹林的年龄结构等实际情况作为依据进行确定，可比交易案例较少，这种方法应用不多。

4.3.2.2　结构合理的竹林资源资产评估

结构合理竹林是指经过调整、立竹的年龄结构已合理的竹林。这类竹林的经营等级为Ⅰ或Ⅱ级，竹林的产笋量和产竹材量都较稳定，其资产的评估主要采用收益现值法中的年金法(或称资本化法)，也可采用现行市价法进行。由于花年竹林和大小年竹林的不同收益情况，又可分为两种计算公式。

(1)花年竹林的年金法

花年竹林的竹、笋产量稳定，投入也稳定，其资产可直接用年金法测算，计算公式为：

$$E = \frac{A}{P} \tag{4-7}$$

式中：E——竹林资源资产评估值；

A——年纯收入；

P——投资收益率

（2）大小年竹林的年金法

大小年竹林的收入已达稳定，但大小年的收入差异明显，因此，可看作以 2 年为周期的两个总体的年金相加。计算公式为：

$$E = \frac{AI_1 \cdot (1+P) + AI_2}{(1+P)^2 - 1} \tag{4-8}$$

式中：E——评估值；

AI_1——进入稳产期后大年的年净收益；

AI_2——进入稳产期后小年的年净收益；

P——投资收益率。

（3）有期限竹林评估法

年金资本化法是竹林在永续经营的前提下，或无期限转让，当竹林经营或转让为有限期（n 年）时，计算公式分别为：

①花年竹林：

$$E_n = \frac{A}{P} \cdot \left[1 - \frac{1}{(1+P)^n} \right] \tag{4-9}$$

②大小年竹林：

$$E_n = \left[\frac{AI_1 \cdot (1+P) + AI_2}{(1+P)^2 - 1} \right] \cdot \left[1 - \frac{1}{(1+P)^n} \right] \tag{4-10}$$

（4）现行市价法

结构合理的竹林的现行市价法与新造竹林的现行市价法计算公式是一致的，综合调整系数应根据产量或纯收入作为依据进行确定。

4.3.3　竹林资源资产评估方法应用

以案例引入为例，举例说明毛竹林资源资产评估测算过程。根据导入案例评估的目的和评估对象的具体情况，即一为新造竹林，二为新垦复竹林，三为进入稳产阶段的在成年竹林，其中新垦复竹林为年龄结构不合理竹林，主要经营以产竹材为主，辅以产笋，依据以上各种竹林的实际情况，林木采用重置成本法、收益现值法和年金资产化法计算，林地采用有限期年金资本化法公式计算。相关技术经济指标分析和计算过程如下。

4.3.3.1　取价方法

竹材产品的取价源于对当地林业局、林业站、林木市场等多方的调查，属委估资产产地价，故未考虑产地到目标市场的相关运费问题。

毛竹：均价 12 元/根。

竹笋：4 元/千克。

4.3.3.2　收入确认方法

依据对当地竹林资产经营的了解，当地竹林经营一般不分大小年，以花年竹为主，主要用于产竹材，辅以产笋，出材量和产笋量在进入稳产期后，基本相对稳定，而本次纳入评估范围的竹林均为花年竹。

通过对该地区近3年内同类型垦复竹林数据统计，采用回归曲线的方式，测算出新垦复竹林的平均恢复年限和垦复年到稳产年各年的平均竹材和竹笋产量，以及稳产期后各年的产量情况，具体明细见表4-4。

表4-4　××地区毛竹林垦复恢复期产量预测表

年度	第1年	第2年	第3年	第4年	第5年及以后年度
竹材产量（株/hm²）	300	550	750	1050	1050
竹笋产量（kg/hm²）	800	1000	1200	1500	1500

4.3.3.3　成本费用、利润率确认方法

（1）重置成本法

①整地成本。种竹前对地块进行除草、炼山、挖穴等发生的成本，共计220元/亩。

②竹苗成本。购买母竹并运至造林地费用，每亩50株，每株3元，共计150元/亩。

③种竹工费。用于母竹栽种，共计80元/亩。

④抚育成本。每公顷每年30个工日，每日工价60元，共计120元/（亩·年）。

⑤施肥成本。施肥工价共计40元/（亩·年）；购肥成本共计60元/（亩·年）。

⑥管护费用。每亩每年15元。

⑦K值。根据当地实际情况，决定从株数、竹林平均枝下高两项对评估值进行调整，以使实际林分与参照林分联系起来，使评估值与实际价值更加接近，依次建立了两个调整系数，关系如下：

$$K 值 = K_1（株数）\cdot K_2（竹林平均枝下高）\tag{4-11}$$

⑧折现率的确定。

$$折现率 = 无风险利率 + 风险利率 = 8\%\tag{4-12}$$

无风险利率参考10年期国债到期收益率，确定为3.5%；风险利率则考虑当地竹林虽经营周期较短，见效快，但森林资源经营中存在的造林失败、人为破坏、病虫害及其他自然灾害等众多不确定因素，故确定为4.5%。

⑨折现年限的确定。定植当年到评估基准日年份为折现年限。

⑩林地租金。参考当地近期交易的案例，结合评估项目组的市场调研，各项因素综合分析后，确定当地市场参照标准价格为60~100元/（亩·年）；然后依据各地块的土壤厚度、海拔区间、坡位、坡向、坡度等多个地利因素，综合分析调整后，确定各林地租金为80元/（亩·年）。

（2）收获现值法

①采造集装运成本。采造集装成本指宗地内进行林道延伸、采伐、集材、装车等项费

用的合计，每株竹材平均分摊4元，每千克竹笋平均分摊2.5元；伐区设计费平均每亩分摊12元。

②销售、管理、不可预见费。3项总计为当期销售收入额的6%。

③利润率。考虑竹林生产特点和营林投资平均水平，以及对部分木材商、林业站相关人员的访谈，确定毛竹林经营成本利润率为15%。

④抚育费。120元/（亩·年）。

⑤施肥工资及肥料。100元/（亩·年）。

⑥管护费。15元/（亩·年）。

⑦林地租金。15元/（亩·年）。

⑧折现率。15元/（亩·年）。

⑨折现年限确定。评估基准日到进入稳产期的年数为折现年限。

4.3.3.4 小班评估值测算过程

(1)1号小班评估值测算过程

该小班为新造竹林，采用重置成本法。

$$第1年重置成本 = 220+150+80+120+100+15+80 = 765 元$$
$$第2年重置成本 = 120+100+15+80 = 315 元$$
$$第3年重置成本 = 120+100+15+80 = 315 元$$

根据当地实际情况，决定从株数、竹林平均枝下高两项对评估值进行调整，以使实际林分与参照林分联系起来，由于委估竹林与参照林分生长状态基本一致，林分质量调整系数 K 取为1.00。

$$评估值 = 169.2 \times 1 \times (765 \times 1.08^3 + 315 \times 1.08^2 + 315 \times 1.08)$$
$$= 169.2 \times 1671$$
$$= 282\,783 元$$

(2)3号小班评估值测算过程

该小班为新复垦毛竹林，采用有限期收益现值法计算。

第1年竹林纯收入：

$$收入 = 4 \times 800/15 + 12 \times 300/15$$
$$= 453 元$$
$$成本 = (300/15 \times 4 + 800/15 \times 2.5 + 453 \times 0.06) \times$$
$$(1+15\%) + (120+100+15)$$
$$= 511.6 元$$
$$纯收益 = 453 - 511.6 = -58 元（取整）$$

同理计算：

第2年竹林纯收入：

$$收入 = 707 元 \quad 成本 = 644 元 \quad 纯收益 = 63 元$$

第3年竹林纯收入：

$$收入 = 920 元 \quad 成本 = 758 元 \quad 纯收益 = 162 元$$

第4年竹林纯收入：

$$收入＝1240 元　　成本＝930 元　　纯收益＝310 元$$

利用式(4-5)计算：

$$评估值＝168.5×(-58/1.08+63/1.08^2+162/1.08^3+$$
$$310/1.08^4+310/0.08/1.08^4)×(1-1/1.08^{50})$$
$$＝168.5×3135 元/亩$$
$$＝528\ 247 元(含林地使用权价值)$$

(3)5 小班评估值测算过程

5 小班为进入稳产期的成年竹林，采用有限期花年竹林收益现值法。纯收益计算见 3 号小班的第 4 年纯收益测算过程。

$$5 小班竹林评估值＝299.6×310/0.08×(1-1/1.08^{50})$$
$$＝299.6×3791.6$$
$$＝1\ 135\ 963 元$$

(4)林地评估值测算过程

林地使用权价值仅计算新造竹林地的价值，其他类型竹林价值含林地使用权价值。继续以 1 号小班为例。林地使用权年限为 50 年，林地评估值计算如下：

$$(单位面积)林地评估值＝80/0.08×(1-1/1.08^{50})$$
$$＝979 元/亩$$

任务4.4　竹林资源资产评估案例与分析

4.4.1　案例项目背景

××县××林场拟拍卖 1947 亩毛竹林资源资产 30 年经营权，评估对象涉及××林证字(2015)第 15000000××号中评估地 1 的面积为 537 亩、评估地 3 的面积为 555 亩；××林证字(2015)第 15000000××号中评估地 3 的面积为 855 亩，为此评估目的，委托方评估机构对此事项进行评估，同时聘请林业调查机构对此资源情况进行调查。具体情况见下文报告节选。

4.4.2　案例评估报告正文节选

××县××林场：

××信元资产评估事务所接受贵场的委托，根据有关法律、法规和资产评估准则，本着客观、独立、公正、科学的原则，按照收益法和现行市价法对××县××林场拟拍卖 1947 亩毛竹林资源资产经营权进行了评估，本所评估人员按照必要的评估程序对委托评估的资产实施了实地查勘、市场调查与询证，对委估资产在 2016 年 11 月 26 日所表现的市场价值作出了反映，现将资产评估情况及评估结果报告如下。

一、委托方、产权持有单位和委托方以外的其他评估报告使用者概况

（一）委托方简介

委托方为××县××林场。

（二）产权持有单位

名　　称：××县××林场

统一社会信用代码：××××

机构类型：事业法人

住　　所：××县××乡××村

法定代表人：××

经费来源：财政补助

开办资金：壹佰伍拾捌万元整

营业期限：2016 年 04 月 27 日至 2021 年 04 月 27 日

宗旨和业务范围：管理林场场区生态公益林，促进林业生态发展，加强生态公益林管理，维护生态安全开展××生态旅游，林木种苗生产选育和林木技术推广，森林资源保护和病虫害防治。林木(竹)培育、抚育、采伐更新、销售。

（三）委托方和产权持有单位关系

根据《县政府常务会议纪要》(××县人民政府办公室二〇一四年十二月十一日)会议决定："同意将××林场、××林场转为生态公益型林场、均为县林业局下属股级事业单位，单位性质为公益林一类"及《关于同意将××林场、××林场转为生态公益林林场的批复》【××县机构编制委员会办公室(上编办〔2014〕41 号)】，实质为同一主体。

（四）其他评估报告使用者

本评估报告的使用者为委托方、经济行为相关的当事方。

国家法律、法规规定的其他评估报告使用者。

除国家法律法规另有规定外，任何未经评估机构和委托方确认的机构或个人不能由于得到评估报告而成为评估报告使用者。

二、评估目的

评估委估资产于评估基准日所表现的市场价值，为××县××林场拟拍卖 1947 亩毛竹林资源资产经营权提供价值参考依据。

三、评估范围及对象

（一）评估对象

根据本次评估目的，评估对象为××县××林场拥有的毛竹林资源资产经营权价值。

（二）评估范围

评估对象为××县××林场拥有的毛竹林资源资产经营权价值。评估范围为涉及××林证字（2015）第 15000000×× 号中评估地 1 的面积为 537 亩、评估地 2 的面积为 555 亩；××林证字（2015）第 15000000×× 号中评估地 3 的面积为 855 亩；共计合计 1947 亩毛竹林资源资产经营权价值。【具体详见××学院 2016 年 11 月出具的《××县××林场毛竹林资源调查报告》（××院森调字〔2016〕第 1130 号）】

纳入本次评估范围的资产与《资产评估业务约定书》所确定的项目范围一致。

（三）引用其他机构出具的报告的结论所涉及的资产类型、 数量和账面金额（或者评估值）

本次评估除法定引用××学院 2016 年 11 月出具的《××县××林场毛竹林资源调查报告》（××院森调字〔2016〕第 1130 号）外，没有引用其他机构出具报告的结论。

四、价值类型及其定义

（一）价值类型

本次评估采用的价值类型为市场价值。

（二）价值类型定义

市场价值是指自愿买方和自愿卖方在各自理性行事且未受任何强迫的情况下，评估对象在评估基准日进行正常公平交易的价值估计数额。

（三）选择价值类型的理由

采用市场价值类型的理由是市场价值类型与其他价值类型相比，更能反映交易双方的公平性和合理性，使评估结果能满足本次评估目的之需要。

五、评估基准日

本项目评估基准日是 2016 年 11 月 26 日。

该评估基准日是根据评估目的与委托方共同协商而定，尽可能地接近了实施资产评估目的的工作日及评估目的的实现日，本次评估的一切取证均为在该基准日有效的价格标准。

六、评估依据

（一）行为依据

委托方与本所签订的"评估业务约定书"。

（二）法律依据

《中华人民共和国森林法》《中华人民共和国森林法实施条例》《中华人民共和国公司法》《中华人民共和国资产评估法》《森林资源资产评估管理暂行规定》《森林资源资产评估技术规范》（LY/T 2407—2015），以及其他有关规定。

（三）准则依据

①《资产评估职业道德准则——基本准则》（财政部财企〔2004〕20号）；
②《资产评估职业道德准则——独立性》（中评协〔2012〕248号）；
③《资产评估准则——基本准则》（财政部财企〔2004〕20号）；
④《资产评估准则——评估报告》（中评协〔2007〕189号）；
⑤《资产评估准则——评估程序》（中评协〔2007〕189号）；
⑥《资产评估准则——业务约定书》（中评协〔2007〕189号）；
⑦《资产评估准则——工作底稿》（中评协〔2007〕189号）；
⑧《资产评估准则——森林资源资产》（中评协〔2012〕245号）；
⑨《资产评估准则——利用专家工作》（中评协〔2012〕244号）；
⑩《评估机构业务质量控制指南》（中评协〔2010〕214号）；
⑪《资产评估价值类型指导意见》（中评协〔2007〕189号）；
⑫《注册资产评估师关注评估对象法律权属指导意见》（会协〔2003〕18号）。

（四）产权、数量、质量核查及取价依据

①事业单位法人证书、组织机构代码证（复印件）。
②××县××林场提供的林权证和小班区划图（复印件）。
③××学院2016年11月出具的《××县××林场毛竹林资源调查报告》（××院森调字〔2016〕第1130号）。
④评估人员收集的有关市场询价、参数资料记录。

七、评估方法

本次评估目的是评估委估资产于评估基准日所表现的市场价值，为××县××林场拟拍

卖1947亩毛竹林资源资产经营权提供价值参考依据。考虑到本次评估目的、评估对象的具体情况，在本次评定估算时，我们对毛竹林资产评估采用收益现值法。

收益现值法是将被评估毛竹林资产在未来经营期内各年的净收益按一定的折现率折现为现值，然后累计求和得出毛竹林资产评估价值的方法，结合本次毛竹林评估目的与特点，本次计算的收益值分为调整期和稳产期两段进行计算，结合经营权转让年限来计算毛竹林经营权价值。计算公式为：

$$E_n = \left[\sum_{i=1}^{m} \frac{A_i}{(1+P)^i} + \frac{AI}{P \cdot (1+P)^m} \right] \cdot \left[1 - \frac{1}{(1+P)^n} \right] \tag{4-13}$$

式中：E_n——经营权评估值；

A_i——第 i 年的年收入；

n——经营期限；

P——折现率；

m——调整期。

八、评估程序实施过程和情况

整个评估工作分3个阶段进行，本项目实施时间从2016年11月22日至2016年12月8日。

（一）接受委托及准备阶段

（1）签约阶段

与委托方的相关工作人员就本次资产评估的评估目的、评估范围、评估基准日等进行协商，并签订业务约定书。

（2）确定方案

根据委托评估资产的特点，本所评估师咨询林业调查人员森林调查工作计划后，确定评估方案；依据委估方提供的资产清单和其他相关材料，确定对评估对象进行森林资源资产核查的相关方案。

（3）相关资料的准备

收集和整理与评估对象相关的市场交易价格信息等资料。

（二）资产核查阶段

对评估对象的真实性、合法性和其他具体情况进行查证。由于委托方未能提供有效的森林资产清单，故由委托方委托具有林业调查资质的××学院进行本次森林资产调查工作，评估机构人员于2016年11月26日至30日陪同林业调查人员一起对委估资产进行了实地调查，并以××学院出具的《××县××林场毛竹林资源调查报告》（××院森调字〔2016〕第1130号）作为本次评估数量依据。

（三）评定估算及报告提交阶段

（1）选取计算方法，测算评估结果

组织专家对评估过程中搜集的数据资料，以及市场调查等其他渠道搜集的相关数据资料，进行检查、验证、分析、研究后，确定计算方法，测算委托评估资产的评估值。

（2）分析确定评估结果，编写评估说明

对计算结果进行汇总、分析，充分考虑相关因素，确定评估结果，编写评估说明。

（3）编写、提交评估报告

按照规范化要求组织编写评估报告；对评估结果、评估报告及评估说明按照规定程序进行三级复核；经过复核修改后，提交委托方。

九、评估假设与限定条件

在评估过程中，我们遵循以下评估假设和限定条件。

（一）一般性假设和限制条件

①交易假设。交易假设是指假定所评估资产处在交易的过程中，评估师根据待评估资产的交易条件等模拟市场进行估价，评估结果是对评估对象最可能达成交易价格的估计。

②公开市场假设。公开市场是指充分发达与完善的市场条件，是指一个有自愿的买方与卖方的竞争性市场，在这个市场下，买方与卖方的地位平等，都有获取足够市场信息的机会和时间，买卖双方的交易都是在自愿的、理智的、非强制性或不受限制的条件下进行。

③假设评估基准日后，产权持有单位所处的政治、经济等宏观环境不发生影响产权持有单位经营的重大变动，特别是林业行业政策不发生重大变动。

④除评估基准日政府已颁布和已颁布尚未实施的影响产权持有单位经营的法律、法规外，假设收益期内与资产经营相关的法律、法规不发生重大变化。

⑤假设评估基准日后汇率、利率、税赋、物价及通货膨胀等因素的变化不对资产收益期经营状况产生重大影响。

⑥假设评估基准日后不发生影响产权持有单位经营的不可抗性、偶然性事件。

（二）特定假设与限制条件

①对本次纳入评估范围内的森林资产，委托方可以进行有效的管理，且不存在权属争议。考虑到本次评估的经济行为和评估目的，在评定估算中对纳入评估范围内的毛竹林资产是假设即可采伐前提出的，评估结论也是建立在此评估假设前提下的。

②本次评估是在假设所涉及的毛竹林竹材、笋价格、生产成本、山场作业条件、经营成本等，均按基准日当地平均水平确定。

③本次评估是假设竹林按笋材两用毛竹材为经营方向。

④由于委托方是一次性转让30年毛竹林经营权，故本次评估评估值已包含经营期限

内的竹林林地使用费。

⑤本次评估毛竹林30年经营权价值，根据委托方要求，并不包括杉木、松木、阔叶树林木资产价值。

⑥国家有关的法律、法规政策与现时相比无重大变化，未来有关税率、利率无大的变更。

⑦国家的经济形势在经营期限内能保持持续健康稳定的发展。

⑧除本报告有特别说明外，未考虑评估对象所涉及资产可能承担的抵押、担保事宜，以及特殊的交易方式等因素的影响。

⑨报告中的评估结论是反映评估对象在本次评估目的下，根据公开市场原则确定的价值，未考虑该资产进行产权登记或权属变更过程中应承担的相关费用和税项。评估结论也不应当被认为是对评估对象可实现价格的保证。

评估人员根据资产评估的规定和要求，认定以上前提条件在评估基准日时成立，当上述限定条件以及评估中遵循的评估假设等其他情况发生变化时，将会影响并改变评估结论，评估报告将会失效，评估人员不承担由此导致评估结论不合理的责任。

十、评估结论

在评估基准日2016年11月26日下，经评定估算，委估资产的评估总值为2 522 819.00元，人民币大写贰佰伍拾贰万贰仟捌佰壹拾玖元整。具体详见评估明细表（表4-5）。

表4-5　森林资源资产评估明细表

标段	林权证号	宗地号	小地名	山场面积（亩）	优势树种	经营期限（年）	评估价值（元）
标段1	××林证字(2015)第150000××××号	0362125150000 KDYMSY0××××	××至××	537.0	毛竹	30.0	693 367
标段2			××	555.0	毛竹	30.0	718 381.59
标段3	××林证字(2015)第150000××××号	0362125150000 KDYMSY0××××	××至××	855.0	毛竹	30.0	1 111 070
合计				1947.00			2 522 819

十一、特别事项说明

①本报告所称"评估价值"系指我们对所评估资产在评估基准日之状况和外部经济环境前提下的价值评估结论，仅为本报告书所列明的目的而提出的公允估值意见，而不对其他用途负责。

②在评估过程中，委托方及产权持有单位提供的产权依据、森林资产评估调查表等相关的所有资料是编制本报告的基础，我所评估人员对以上资料进行了必要的核查与验证，但委托方应对所提供资料的可靠性、真实性、准确性、完整性负责。若委托方有意隐匿或

提供虚假的资料使评估人员在委托资产产权调查和评定估算中产生误导，委托方应承担由此产生的一切法律后果。

③在履行评估程序过程中，评估人员依据评估有关规定对委托方及产权持有单位提供的评估对象的权属文件、资料进行了关注，并进行了必要的查验，但是对委托评估资产权属文件的鉴定工作已超出了评估工作的范围，故我们不对此发表意见。

④截至评估基准日，纳入本次评估范围内的毛竹林资产，经委托方书面承诺，不存在抵押、担保等影响资产未来价值的行为存在。

⑤本次评估是直接引用××学院2016年11月出具的《××县××林场毛竹林资源调查报告》(××院森调字〔2016〕第1130号)中载明的数量。评估机构直接引用专业机构测定报告，如果由于专业测定报告结果偏差造成评估结果失实，评估机构及评估人员不承担任何法律责任。在此特提醒报告使用者注意。

⑥根据委托方要求，本次评估结果不包含宗地中杉松阔林木资产价值部分，特提请评估报告使用者注意。

十二、评估报告使用限制说明

①本评估报告只能用于评估报告载明的评估目的和用途。

②本评估报告只能由评估报告载明的评估报告使用者使用。

③未征得出具评估报告的评估机构同意，评估报告的内容不得被摘抄，引用或披露于公开媒体，法律、法规规定以及相关当事方另有约定的除外。

④本评估报告有效期为一年，即从2016年11月26日至2017年11月25日止的期限内有效。

十三、评估报告日

本评估报告日为二〇一六年十二月八日。

评估技术说明部分节选

一、评估技术说明

（一）评估方法

本次评估目的是评估委估资产于评估基准日所表现的市场价值，为××县××林场拟拍卖1947亩毛竹林资源资产经营权提供价值参考依据。考虑到本次评估目的、评估对象的具体情况，在本次评定估算时，我们对毛竹林资产评估采用收益现值法。

（二）评估方法说明

收益现值法是将被评估毛竹林资产在未来经营期内各年的净收益按一定的折现率折现为现值，然后累计求和得出毛竹林资产评估价值的方法，结合本次毛竹林评估目的与特点，本次计算的收益值分为调整期和稳产期两段进行计算，结合经营权转让年限来计算毛竹林经营权价值。调整期应根据竹林的现有年龄结构确定，调整期最长不应超过6年。计算公式为：

$$E_n = \left[\sum_{i=1}^{m} \frac{A_i}{(1+P)^i} + \frac{AI}{P \cdot (1+P)^m} \right] \cdot \left[1 - \frac{1}{(1+P)^n} \right] \tag{4-14}$$

式中：E_n——经营权评估值；

A_i——第i年的年收入；

n——经营期限；

P——折现率；

m——调整期。

（三）假设与说明

①本次评估是在假设所涉及的毛竹林竹材、笋价格、生产成本、山场作业条件、经营成本等，均按基准日当地平均水平确定。

②本次评估是假设竹林按笋材两用毛竹材为经营方向。

③由于委托方是一次性转让30年毛竹林经营权，故本次评估评估值已包含经营期限内的竹林林地使用费。

④本次评估毛竹林30年经营权价值，根据委托方要求，并不包括杉木、松木、阔叶树林木资产价值。

⑤国家有关的法律、法规政策与现时相比无重大变化，未来有关税率、利率无大的变更。

⑥国家的经济形势在经营期限内能保持持续健康稳定的发展。

⑦委托方完全遵守国家所有法律法规。

（四）经济技术指标说明

经市场调查及询价，列出各项经济技术指标如下：

（1）竹材和竹笋产量及价格

①竹林竹材产量预测。按《毛竹林丰产技术》（GB/T 20391—2006）要求，笋材两用毛竹林正常经营水平立竹度为160~200株/亩，结合丰产毛竹林丰产指标要求，结合当地经营实际情况，预测本次评估毛竹林在稳产状态下年平均每亩可产竹30根。

评估对象毛竹林2014年至今两年未砍伐，调查时点毛竹亩株数为220~240株，结合委托方提供的数据和本次核查结果，现将亩株数与年龄结构、眉径之间关系见表4-6至表4-8。

表4-6 ××毛竹林年龄结构、各眉径株数关系表（1）

××	各竹度株数（年）					各眉径株数（cm）			
（855亩）	1	2~3	4~5	6~7	7以上	4~6	7~8	9	10以上
亩平均数（株）	30	13	56	97	26	54	75	44	50
合计株数（株）	222					222			
占比（%）	13.46	5.77	25.00	43.85	11.92	24.31	33.73	19.61	22.35

表4-7 ××毛竹林年龄结构、各眉径株数关系表（2）

××	各竹度株数（年）					各眉径株数（cm）			
（555亩）	1	2~3	4~5	6~7	7以上	4~6	7~8	9	10以上
亩平均数（株）	41	23	63	78	42	36	72	47	94
合计株数（株）	238					238			
占比（%）	17.31	9.62	26.54	32.69	17.69	15.29	30.20	19.61	39.61

表4-8 ××毛竹林年龄结构、各眉径株数关系表（3）

××	各竹度株数（年）					各眉径株数（cm）			
（537亩）	1	2~3	4~5	6~7	7以上	4~6	7~8	9	10以上
亩平均数（株）	55	36	62	48	34	43	63	44	83
合计株数（株）	231					231			
占比（%）	23.85	15.38	26.92	20.77	14.62	18.82	27.06	19.22	36.08

从调查数据来看，毛竹林密度大，年龄结构不尽合理，5年及以上毛竹株数占比大，需要对本次评估毛竹林进行结构调整。根据竹林现实林分各度竹株数分布情况，结合《毛竹林丰产技术》（GB/T 20391—2006）丰产结构因子指标要求，现将毛竹林各年度竹材产量预测见表4-9。

表4-9 年龄结构不合理的毛竹林各年度竹材产量预测表   单元：株/亩

小地名	年度				
	第1年	第2年	第3年	第4年	第5年
××	92	22	24	27	30
××至××	98	20	22	25	30
××至××	102	18	22	24	30

②竹笋产量预测。按《毛竹林丰产技术》（GB/T 20391—2006）要求，结合当地稳产毛竹林正常经营水平，预计调整后的稳产竹林年产笋1800 kg/hm²（含冬笋和春笋在内，其比例为冬笋15%，春笋85%）。对年龄结构不合理，还未调整到稳产丰产的"笋、材"两用毛竹林，竹林结构调整的前几年应护笋养笋，产笋量较低，但通过抚育管理等培育措施的实施，产笋量会逐年增加，4年后（即第5年）达到稳产状态。年龄结构不合理竹林进入稳产前各年产笋量预测见表4-10。

表4-10　年龄结构不合理的笋产量预测表　　　　单位：kg/亩

项目	年度				
	第1年	第2年	第3年	第4年	第5年
冬笋产量	9	11	13	15	18
春笋产量	60	70	85	95	102

③竹材及竹笋价格。经市场调查，销售竹材平均价格11元/根（当地加工厂的目标市场价格），春笋平均价格2元/kg（山场收购价格），冬笋平均价格10元/kg（山场收购价格）。

（2）竹材、竹笋生产经营成本

①竹材生产经营成本。经市场调查及测算，竹材平均采伐成本3.8元/根，竹材装车及运费用1.8元/根，管理及销售费用分摊每根毛竹0.2元/根，道路维修成本分摊竹材0.1元/根。

②竹笋生产经营成本。经市场调查及测算，冬笋平均采挖成本2.6元/斤，管理及销售费用分摊每根毛竹0.2元/斤；春笋平均采挖成本0.4元/斤，管理及销售费用分摊每根毛竹0.1元/斤。

（3）培育营林成本

为调整竹林结构，需要按丰产毛竹林技术经营，经测算每年培育营林成本主要包括：

肥料：平均每年45元/亩；

深翻抚育：3年1次，每次180元/亩，平均每年60元/亩；

挖沟、施肥、复土及清杂除草工资：平均每年60元/亩；

管护费（主要包括护林、病虫害防治、日常管理等费用）：15元/亩；

合计每年培育成本180元。

（4）竹林采伐、挖笋、生产经营利润率

毛竹林生产经营效益较高，一般与经济林经济效益相当。所以确定毛竹林采伐、挖笋、直接生产成本利润率为15%。

（5）竹林经营投资收益率

林业生产的生产周期长，投资收益率一般较低，通常为6%～10%。考虑到毛竹的经营周期较短，收益率相对较高，本次评估采用的投资收益率确定为年8%。

（五）测算过程

以××林证字（2015）第15000000××号0362125150000KDYMSY00×××宗地号计算为例，宗地面积为1440亩，小班山场面积855亩，小地名××至××，亩株数222根，生长级Ⅲ，经营级Ⅲ，整齐度5.81，毛竹平均高14.5 m。

$$竹材每根纯收益 = 11-3.8×1.15-1.8-0.2-0.1 = 4.53 元$$

$$春笋每公斤纯收益 = 2×(1-0.4×1.15-0.1) = 0.88 元$$

$$冬笋每公斤纯收益 = 2×(5-2.6×1.15-0.2) = 3.62 元$$

第1年收益：

$$E_1 = 102×4.53+3.66×9+60×0.88-180 = 367.44 元/亩$$

第 2 年收益：

$$E_2 = 18×4.53+3.66×11+70×0.88-180=2.96 \text{ 元/亩}$$

第 3 年收益：

$$E_3 = 22×4.53+3.66×13+85×0.88-180=41.52 \text{ 元/亩}$$

第 4 年收益：

$$E_4 = 24×4.53+3.66×15+95×0.88-180=66.62 \text{ 元/亩}$$

第 5 年起进入正常收益：

$$E_5 = 30×4.53+3.66×18+102×0.88-180=110.82 \text{ 元/亩}$$

由此可计算

$$E_n = \left[\sum_{i=1}^{m} \frac{A_i}{(1+P)^i} + \frac{AI}{P \cdot (1+P)^m} \right] \cdot \left[1 - \frac{1}{(1+P)^n} \right]$$

小班评估值 = 1299.5 元/亩 × 855 亩 = 1 111 070 元

二、评估结论

在评估基准日 2016 年 11 月 26 日下，经评定估算，委估资产的评估总值为 2 522 819.00 元，人民币大写贰佰伍拾贰万贰仟捌佰壹拾玖元整。具体详见评估明细表（表 4-11）。

表 4-11　森林资源资产评估明细表

标段	林权证号	宗地号	小地名	山场面积（亩）	优势树种	经营期限（年）	评估价值（元）
标段 1	上府林证字（2015）第 15000000××号	0362125150000 KDYMSY0××××	××至××	537.0	毛竹	30.0	693 367
标段 2			××	555.0	毛竹	30.0	718 381.59
标段 3	上府林证字（2015）第 15000000××号	0362125150000 KDYMSY0××××	××至××	855.0	毛竹	30.0	1 111 070
合计				1947.00			2 522 819

4.4.3　案例分析

任何资产评估要符合评估技术规范和评估准则要求，针对本次竹林资产评估从评估思路、资料收集、评估时应注意的关键点进行简要分析。

4.4.3.1　评估思路

本次评估对象为多年未采伐的毛竹林，年龄结构不尽合理，评估目的为竹林经营权拍卖，根据《森林资源资产评估技术规范》（LY/T 2407—2015）的规定，花年竹林即大小年不明显的竹林，花年竹林收益现值法是将收益值分为调整期和稳产期两段进行计算。调整期应根据竹林的现有年龄结构确定，但调整期最长不应超过 6 年。考经营年限要求，具体的计算公式应采用有限期的收获现值法进行评估。本评估案例评估方法选择完全依据了评估技术规范的要求，评估思路确定合理。

4.4.3.2　竹林评估的资料收集

针对该案例而言，竹林评估应收集如下资料：

①委托方事业单位法人证书复印件(加盖公章)。

②××县××林场提供的山林权证和小班区划图复印件(加盖公章)。

③现场照片、委托方承诺函、情况证明。

④林业调查单位出具的林调报告或核查报告。

⑤委托方提供毛竹林近几年的经营数据(成本、价格等)。

4.4.3.3　竹林林评估应注意的关键事项

①评估方法的选择，一般情况按照《森林资源资产评估技术规范》执行，竹林资源资产评估的方法和公式有多种，同时需要根据评估目的及评估对象内涵加以确定，本次评估案例是评估竹林30年的经营权价值，收获现值法是计算永续期价值，所以必须考虑年限的影响，对应采用有效期的收获现值法才是合理的。

②在新造的竹林即年龄序列虽完整，但结构不合理的竹林，一般采用分段计算的收益现值法，在年龄结构合理的竹林多采用年金法。现行市价法适用于各种状态的竹林，但其综合调整系数确定所依据的林分生长指标是不同的。

③竹林产量的预测和年纯收入的计算是竹林资产评估的关键。竹林的产量，尤其是竹笋产量的调查和预测都是较困难的。目前通常的做法分两种，一种是，利用丰产竹林栽植规范中相关产量计算，要充分考虑调整期时长和对应的经营成本，一般是高投入高产出；另一种是，根据现实竹林近几年的产量和经营成本数据来考虑，原则是基于现状经营。

④竹林的调查从项目、内容到调查方法都有一定的特殊性，这些特殊的指标对竹林的产量有较大的影响，必须认真组织调查。

⑤竹林是异龄林，林地和立竹资产无法准确地分开，要单独研究测算其地价和地租是困难的。必须先将林地和竹林资源资产合并为综合性的资产进行评估，然后再按一定的比例将其地价和立竹价分开。这个比例目前尚无准确规定，必须根据其他林种的研究结果来确定。

实训 4　竹林资源资产评估

一、实训目的

掌握竹林资源资产评估方法和评估技术要点。

二、实训环境要求。

资产评估综合实训中心。

三、实训内容

①计算毛竹年度营林及竹材生产成本。
②计算毛竹林各年净收益。
③计算林分质量调整系数。
④计算竹林林木资产价值和林地使用权价值。

四、实训要求

根据下列所给资料，计算给定竹林的林木价值和林地使用权价值，具体要求如下：
①建议用 Excle 表格设置公式计算。
②写出具体计算过程，用 A4 的纸张打印出来。

五、实训材料

（1）森林资源资产清单（表4-12）

表4-12　森林资源资产清单

小班号	实际林地面积（亩）	权属	林种	立　地　条　件						起源	优势树种	组成树种	平均树高（m）	平均胸径（cm）	平均年龄（年）	郁闭度	亩平均株数（株）	小班毛竹株数（株）
				坡向	坡位	坡度	土壤类型	土层厚度	立地质量									
1	500.0	个人	用材	西北	全	陡	红壤	厚	肥沃	天然	竹	10竹	12.9	8.3	4	0.7	125	62 500

（2）经济技术指标（均为虚构假设指标）

①投资收益率。本次毛竹林资源资产评估采用的投资收益率是参照国内开发性事业投资贷款利率和综合经营竹林风险确定，定为8%。

②毛竹林培育成本。主要有抚育、垦复施肥等，其培育成本见表4-13。

表4-13　毛竹培育成本

成本项目	作业内容	数量	单价	成本[元/(hm²·年)]
抚育	砍杂垦复	20 d/(hm²·年)	55 元/d	1100
施肥	施肥覆土	3 d/(hm²·年)	55 元/d	165
施肥	购买肥料	300kg/(hm²·年)	2.4 元/kg	720
竹林防护	护箅养竹			105
合计				2090

③毛竹采伐成本。毛竹采伐并运至堆场工资 4 元/株。

④毛竹林产品价格。毛竹标准竹（围长 30 cm）1500 元/百根。

⑤毛竹林采伐量预测。该毛竹林经营是以竹材利用为主，根据调查该评估对象附近竹林近几年来平均年竹材采伐量预测评估对象稳产成年竹林单位面积年产竹材 4.5 百根/hm²。新垦复竹林 4 年后，即从评估基准日后第 5 年达稳产状态．进入稳产的前 4 年，每亩产竹少且数量不等，其各年产竹材数量预测见表 4-14。

表 4-14　新垦复竹林竹材产量预测表

年度	第 1 年	第 2 年	第 3 年	第 4 年	第 5 年	第 6 年
竹材产量（百根/hm²）	1.5	2.7	3.6	4.2	4.5	4.5

⑥毛竹林生产经营利润确定。确定为毛竹林采伐直接生产成本的 20%。

⑦林地地租。参照周边地区毛竹林地租水平，确定地租为 30 元/（亩·年）。

⑧林地剩余使用年限。自评估基准日起 50 年。

复习思考题

1. 请简述竹林资源的特性及经营特点。

2. 针对不同的竹林资源类型，应分别采用何种评估方法？

3. 毛竹林资源资产评估必须注意哪些问题？

4. 竹林资源资产评估中最难的部分是竹材、笋的产量预测问题，目前对竹林的产量预测有什么好的解决办法？

5. 毛竹林是异龄林，一般来说，林地价值与林木资产难以区分，如何对林地和林木价值区分？

6. 一片经营期为 20 年的毛竹林，如果用收益法进行评估，最后一年的净收益如何考虑？

项目5 其他类型资源资产评估

知识目标

1. 了解受灾(损)森林资源资产概念及特点。
2. 掌握受灾(损)森林资源资产评估方法。
3. 熟悉森林生态服务功能价值概念及特点。
4. 熟悉森林生态服务功能价值方法及应用要点。
5. 熟悉森林景观资源资产的概念及森林景观资源资产的特点。
6. 熟悉森林景观资源资产评估资料收集和评估方法及应用要点。

技能目标

1. 具备受灾(损)森林资源资产评估资料收集的能力。
2. 具备森林景观资源资产评估、森林生态服务功能价值评估的资料收集能力。
3. 初步能够运用评估方法对受灾(损)森林资源资产评估。
4. 初步要求具备森林景观资源资产评估和森林生态服务功能价值评估思路。

素质目标

1. 培养热爱自然美、发现自然美，保护生态环境的思想品德。
2. 培养耐心细致，全身心地投入的执着。在不同的时间、从不同的角度、用不同的距离反复观察，才能慧眼独具，从腐朽中发现神奇。
3. 树立团队合作意识。

任务 5.1 森林资源灾害损失评估

5.1.1 森林资源灾害损失概述

灾害是指能够对人类和人类赖以生存的环境造成破坏性影响的事物总称。灾害不表示程度，通常指局部，可以扩张和发展，演变成灾难。一切对自然生态环境、人类社会的物质和精神文明建设，尤其是人们的生命财产等造成危害的天然事件和社会事件。

森林灾害，是指森林由于自然因素或人为因素引起的灾害，造成森林资源损害。森林资源灾害损失，是指森林遭受不同程度的灾害导致森林资源价值的减损。森林资源经受灾害必然带来相应损失，如病虫害导致林木及其他植物资源损害，如林木、植物枯萎死亡，可能造成微生物、其他昆虫的增加，可能导致生态服务功能下降，森林资源生态系统平衡打破。轻微灾害对森林资源影响较小，可能通过生态系统调节，逐步减小损失。严重灾害可能导致森林资源极大破坏，如1987年5月6日至6月2日，在黑龙江省大兴安岭地区发生特大火灾，是中华人民共和国成立以来发生的最严重的一次森林火灾。过火面积达到 $124.3 \times 10^4 \ hm^2$，使 $104 \times 10^4 \ hm^2$ 的森林资源遭受了严重破坏。据专家估算仅林木资源损失达41.42亿元。可见森林灾害带来的影响是巨大的。目前我国森林资源灾害主要有以下几种类型。

(1)森林自然灾害

森林自然灾害包括森林病害、森林虫害、森林火灾、森林鸟兽害和森林气象灾害5大类。每一类又可分成若干具体种类。

各国各地区发生的主要森林自然灾害不同，受害程度也各异。美国以森林火灾、森林虫害、森林病害及森林鸟兽害为主；欧洲以风害、雪害等森林气象灾害及森林虫害为主；日本以风害、雪害及森林火灾为主；中国则是森林病虫害和森林火灾对森林资源的威胁及其造成的损失最大。

(2)森林人为灾害

人类活动对各类森林自然灾害的发生会产生直接或间接的影响。如人为传带直接造成一些危险性森林病虫害的远距离传播；而不适当的人类生产活动造成的大气污染和水土流失等环境恶化，引起林木生长不良甚至死亡，则是间接影响生态系统。

(3)其他灾害

疾病、虫、鸟、兽和火、气象等因子都是整个森林生态系统的组成部分，其存在有客观必然性。它们和其他生物或非生物因子共存于森林生态系统中，相互依存，相互制约，保持动态平衡，在一般情况下不会形成灾害，有时甚至是有益的。如果抑制这些灾害因子的某些因素发生变动，生态平衡遭到破坏，灾害才可能发生，此时应采取必要措施加以控制，所采取的各种措施应尽可能协调一致，成为一个有机整体。目的在于恢复、维护和扩大森林生态系统对灾害的自然控制能力和平衡能力，而不是单纯消灭这些灾害因子。在此原则指导下对森林自然灾害进行管理，可充分利用自然因素对灾害因子的抑制作用，发挥各种防治措施的优点，取长补短、协调配合，以达到最佳防治效果和减轻对生态系统的破坏。

5.1.2　森林资源灾害损失评估主要技术思路

森林资源灾害损失评估，是指森林灾害对资源性资产损失进行专业估算。是由评估专业机构派出评估师，依照评估相关法律法规，按评估目的、评估程序对评估对象进行资产损失价值估算过程并发表专业意见。

森林资源灾害损失评估性质是对森林灾害损失价值的货币反映，评估目的通常是各级灾害管理行政部门对灾情调查确定灾害经济损失价值，涉林案件需要评估因人为灾害造成的经济损失价值，森林保险定损赔偿需要评估因自然灾害造成森林经济损失价值，产权主体需要评估灾后经济损失价值或者森林灾害造成生态环境伤害损失价值估算、或因生态补偿需要进行评估等，为委托单位决策或经济行为提供参考依据。我国是森林灾害频发国家，由于人为因素导致的森林火灾特别多，对灾后森林资源受损价值评估具有现实需求。

森林灾害造成的损失大致可以分为4类：一是直接经济损失评估，二是受灾动植物损失评估，三是由于灾害造成的额外费用增加形成的价值损失评估，四是生态环境价值损失评估。生态环境价值损失作为森林灾害损失部分已基本达成共识，但这部分生态环境价值损失计量难度大，操作性不强，目前实践当中主要是计算森林灾害造损失的前三种情况。具本评估思路如下。

5.1.2.1　森林灾害直接经济损失评估

森林灾害的直接经济损失，主要是指林木价值的损失，一般来说林地价值不存在损失，评估思路可以从受灾前林木资源资产价值与受灾后林木资源资产价值差额计算，计算公式为：

$$E_{损} = E_1 - E_2 \tag{5-1}$$

式中：$E_{损}$——森林灾害直接经济损失；

　　　E_1——受灾前林木资产价值；

　　　E_2——受灾后的林木资产价值。

受灾前的林木资产价值的评估按正常的林木资产评估方法进行评估，幼龄林常采用重置成本法，中龄林常采用收获现法，近、成熟林常采用市场价格倒算法。受灾后的林木资产评估，具体根据受灾程度来考虑，一般情况按残值进行评估，如幼龄林发生火灾后，林木无法继续生长，林木没成材情况下，残值按零处理；如果是中龄林及以上龄组的林分，发生灾害后的林木还有一定价值，可按采伐处理计算，不过受灾的木材销售价格都低于正常的木材销售价格。

受灾林木评估另一种评估思路，参照《重大自然灾害林业灾损调查与评估技术规程》（LY/T 2408—2015）的规定，可以根据林木受灾等级乘以受灾前林木资产价值来计算，具体思路介绍如下。

(1)成熟林木

①全损林木。成熟林的全损林木灾损采用市场价倒算法计算。即用市场价倒算法计算样地中全损林木在未受灾时的评估值，作为全损林木的灾损评估值。

②重度受害林木。重度受害林木的灾损评估值按相同树种、相同林木规格全损值的75%计算。

③中度受害林木。中度受害林木的灾损评估值按相同树种、相同林木规格全损值的50%计算。

④轻度受害林木。轻度受害林木的灾损评估值按相同树种、相同林木规格全损值的25%计算。

（2）幼中龄林木

①全损林木。幼中龄林的全损林木灾损采用收益净现值法、收获现值法或年金资本化法计算。即用收益净现值法、收获现值法或年金资本化法计算样地中全损林木在未灾损时的评估值，作为全损林木的灾损评估值。对于没有蓄积量的幼龄林、国家特别规定的灌木林（不包括灌木经济林），可以采取重置成本法计算灾损评估值。对于生态公益林，可同时采用重置成本法和收益净现值法、收获现值法或年金资本化法等3种方法的一种，计算评估值，取评估值大者作为灾损评估值。

②重度受害林木。重度受害林木的灾损评估值按相同树种、相同林木规格全损值的75%计算。

③中度受害林木。中度受害林木的灾损评估值按相同树种、相同林木规格全损值的50%计算。

④轻度受害林木。轻度受害林木的灾损评估值按相同树种、相同林木规格全损值的25%计算。

⑤幼苗幼树灾损。幼苗幼树灾损采用重置成本法计算。其中，重度受害苗木按全损幼苗幼树处理。中度、轻度受损苗木评估值按年全损幼苗幼树评估值的50%计算。

（3）林木受害等级划分

①全损林木。全损林木包括枯立木、折干（腰折）木、烧毁木、感染检疫木、丢失木。

a. 枯立木：因受自然灾害危害，树冠已经全部枯死，或树冠虽未全部枯死但其木材难以利用的林木。

b. 折干（腰折）木：受自然灾害危害而树干折断或劈裂的林木。

c. 烧毁：受森林火灾危害树冠全部烧焦，树干严重被烧，采伐后不能作为用材的林木。

d. 感染检疫木：感染检疫性林业有害生物并导致自身具有了传染性的林木。

e. 丢失木：受自然灾害危害而被掩埋地下，或被洪涝冲走等而"灭失"的林木。

②重度受害林木。重度受害林木包括濒死木、倒木、烧死木、重伤木。

a. 濒死木：受自然灾害危害，树冠1/2以上枯死而难以恢复生长发育的林木。

b. 倒木：受灾害危害而连根拔起并倒伏的林木。

c. 烧死木：受森林火灾危害，树冠2/3以上被烧焦，或树干形成层2/3以上烧坏（呈棕褐色），树根烧伤严重，已无恢复生长的可能，采伐后尚能做用材的，以及虽未烧及树木，但因高温烘烤导致树木严重损伤，已无恢复生长可能的。

d. 重伤木：符合以下条件之一的林木为重伤木。

——叶子受叶部害虫危害50%以上的。

——叶子受叶部病害危害60%以上的。

——枝梢受枝梢病害危害50%以上的。

——树干受钻蛀性害虫危害50%以上的。

——根部受病害危害50%以上的。

——根部受害虫危害50%以上的。

——果实受病害危害50%以上的。

——果实受害虫危害50%以上的。

——受鼠（兔）啃食的。

③中度受害林木。中度受害林木包括枯梢木、烧伤木、中伤木。

a. 枯梢木：梢头已枯死或折断但达不到濒死木程度、仍能生长发育的林木。

b. 烧伤木：受森林火灾危害，树冠被烧程度不到2/3，且树干形成层尚保留1/3以上未被烧坏，树根烧伤不严重，还有恢复生长的可能。

c. 中伤木：符合以下条件之一的林木为中伤木。

——叶子受叶部害虫危害20%~50%的。

——叶子受叶部病害危害30%~60%的。

——枝梢受枝梢病害危害20%~50%的。

——树干受钻蛀性害虫危害20%~50%的。

——根部受病害危害20%~50%的。

——根部受害虫危害20%~50%的。

——果实受病害危害20%~50%的。

——果实受害虫危害20%~50%的。

④轻度受害林木。受自然灾害危害但尚未达到上述中度受害等级的林木。

5.1.2.2 受灾动植物经济损失评估

受灾动植物经济损失是由于森林受灾害发生后，森林资源内受国家保护的珍贵野生动物、野生植物遭到破坏或死亡引起的价值损失。具体评估思路是通过根据调查出来的野生动物、野生植物数量乘以市场价格计算。

$$受灾动物损失评估值 = 各种动物种类数量 \times 品种单价$$
$$受灾植物损失评估值 = 各种植物种类数量 \times 品种单价$$

5.1.2.3 灾害的额外费用增加形成的价值损失评估

当林分在遭受灾害后，无论是从现实生产或理论意义，都必须对林地或保存林分进行及时的清理，以减少或降低后续灾害（如火灾、病虫害等）的风险。然而由于灾害对于道路、林地卫生等产生的众多不利影响，灾害灾后清理费用必然将较正常年份或林分生产提高。其费用的增加通常包括以下几项：

①林木采伐费用。因林木多株或成片倒伏交叉等因素导致采伐难度加大，从而使得采伐费用增加。

②道路清理费用。包括进出采伐区的道路清理费用以及伐区道路清理费用。

③林分清理费用。包括林木除雪、完全冻死林木的清理、林地卫生维护、清沟排水、地上断梢和折断枝条的清理等清理费用。

④管护费用。受气温与林区人为活动频繁等影响，极易着火酿成火灾等次生灾害（由原生灾害所诱导出来的灾害），需要增加灾后林地管护费用支出。

⑤人身安全保障支出及其他不可预见费用。灾害过后，树上积雪较多，保留时间长，灾后林分中随时都会有林木折枝、倒伏的可能，这对灾后清理工作构成严重的危险，需要

相应增加相应的费用支出如生产安全保险等。

这些费用的增加将直接由经营者承担，亦对经营者的直接经济效益产生影响，其价值损失量计算公式为：

$$E_c = \sum_i^n \Delta C_i \qquad (5-2)$$

式中：E_c——额外价值损失量；

　　　ΔC_i——灾后的第 i 项增加费用，可通过灾后的相应项费用与正常生产条件下的该项费用比较获得，其值等于增加后该项费用支出减去正常生产条件下的该项费用支出。

5.1.2.4　生态环境价值损失评估

生态环境价值损失，主要是指灾害对生态环境伤害损失，是指造成的生态环境服务功能损失，主要包括森林水源涵养损失、水土保持效益的损失、减轻旱涝灾害效益的损失、植被破坏导致吸收二氧化碳释放氧气损失、生物多样化保护损失、碳释放的生态损害等，评估具体思路参照森林生态服务功能价值进行评估。

【例 5-1】委估林木受灾面积 27 亩，林权证号为××林证字(2011)第 000161 号，宗地号为 0362122240400MDYMSY0××××，树种组成为 5 松 4 杉 1 阔，每亩蓄积量 4.993 m^3，龄组为中龄林，平均胸径 9.7 cm，平均树高 5.5 m，湿地松蓄积量 74.1 m^3，杉木蓄积量 49.4 m^3，硬阔蓄积量 11.3 m^3，林分蓄积量 134.8 m^3；现需要评估这片森林发生火灾造成的资产价值损失。

相关经济技术指标假定如下。

(1) 木材价格

根据当地木材交易市场的木材销售价实际情况(表 5-1)，结合拟评估各树种林分平均胸径实际情况，综合确定各树种木材统材价格。

表 5-1　木材价格表

树种	杉	松	阔
木材价格（元/m^3）	1005	625	820

注：本次木材价格是指出材量的平均价格，是充分考虑各小班出材率及平均胸径情况下的平均价格。

(2) 木材经营成本

①采伐成本(含伐倒、制材、归堆)。根据各标段山场地利条件，经市场调查及测算采伐成本 100 元/m^3。

②装车费。装车费 20 元/m^3。

③运输费。是按林地交货至销售目标市场所需的运费，根据评估山场至目标市场的距离，经市场调查及测算，运输费 80 元/m^3。

④伐区设计费及木材量检费。伐区设计费 6 元/m^3；木材量检费不收。

⑤林道开设及维修费。根据现场调查及林地实际情况，林道开设及维修费 15 元/m^3。

⑥销售费用、管理费用、不可预见费。按木材销售收入的 5% 计算。

（3）林木采运办证税费

根据《关于取消、停征和整合部分政府性基金项目等有关问题的通知》（财税〔2016〕11号）文件，自 2016 年 2 月 1 日起，育林基金征收标准降为零。本次评估不考虑采运办证税费。

（4）木材生产经营利润

结合林业生产的实际情况，按木材生产经营成本的 10% 计取。

（5）出材率

根据待评估山场现状，参考××省官方文件规定的出材率：杉木出材率 70%，松木出材率 65%，天然阔叶林出材率 60%。

（6）投资收益率

投资收益率是一个关键参数，受经营目标、经营树种、树木生长阶段等多因素影响，由于林业是长周期性行业，一般来说林业投资收益率较低，一般为 6%~10%，本次评估结合经营山场的特点及目前无风险报酬率的情况，林业生产投资收益率按 8% 计取。

（7）林木蓄积量生长预测

由于评估对象其他树种在所处地区未编制各树种林生长过程表，难以拟合评估对象林分生长模型。本次评估参照××省林业厅××林资字〔2009〕327 号文件中的林分各树种生长率，解决现实林分至主伐时林分蓄积量的预测问题。

（8）主伐年龄

按杉木速生产林龄组划分标准，确定本次林木主伐年龄 20 年。

受灾后的有关技术经济指标如下：

薪材出材率：40%。

体积重量比：1 t/m³。

薪材销售价格：400 元/t。

采伐工资：120 元/t。

林道维修：5 元/t。

管理、销售及不可预见费：按薪材销售价格的 5% 计算。

上车及运费：100 元/t。

木材生产经营利润率：10%。

（9）测算过程及结果

本案例仅考虑森林灾害直接经济损失，未考虑其他损失情况。具体测算过程如下：

森林资源资产损失评估值 = 火灾前林木资产评估值 − 火灾后的残值评估值

① 采用收获现值法计算受灾前林木价值。由上述经济指标可知，参照林分主伐时湿地松亩蓄积量 9.6 m³，杉木亩蓄积量 9 m³，阔叶树亩蓄积量 7.28 m³，出材率湿地松 65%，杉木 70%，阔叶树 60%，主伐净收益湿地松 3322 元/亩，杉木 7822 元/亩，阔叶树 1393 元/亩，湿地松主伐折现采脂净收益 80 元/株，每亩采脂株数 35 株，折现率 8%，后期每年投入营林成本 25 元/亩，根据林木实际生长情况林分质量调整系数湿地松取 0.79，杉木取 0.76，阔叶树取 0.76。

林木资产价值=27 亩×每亩的林木损失(5 松林木损失+4 杉林木损失+1 阔林木损失)

$$=27×0.5×\left\{0.79×\left[\frac{3322}{(1+8\%)}+80×35\right]-25×\frac{(1+8\%)^{10}-1}{8\%×(1+8\%)}\right\}+27×0.4×$$

$$\left[0.76×\frac{7822}{(1+8\%)^{10}}-25×\frac{(1+8\%)^{10}-1}{8\%×(1+8\%)^{10}}\right]+27×0.1×$$

$$\left[0.76×\frac{1393}{(1+8\%)^{10}}-25×\frac{(1+8\%)^{10}-1}{8\%×(1+8\%)^{10}}\right]$$

$$=27×2683.09$$

$$=72\ 444\ 元(取整)$$

②采用市场价格倒算法计算受灾后的林木价值。

$$火灾后的残值评估值=134.8×40\%×1×400-$$
$$134.8×40\%×1×(120+5+400×5\%+100)-$$
$$134.8×40\%×1×(120+5+400×5\%+100)×10\%$$
$$=7036\ 元(取整)$$

$$森林资源资产损失评估值=72\ 444-7036$$
$$=65\ 408\ 元(取整)$$

讨论：对受灾森林资源资产评估时，应该收集哪些资料，现场核查时，应该调查哪些项目？

任务5.2 森林生态服务功能价值评估

5.2.1 森林生态服务功能价值评估概述

森林生态系统不仅有木材生产的直接功能，还有间接的生态功能和社会功能，如固碳释氧、涵养水源、水土保持、净化空气以及休闲游憩、保护生物多样性等。森林生态服务功能，是指森林生态系统与生态过程所形成及维持的人类赖以生存的自然环境条件与效用。主要包括森林在涵养水源、保育土壤、固碳释氧、积累营养物质、净化大气环境、森林防护、生物多样性保护和森林游憩等方面提供的生态服务功能。

森林生态服务功能价值评估是采用森林生态系统长期连续定位观测数据、森林资源清查数据及社会公共数据对森林生态系统服务功能开展的实物量与价值量评估。森林生态服务功能价值评估是践行习近平生态文明思想的重要技术手段，也是保障生态产品价值实现的技术手段。

森林生态服务功能价值估算主要依据《森林生态系统服务功能评估规范》(GB/T 38582—2020)进行评估。

5.2.2 森林生态服务功能价值评估评估指标体系与评估技术路线

按照国家林业行业标准的技术要求，建立森林生态系统服务功能的具体化及可操作化的评价指标体系，评估指标体系包括支持服务、调节服务、供给服务、文化服务 4 项服务类型，分为保育土壤、林木养分固持、涵养水源、固碳释氧、净化大气环境、森林保护、生物多样性、林产品供给、森林康养 9 项功能类别，包含固土保肥、氮磷钾固持、调节水量等 18 项指标进行价值量的评估(图 5-1、图 5-2)。

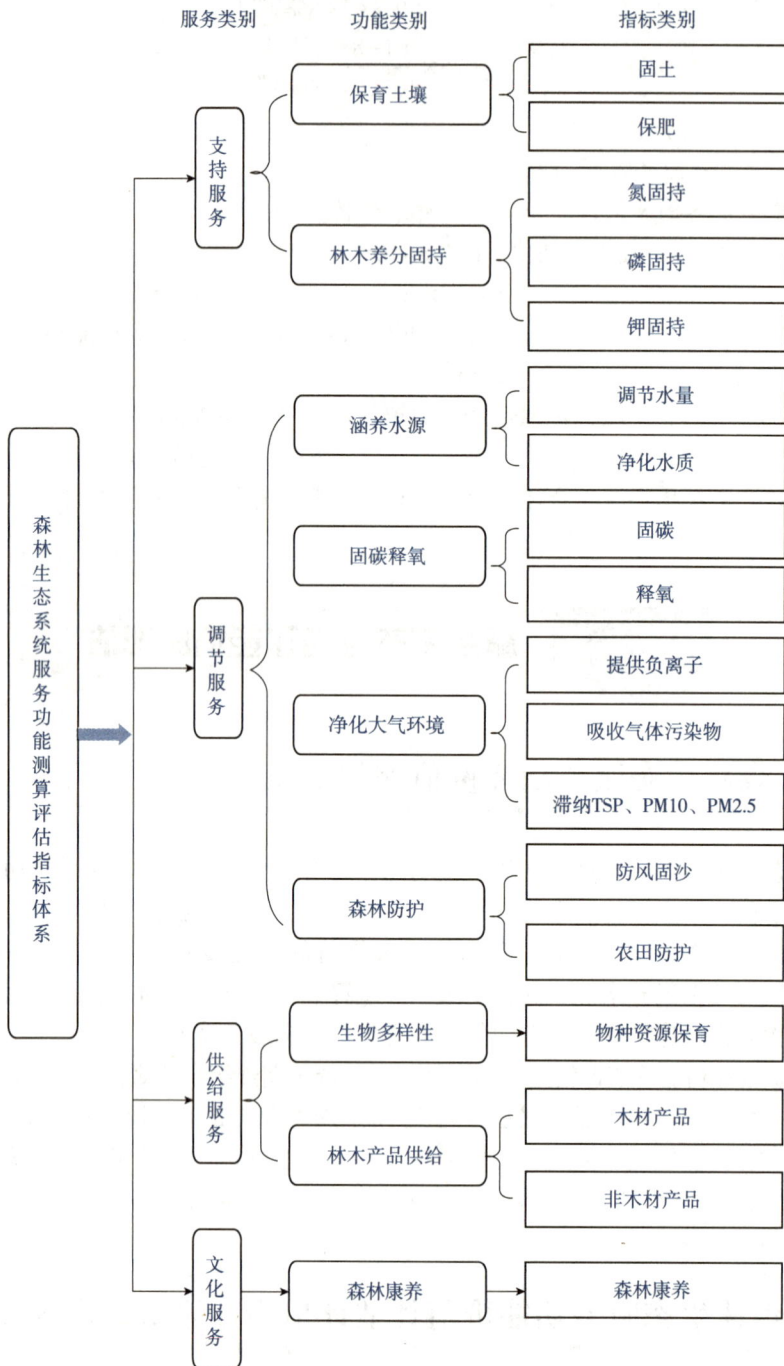

图 5-1　森林生态系统服务功能测算评估指标体系

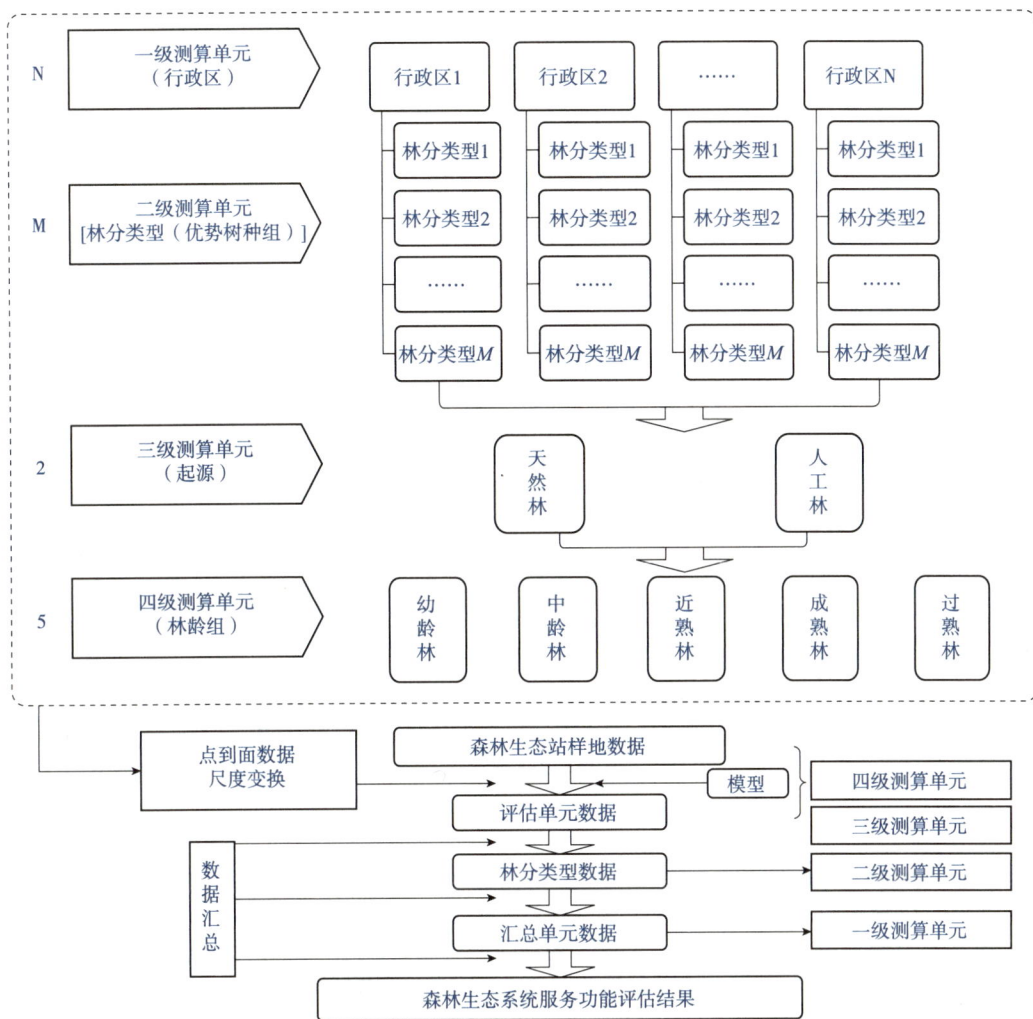

图 5-2　森林生态系统服务功能评估分布计算方法图示

5.2.3　森林生态服务功能价值评估基本方法

5.2.3.1　森林生态服务功能价值评估方法概述

对于森林生态系统服务功能的评估的评价指标与方法，普遍采用替代市场技术和模拟市场技术两种方法。

(1)森林生态系统服务价值评估指标体系

随着人类对生态系统功能不可替代性认识的不断深入，生态系统服务价值估算逐渐进入经济核算领域，如生态环境伤害价值估算、碳汇计价、生态环境价值保险理赔估算等评估业务，为解决经济纠纷及生态补偿等相关司法鉴定业务提供参考依据。森林作为陆地生态系统的主体，在全球生态系统中发挥着举足轻重的作用。本任务采用我国森林生态系统服务价值评估指标体系——《森林生态系统服务功能评估规范》(GB/T 38582—2020)。

（2）替代市场法

由于没有普通意义上的市场，生态公益林服务功能的价值常采用替代市场法估计其市场价值。所谓替代市场法，实际上是将生态公益林所产生的生态产品与相同的工业产品进行比较，以市场上同类工业产品的价格作为其参照价格。它以影子价格和消费者剩余表达生态服务功能的经济价值。评价方法常有费用支出法、费用—效益评价法、机会成本法、旅行费用法和享乐价格法等多种。

（3）模拟市场法

模拟市场法(又称假定市场法)，是指以支付意愿和净支付意愿表达森林生态系统服务功能的经济价值，基本的评价方法只有一种，即条件价值法。条件价值法，简称CVM，是一种典型的模拟市场的派生方法。西方将这种方法用于评价没有市场价格的环境服务，如森林游憩和野生动物资源等。这种方法是目前世界上最流行的、也是应用比较成功的方法。1979年和1983年两次被美国水资源委员会推荐给联邦政府有关机构作为游憩资源价值评估的标准方法，1986年美国内政部也确认CVM作为自然资源损耗评价的优先方法。薛达元等人对长白山森林生态系统间接经济价值评估时，采用CVM对长白山地区生物多样性的存在价值进行了评估。CVM可用于评价环境资源的利用价值，也可以评价其非利用价值，缺点是由于所得的数据是根据假设的市场，而且由于受被调查的理解程度、回答问题的态度即假设条件是否接近实际等问题的影响，使得出的结果与实际价值量可能有所偏差，但是这种偏差是可以通过细致的准备工作来缩小的。

（4）林产品价值评估方法

林产品是指木材、果实、药材及其他工业原材料，可采用市场价值法评估其价值。具体计算方法是根据研究区域内各类果实、药材及其工业原材料的单位面积产量乘以各种林分面积，得出年净生产量后，再乘以果实、药材及其他工业原材料的市场价格，即可得出它们价值。对于木材来说，在得出各林分的年净生长量后，以此净生长量直接与相应活立木的价格相乘即可得到活立木的价值。

（5）水源价值评估方法

森林土壤的蓄水能力与蓄水量比无林的裸地大，森林的涵养水源功能的效能评估可用影子工程法，即把森林作为一个巨大的"绿色水库"或者"绿色工程"，那么它们调洪蓄水功能用等效益相关代替法，即影子价格法把森林拦蓄的水量转换成水利工程需要拦蓄这些水量所需要的费用，再乘以效益投入比例，就可得出森林水库蓄水调洪的经济效益，计算公式为：

$$V_1 = S \cdot b_m \cdot (H - H_0) \tag{5-3}$$

式中：V_1——森林蓄水调洪的效益经济评价价值；

S——森林面积；

b_m——拦蓄1 m³水的水库或堤坝建设费；

m——效益投入比例；

H——森林蓄水调洪能力；

H_0——无林地的蓄水调洪能力。

另外，森林涵养水源功能还表现为调节了江河年径流量格局，延长了丰水期，缩短了枯水期，从而提高了农田灌溉和工业供水的能力，由此而产生的效益即为森林增加水资源利用效率，计算公式如下：

$$V_2 = M \cdot (P_1 \cdot A + P_2 \cdot C) \tag{5-4}$$

式中：V_2——森林增加水资源效益经济评价值；

M——森林增加水资源利用总量；

P_1，P_2——分别为农田灌溉和工业供水费用价格；

A，C——分别为农田灌溉和工业供水的利用系数，也可采用凋落物层和土壤蓄水能力法从物质量角度定量评价森林生态系统涵养水源功能的价值。

(6) 土壤保持价值评估方法

运用机会成本法和影子价格法，从保持土壤肥力、减少土地废弃地和减轻泥沙淤积灾害3个方面评价生态系统土壤保持经济效益。保持土壤肥力价值估算，土壤侵蚀使大量的土壤物质流失，主要是土壤中N、P、K的流失。通过测定森林土壤中N、P、K含量，再估算森林生态系统保持土壤肥力的经济效益。减少土地废弃价值估算，根据土壤保持量和土壤表土平均厚度0.6 m推算因土壤侵蚀而造成的废弃土地面积，再用机会成本法计算因土地废弃而失去的年经济价值。减轻泥沙淤积价值估算，按照我国主要流域的泥沙运动规律，全国土壤流失的泥沙有24%淤积于水库、江河、湖泊，根据蓄水成本计算森林生态系统减轻泥沙淤积灾害的经济效益。此外，也可用因土壤侵蚀而流入江河、湖泊的泥沙量，根据劳动成本法，即从河道或湖泊中挖取1 t泥沙的费用计算森林生态系统减少泥沙淤积灾害的经济效益。

(7) 净化大气价值评估方法

目前，国际上计算固定CO_2价值的方法主要有碳税率法和造林成本法。西方一些国家使用碳税限制CO_2等温室气体的排放，环境经济学家们通常使用瑞典的碳税率。释放O_2价值估算，森林释放氧气的效益计量评价采用生产成本法，森林释放的氧气量根据氧气工业生产成本费用计算效益。吸收SO_2价值估算，用单位面积森林每年吸收SO_2的平均值乘以研究区域面积，得到每年森林吸收SO_2的总量，再用影子工程的方法，根据近年污染治理过程中消减单位重量SO_2的投资成本算出森林生态系统吸收SO_2的价值。滞尘功能价值估算，用单位面积森林每年能截留的粉尘量，再乘以森林面积，得到每年森林截留粉尘的含量，运用替代消费法，以消减粉尘的成本来估算森林生态系统滞尘功能的价值。

5.2.3.2 森林生态服务功能价值评估公式

森林生态服务功能价值评估主要是对森林资源的支持服务、调节服务、供给服务、文化服务进行评估，具体计算公式详见（《森林生态系统服务功能评估规范》(GB/T 38582—2020)。

任务 5.3　森林景观资源评估

5.3.1　森林景观资源资产的概念

（1）森林景观

森林景观是以一定的森林群落为主，与一定的地球表面气候、土壤、地貌、生物各种成分所形成的一种综合体，并能够表现为客观世界的特定形象信息，反映到人的主观世界中来，为人们所观看、欣赏。主要包括：森林自然景观资源（林景、山景、水景、天象景、古树名木、奇花异草、珍稀动植物）、森林生态环境资源、森林人文景观资源（文物古迹、民族风情、地方文化、艺术传统）3 大类。其载体主要包括：森林公园、风景林场、植物园、生态公园、森林游乐区、以森林为依托的野营地、森林浴场、自然保护区或类似的旅游地等。

（2）森林景观资源资产

森林景观资源资产，是指通过经营能带来经济收益的森林景观资源，主要包括风景林（森林公园）、森林游憩地、部分名胜古迹和革命纪念林、古树名木等。

森林景观资源资产具有两大特征：第一，森林景观资源资产必须是依托森林景观资源而发展形成的，是以森林景观资源为基础的；第二，森林景观资产是通过人们合理经营形成的。

5.3.2　森林景观资源资产的特点

从资产评估操作的角度，可以按经营目的区分为森林景观资源与森林景观资产，即森林景观资源是具有游览、观光、休闲等价值的森林资源。森林景观资产是指通过经营预期会带来经济利益的森林景观资源。同时，森林景观资产是通过森林自然景观、生态环境与人文资源互相陪衬、互相烘托产生综合效益，因此，森林景观资产既包括实物资产，也包括无形资产，森林景观资源资产具有如下特点。

（1）可持续性

森林景观资产最显著的特征是其可持续性。经营者或所有者遵循一个基本原则，即在森林旅游或森林游憩过程中，不损害景观资源和环境，并从中学习各种知识，获得身心舒畅和享受。因而在科学管理的前提下发展森林游憩，能对生态保护产生积极作用，真正做到保护环境与发展经济相结合。

（2）自然景观与人文景观紧密结合

天下名山僧侣多，佛道等宗教活动场所多在山上，而山上又正是森林植被、森林资源丰富的地方，两者紧密结合，自然景观和人文景观互相烘托，提高了景观资产质量。如泰山、黄山、庐山、峨眉山被称为"四大名山"；泰山、华山、嵩山、衡山、恒山被称为"五岳";峨眉山、五台山、普陀山、九华山号称"四大佛教圣地";五台山、青城山、武夷山、龙虎山号称"道教名山",它们均是人文古迹与自然山林地貌紧密结成一体的代表。另外,一些少数民族与大森林和谐共处,爱林护林,无论是村寨建筑、生活习惯、民俗节庆,都与森林密不可分,创造出独具特色的森林文化,极大地丰富了森林景观资产的内容,提高了旅游价值和社会经济效益。

(3) 珍稀野生动植物品种多样性

在森林景观资源集中的森林公园和自然保护区范围内,一般森林覆盖率达85%~98%,由于保护好,受破坏干扰的程度少,环境适宜,保存的珍稀野生动植物种类比较多。据统计,在已建立的森林公园范围内,有珍稀植物100多种,有保护动物近100种,生物多样性丰富,是多物种的自然基因库,自然保护区范围内物种的数量就更多了。

(4) 广泛的适应性

森林景观资源优越的地方,往往集雄、奇、险、秀等自然风光,灿烂的历史文化,纯朴的民俗风情及得天独厚的生物气候资源于一体。因此,森林游憩的形式多种多样,融合休闲、猎奇、求知、求新、健身、陶冶情操和激发艺术灵感等诸多内容,在很大程度上满足旅游者多样化的心理要求。

(5) 其他价值

森林景观资源资产除具备旅游开发价值以外,其他功能价值不可低估,对于面积较大的森林景观资源资产,并不强求每一块林地都用于旅游,而是强调大片林地上的所有资源合理利用,在不影响景观的条件下,有调整的灵活性。可进行少量的木材生产和多种经营,如张家界国家森林公园针对公园的具体情况,专门编制了森林经营方案。

5.3.3   森林景观资源的分类和分级

鉴于森林景观资源的复杂性、多样性、综合性等特点,需要对森林景观资源进行分类和分级,以正确反映森林景观资源系统客观存在的本质和差异,为森林景观资产评估奠定基础。

(1) 森林景观资源的分类

森林景观资源分类要求比较全面地反映了森林景观资源的形态、特征、内涵、功能及对游客的吸引力,具体分为自然景观资源类、生态环境类、人文景观资源类,见表5-2。

表 5-2   森林景观资源普查分类

自然景观资源类				5. 生态环境类
1. 生物景观类	2. 水域风光类	3. 气象景观类	4. 地文景观类	
101 森林公园	201 风景河段	301 日出日落	401 典型地质构造	501 空气负离子
102 自然保护区	202 漂流河段	302 日蚀月蚀	402 标准地层剖面	502 植物精气
103 古树名木	203 湖泊	303 星象	403 生物化石点	503 空气细菌含量
104 奇花异草	204 瀑布	304 虹霞蜃景	404 自然灾变遗迹	504 天然外照射贯穿辐射剂量水平

（续）

自然景观资源类				5. 生态环境类
1. 生物景观类	2. 水域风光类	3. 气象景观类	4. 地文景观类	
105 植物生态群落	205 泉	305 风雨阴晴	405 名山	505 幽静环境
106 草原	206 井	306 冰雪霜露	406 火山熔岩景观	506 旅游气候
107 珍稀动物	207 溪流	407 云雾景观	407 蚀余景观	507 水环境
108 珍稀植物	208 现代冰川	308 雾凇雨凇	408 奇特与象形山石	508 大气环境
109 野生动物栖息地	209 海湾海域	309 自然声象	409 沙（砾石）地风景	
110 其他生物景观	210 沼泽滩涂	310 其他天象	410 沙（砾石）滩	
	211 其他水域风光		411 小型岛屿	
			412 洞穴	
			413 海岸景观	
			414 海底地形	
			415 其他地文景观	

人文旅游资源类			
6. 文物古迹建筑		7. 民俗风情及城乡风貌	8. 求知娱乐购物
601 人类文化遗址	618 陵寝陵园	701 节假庆典	801 科学教育文化设施
602 社会经济文化遗址	619 墓	702 民族风俗	802 休疗养和社会福利设施
603 军事遗址	620 石窟	703 宗教礼仪	803 动物园
604 古城和古城遗址	621 摩崖字画	704 饮食起居	804 植物园
605 长城	622 水工建筑	705 婚丧嫁娶	805 公园
606 宫廷建筑群	623 厂矿	706 神话传说	806 度假区
607 宗教建筑与礼制建筑群	624 农林渔牧场	707 民间文艺	807 体育中心
608 殿（厅）堂	625 特色城镇与村落	708 地方人物	808 运动场馆
609 楼阁	626 港口	709 田园风光	809 游乐场所
610 塔	627 广场	710 牧渔景观	810 文艺团体
611 牌坊	628 乡土建筑	711 其他城乡景观或风物	811 市场与购物中心
612 碑碣	629 民俗街区		812 庙会
613 建筑小品	630 纪念地		813 著名店铺
614 园林	631 观景地		814 地方特产
615 景观建筑	632 文物		815 风味美食
616 桥	633 人造景观		816 其他求知娱乐购物类
617 雕塑	634 其他建筑或文物古迹		

注：类型前的数字为资源统一计算机代码。

（2）森林景观资源景素层次结构及权重

森林景观资源景素的评级细则可参考中南林业科技大学森林旅游研究中心提出的《森林景观资源普查分类和分级标准》（图 5-3）。

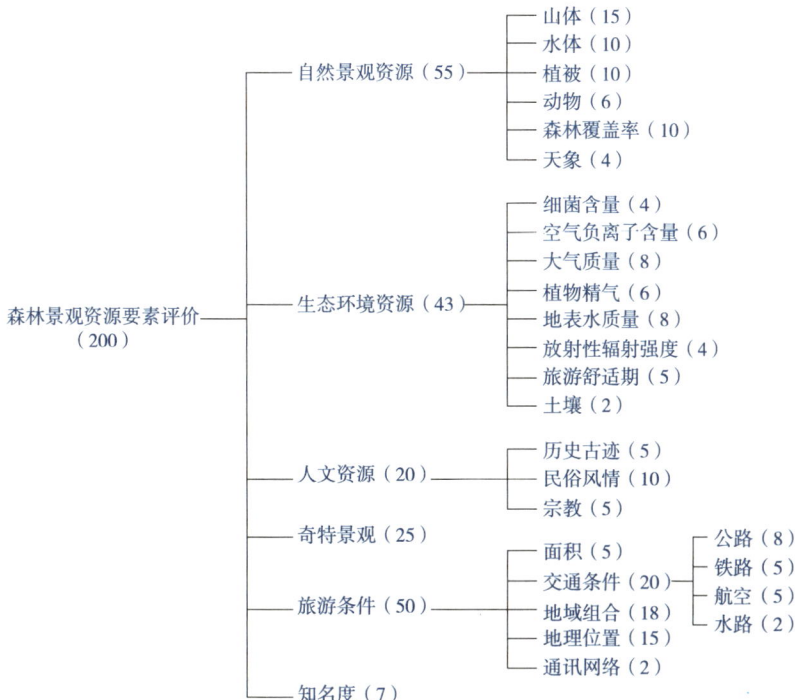

图 5-3　森林景观资源景素层次结构及权重

5.3.4　森林景观资源调查

5.3.4.1　森林景观资源调查基本要求

森林景观资源调查是森林景观资源开发利用的基础工作。它包括森林旅游环境调查、开发建设条件调查和森林景观调查 3 个方面。调查工作的全面、深入、准确与否，直接关系到资源开发利用的成效。森林景观资源调查工作，大体可分准备阶段、调查阶段、整理分析 3 个阶段。调查应满足以下 3 项要求。

①森林景观资源调查要保证成果质量，强调整个运作过程的科学性、客观性、准确性，并尽量做到内容简洁和量化。

②充分利用与旅游资源有关的各种资料和研究成果，完成统计、填表和编写调查文件等项工作。调查方式以收集、分析、转化、利用这些资料和研究成果为主，并逐个对旅游资源单体进行现场调查核实，包括访问、实地观察、测试、记录、绘图、摄影，必要时进行采样和室内分析。

③森林景观资源调查分为"森林景观资源详查"和"森林景观资源概查"两个档次，其调查方式和精度要求不同。森林景观资产评估中应采用"森林景观资源详查"的调查方式。

评估目的的森林景观资源调查最终需要完成提交以下文(图)件,《调查区实际资料表》《森林景观资源地图》和《森林景观资源调查报告》。

5.3.4.2　森林景观资源调查内容

森林景观资源调查的内容,大体上可以分为基本情况调查、开发条件调查和景观资源调查3个方面。

(1)基本情况调查

①自然条件。包括调查区的地理位置、地质、地貌、气候、水文、土壤、植被、野生动物等。

②社会经济状况。包括人口、民族、土地;工农林牧等产业产值、产量,地方经济特点及社会发展水平;文化教育、宗教信仰等。

③历史文化及民俗风情。包括调查区的历史概况,名胜古迹,民族文化,工艺美术,独特的民俗风情,传统节日、集会等。

(2)开发条件调查

主要调查了解旅游区及其附近的旅游历史、旅游协作、内外交通、障碍因素等开发建设条件。

①旅游历史条件。调查了解旅游区原有的群众性歌舞、祭祀、朝山、庙会等集会和游览的时间、规模等。

②旅游协作条件。调查了解旅游区周边现已开放的森林旅游地、风景名胜区、重点文物保护单位、佛道寺观,以及其他旅游场所的名称、级别、面积规模、旅游规模、服务设施、价格标准、经营效益、经验教训,旅游纪念品的产销情况,以及联网协作的可能性等。

③内外交通条件。调查了解旅游区内现有各类道路等级、里程、路况、行车密度,调查区到附近大中城市、飞机场、火车站、港口的距离,以及与现有铁路、高等级公路、国道、省道等交通干线连接的距离等。

④障碍因素。主要调查了解森林旅游地多发性气候灾害,如暴雨、山洪、冰雹、强风暴、沙尘暴、暴雨等灾害性天气出现的季节、月份、频率、强度,以及对旅游、交通、居住的危害程度等;突发性灾害,如山崩、滑坡、泥石流、地震、火山、海啸等出现的时间、频率、强度及危害程度等;其他有碍旅游的因素,如有害游人身心健康、危及人身安全的地质、地理、气候、生物等自然因素,工矿企业造成的大气、水体污染,以及恶性传染病和不利于开发森林旅游的旧俗恶习等社会因素。

(3)景观调查

景观调查的项目应以景区的实际情况按各类景观资源的特点确定,并应在调查开始前,参照各类景观资源编印好调查用表格。为了提高调查人员的现场调查工作效率和质量,需要针对调查调查区的特点,事前编好操作细则,对每一类调查对象物的调查因子的描述用语做出规定。

5.3.5　森林景观资源资产评估资料收集

①评估对象的山林权属分布图、山林权清册、山林权证书等具有法律效力的产权证明。

②评估对象基本情况及森林资源清查资料。

③森林景观资源调查分类评级资料。

④森林景观资源开发与旅游基础设施建设资料。

⑤森林旅游经营现状(一般应提供 3 年以上财务会计报表)。

⑥其他有关资料。

5.3.6　森林景观资产评估方法

森林景观资产的价值不仅与凝结在资产内部无差别的人类社会劳动有关,而且与人们对景观的主观心理因素有关。这两方面的价值构成了森林景观资产的价值评估基础。森林景观资产评估主要选择下列几种方法,同时结合景区评价等级和相关设施等进行综合评定估算。

(1)市场成交价比较法

市场成交价比较法是以相同或类似森林景观资产的市场价格作为比较基础,估算评估对象价值的方法。计算公式为:

$$E = \frac{S}{N} \sum_{i=1}^{n} K_i \cdot K_{bi} \cdot G_i \tag{5-5}$$

式中: E ——评估值;

　　S ——拟评估森林景观资产的有效利用面积;

　　K_i ——森林景观质量调整系数;

　　K_{bi} ——旅游消费水平调整系数;

　　G_i ——参照案例的有效利用面积的市场价格;

　　N ——参照交易案例个数。

森林景观质量调整系数 K 等于评估对象的森林景观质量等级系数与参照物的森林景观质量等级系数之比。

旅游消费水平调整系数 K_{bi} 等于评估对象的游客日均消费水平(包括食、住、购、娱 4 个方面)与参照物地区的游客日均消费水平之比。

(2)收益现值法

在市场发育比较成熟,年均收益相对稳定,景观资源开发、建设和管理已日趋完善的森林景观资产的价值评估宜选择收益现值法。主要包括年金资本化法和条件价值法。在实际的操作过程中,可根据被评估对象的特点和评估要求选取适当的方法。

(3)模拟开发法

模拟开发法也称假设开发法,是森林景观评估中最常用的方法。假设开发法是景区在科学、合理、有效的开发建设条件下，预测未来开发建设的投资、经营成本、经营收益，并将其净收益的折现值之和作为景观资产评估值的一种方法。模拟开发法的测算分为两个阶段：一是开发与发展阶段，二是稳定经营阶段。在开发与发展阶段，逐年计算其投资成本、经营成本及投资利润，并将其折为现值；在稳定经营阶段，利用年金资本化法公式将其超额利润折为现值，将两个阶段的折现值之和作为该景区森林景观资产的评估值。计算公式为：

$$E = \sum_{i=1}^{n} \frac{A_i - C_i - F_i}{(1 + P)^i} + \frac{AI}{P(1 + P)^n} \tag{5-6}$$

式中：E——评估值；

$\quad$ A_i——第 i 年的预期经营收入；

$\quad$ C_i——第 i 年的投资与经营成本；

$\quad$ F_i——投资利润；

$\quad$ AI——景区开发建设成熟后，收益稳定阶段年净收益；

$\quad$ n——景区开发建设和收益不稳定期；

$\quad$ P——投资收益率。

（4）重置成本法

森林景观的重置成本包括林木、林地和旅游设施的重置价值。森林景观资产重置成本法的计算公式为：

$$E = K \cdot \sum_{i=1}^{n} C_i \cdot (1 + P)^{n-i+1} + CI \tag{5-7}$$

式中：E——评估值；

$\quad$ K——森林景观资产质量调整系数，调整系数的确定见附录 C；

$\quad$ C_i——第 i 年的营林投入；

$\quad$ CI——旅游设施重置成本；

$\quad$ n——林龄；

$\quad$ P——投资收益率。

利用重置成本法评估森林景观资产的价值，数据收集比较容易，评估方法简单。但森林景观资产的价值绝不仅仅是这部分人工投入形成的价值。因此，用重置成本法会出现低估的情况。考虑到当前人们对森林景观资产的概念与认识还比较初级，运用重置成本法估算森林景观资产的价值，有助于对森林景观资产价值进行初步的认可和确定，一定程度上有利于提高人们对森林景观资产的理解和认识。但应该明确的是，它仅仅只是一种替代方法、比较方法，或是确定森林景观资产最低价值、保本价值的保守方法，并且在森林景观建设初期，景观资产价值收益体现不明显、不稳定的阶段更适用。

考虑到以上几种方法各自的特点、运用时存在的问题以及景观市场的现状，现阶段我国估算森林景观资产价值应首先考虑使用收益法，其次才是重置成本法或市场成交价比较法。

复习思考题

1. 森林受灾损失评估主要包括哪些内容？
2. 简述森林生态服务功能价值评估。
3. 森林景观资源资产的特点是什么？
4. 森林景观资源资产评估方法有哪些？

参 考 文 献

陈平留，刘建．森林资源资产评估运作技巧[M]．北京：中国林业出版社，2002．

国家林业局．桉树速生丰产林生产技术规程：LY/T 1775—2008[S]．北京：中国质检出版社，2008．

国家林业局．森林采伐作业技术规程：LY/T 1646—2005[S]．北京：中国质检出版社，2005．

国家林业局．森林生态系统服务功能评估规范：LY/T 1721—2008[S]．北京：中国质检出版社，2008．

国家林业局．森林资源规划设计调查技术规程：GB/T 26424—2010[S]．北京：中国质检出版社，2011．

国家林业局．森林资源资产评估技术规范：LY/T 2407—2015[S]．北京：中国质检出版社，2015．

国家林业局．杉木速生丰产用材林：LY/T 1384—2007[S]．北京：中国质检出版社，2011．

国家林业局．造林作业设计规程：LY/T 1607—2003[S]．北京：中国质检出版社，2003．

国家林业局．重大自然灾害林业灾损调查与评估技术规程：LY/T 2408—2015[S]．北京：中国质检出版社，2015．

国家林业局．自然资源（森林）资产评价技术规：LY/T 2735—2016[S]．北京：中国质检出版社，2016．

欧阳勋志．婺源县森林景观美学评价及其对生态旅游影响的研究[D]．南京：南京林业大学，2004．

汪海粟．资产评估[M]．北京：高等教育出版社，2007．

张志云．森林资源资产评估[M]．北京：中国林业出版社，2012．

张志云．森林资源资产评估探讨[J]．林业资源管理，1995（特）：133-138．

郑德祥．森林资源资产评估[M]．北京：中国林业出版社，2016．

中国资产评估协会．资产评估实务（一）[M]．北京：中国财政经济出版社，2020．

附录　森林资源资产评估法规及技术规范选编

附录1　资产评估法

第一章　总　则

第一条　为了规范资产评估行为，保护资产评估当事人合法权益和公共利益，促进资产评估行业健康发展，维护社会主义市场经济秩序，制定本法。

第二条　本法所称资产评估（以下称评估），是指评估机构及其评估专业人员根据委托对不动产、动产、无形资产、企业价值、资产损失或者其他经济权益进行评定、估算，并出具评估报告的专业服务行为。

第三条　自然人、法人或者其他组织需要确定评估对象价值的，可以自愿委托评估机构评估。

涉及国有资产或者公共利益等事项，法律、行政法规规定需要评估的（以下称法定评估），应当依法委托评估机构评估。

第四条　评估机构及其评估专业人员开展业务应当遵守法律、行政法规和评估准则，遵循独立、客观、公正的原则。

评估机构及其评估专业人员依法开展业务，受法律保护。

第五条　评估专业人员从事评估业务，应当加入评估机构，并且只能在一个评估机构从事业务。

第六条　评估行业可以按照专业领域依法设立行业协会，实行自律管理，并接受有关评估行政管理部门的监督和社会监督。

第七条　国务院有关评估行政管理部门按照各自职责分工，对评估行业进行监督管理。

设区的市级以上地方人民政府有关评估行政管理部门按照各自职责分工，对本行政区域内的评估行业进行监督管理。

第二章　评估专业人员

第八条　评估专业人员包括评估师和其他具有评估专业知识及实践经验的评估从业人员。

评估师是指通过评估师资格考试的评估专业人员。国家根据经济社会发展需要确定评估师专业类别。

第九条　有关全国性评估行业协会按照国家规定组织实施评估师资格全国统一考试。

具有高等院校专科以上学历的公民，可以参加评估师资格全国统一考试。

第十条 有关全国性评估行业协会应当在其网站上公布评估师名单，并实时更新。

第十一条 因故意犯罪或者在从事评估、财务、会计、审计活动中因过失犯罪而受刑事处罚，自刑罚执行完毕之日起不满五年的人员，不得从事评估业务。

第十二条 评估专业人员享有下列权利：

（一）要求委托人提供相关的权属证明、财务会计信息和其他资料，以及为执行公允的评估程序所需的必要协助；

（二）依法向有关国家机关或者其他组织查阅从事业务所需的文件、证明和资料；

（三）拒绝委托人或者其他组织、个人对评估行为和评估结果的非法干预；

（四）依法签署评估报告；

（五）法律、行政法规规定的其他权利。

第十三条 评估专业人员应当履行下列义务：

（一）诚实守信，依法独立、客观、公正从事业务；

（二）遵守评估准则，履行调查职责，独立分析估算，勤勉谨慎从事业务；

（三）完成规定的继续教育，保持和提高专业能力；

（四）对评估活动中使用的有关文件、证明和资料的真实性、准确性、完整性进行核查和验证；

（五）对评估活动中知悉的国家秘密、商业秘密和个人隐私予以保密；

（六）与委托人或者其他相关当事人及评估对象有利害关系的，应当回避；

（七）接受行业协会的自律管理，履行行业协会章程规定的义务；

（八）法律、行政法规规定的其他义务。

第十四条 评估专业人员不得有下列行为：

（一）私自接受委托从事业务、收取费用；

（二）同时在两个以上评估机构从事业务；

（三）采用欺骗、利诱、胁迫，或者贬损、诋毁其他评估专业人员等不正当手段招揽业务；

（四）允许他人以本人名义从事业务，或者冒用他人名义从事业务；

（五）签署本人未承办业务的评估报告；

（六）索要、收受或者变相索要、收受合同约定以外的酬金、财物，或者谋取其他不正当利益；

（七）签署虚假评估报告或者有重大遗漏的评估报告；

（八）违反法律、行政法规的其他行为。

第三章 评估机构

第十五条 评估机构应当依法采用合伙或者公司形式，聘用评估专业人员开展评估业务。

合伙形式的评估机构，应当有两名以上评估师；其合伙人三分之二以上应当是具有三年以上从业经历且最近三年内未受停止从业处罚的评估师。

公司形式的评估机构，应当有八名以上评估师和两名以上股东，其中三分之二以上股东应当是具有三年以上从业经历且最近三年内未受停止从业处罚的评估师。

评估机构的合伙人或者股东为两名的，两名合伙人或者股东都应当是具有三年以上从业经历且最近三年内未受停止从业处罚的评估师。

第十六条　设立评估机构，应当向工商行政管理部门申请办理登记。评估机构应当自领取营业执照之日起三十日内向有关评估行政管理部门备案。评估行政管理部门应当及时将评估机构备案情况向社会公告。

第十七条　评估机构应当依法独立、客观、公正开展业务，建立健全质量控制制度，保证评估报告的客观、真实、合理。

评估机构应当建立健全内部管理制度，对本机构的评估专业人员遵守法律、行政法规和评估准则的情况进行监督，并对其从业行为负责。

评估机构应当依法接受监督检查，如实提供评估档案以及相关情况。

第十八条　委托人拒绝提供或者不如实提供执行评估业务所需的权属证明、财务会计信息和其他资料的，评估机构有权依法拒绝其履行合同的要求。

第十九条　委托人要求出具虚假评估报告或者有其他非法干预评估结果情形的，评估机构有权解除合同。

第二十条　评估机构不得有下列行为：

（一）利用开展业务之便，谋取不正当利益；

（二）允许其他机构以本机构名义开展业务，或者冒用其他机构名义开展业务；

（三）以恶性压价、支付回扣、虚假宣传，或者贬损、诋毁其他评估机构等不正当手段招揽业务；

（四）受理与自身有利害关系的业务；

（五）分别接受利益冲突双方的委托，对同一评估对象进行评估；

（六）出具虚假评估报告或者有重大遗漏的评估报告；

（七）聘用或者指定不符合本法规定的人员从事评估业务；

（八）违反法律、行政法规的其他行为。

第二十一条　评估机构根据业务需要建立职业风险基金，或者自愿办理职业责任保险，完善风险防范机制。

第四章　评估程序

第二十二条　委托人有权自主选择符合本法规定的评估机构，任何组织或者个人不得非法限制或者干预。

评估事项涉及两个以上当事人的，由全体当事人协商委托评估机构。

委托开展法定评估业务，应当依法选择评估机构。

第二十三条　委托人应当与评估机构订立委托合同，约定双方的权利和义务。

委托人应当按照合同约定向评估机构支付费用，不得索要、收受或者变相索要、收受回扣。

委托人应当对其提供的权属证明、财务会计信息和其他资料的真实性、完整性和合法性负责。

第二十四条　对受理的评估业务，评估机构应当指定至少两名评估专业人员承办。

委托人有权要求与相关当事人及评估对象有利害关系的评估专业人员回避。

第二十五条　评估专业人员应当根据评估业务具体情况，对评估对象进行现场调查，收集权属证明、财务会计信息和其他资料并进行核查验证、分析整理，作为评估的依据。

第二十六条　评估专业人员应当恰当选择评估方法，除依据评估执业准则只能选择一种评估方法的外，应当选择两种以上评估方法，经综合分析，形成评估结论，编制评估报告。

评估机构应当对评估报告进行内部审核。

第二十七条　评估报告应当由至少两名承办该项业务的评估专业人员签名并加盖评估机构印章。

评估机构及其评估专业人员对其出具的评估报告依法承担责任。

委托人不得串通、唆使评估机构或者评估专业人员出具虚假评估报告。

第二十八条　评估机构开展法定评估业务，应当指定至少两名相应专业类别的评估师承办，评估报告应当由至少两名承办该项业务的评估师签名并加盖评估机构印章。

第二十九条　评估档案的保存期限不少于十五年，属于法定评估业务的，保存期限不少于三十年。

第三十条　委托人对评估报告有异议的，可以要求评估机构解释。

第三十一条　委托人认为评估机构或者评估专业人员违法开展业务的，可以向有关评估行政管理部门或者行业协会投诉、举报，有关评估行政管理部门或者行业协会应当及时调查处理，并答复委托人。

第三十二条　委托人或者评估报告使用人应当按照法律规定和评估报告载明的使用范围使用评估报告。

委托人或者评估报告使用人违反前款规定使用评估报告的，评估机构和评估专业人员不承担责任。

第五章　行业协会

第三十三条　评估行业协会是评估机构和评估专业人员的自律性组织，依照法律、行政法规和章程实行自律管理。

评估行业按照专业领域设立全国性评估行业协会，根据需要设立地方性评估行业协会。

第三十四条　评估行业协会的章程由会员代表大会制定，报登记管理机关核准，并报有关评估行政管理部门备案。

第三十五条　评估机构、评估专业人员加入有关评估行业协会，平等享有章程规定的权利，履行章程规定的义务。有关评估行业协会公布加入本协会的评估机构、评估专业人员名单。

第三十六条　评估行业协会履行下列职责：

(一)制定会员自律管理办法，对会员实行自律管理；

(二)依据评估基本准则制定评估执业准则和职业道德准则；

（三）组织开展会员继续教育；

（四）建立会员信用档案，将会员遵守法律、行政法规和评估准则的情况记入信用档案，并向社会公开；

（五）检查会员建立风险防范机制的情况；

（六）受理对会员的投诉、举报，受理会员的申诉，调解会员执业纠纷；

（七）规范会员从业行为，定期对会员出具的评估报告进行检查，按照章程规定对会员给予奖惩，并将奖惩情况及时报告有关评估行政管理部门；

（八）保障会员依法开展业务，维护会员合法权益；

（九）法律、行政法规和章程规定的其他职责。

第三十七条 有关评估行业协会应当建立沟通协作和信息共享机制，根据需要制定共同的行为规范，促进评估行业健康有序发展。

第三十八条 评估行业协会收取会员会费的标准，由会员代表大会通过，并向社会公开。不得以会员缴纳会费数额作为其在行业协会中担任职务的条件。

会费的收取、使用接受会员代表大会和有关部门的监督，任何组织或者个人不得侵占、私分和挪用。

第六章 监督管理

第三十九条 国务院有关评估行政管理部门组织制定评估基本准则和评估行业监督管理办法。

第四十条 设区的市级以上人民政府有关评估行政管理部门依据各自职责，负责监督管理评估行业，对评估机构和评估专业人员的违法行为依法实施行政处罚，将处罚情况及时通报有关评估行业协会，并依法向社会公开。

第四十一条 评估行政管理部门对有关评估行业协会实施监督检查，对检查发现的问题和针对协会的投诉、举报，应当及时调查处理。

第四十二条 评估行政管理部门不得违反本法规定，对评估机构依法开展业务进行限制。

第四十三条 评估行政管理部门不得与评估行业协会、评估机构存在人员或者资金关联，不得利用职权为评估机构招揽业务。

第七章 法律责任

第四十四条 评估专业人员违反本法规定，有下列情形之一的，由有关评估行政管理部门予以警告，可以责令停止从业六个月以上一年以下；有违法所得的，没收违法所得；情节严重的，责令停止从业一年以上五年以下；构成犯罪的，依法追究刑事责任：

（一）私自接受委托从事业务、收取费用的；

（二）同时在两个以上评估机构从事业务的；

（三）采用欺骗、利诱、胁迫，或者贬损、诋毁其他评估专业人员等不正当手段招揽业务的；

（四）允许他人以本人名义从事业务，或者冒用他人名义从事业务的；

（五）签署本人未承办业务的评估报告或者有重大遗漏的评估报告的；

（六）索要、收受或者变相索要、收受合同约定以外的酬金、财物，或者谋取其他不正当利益的。

第四十五条 评估专业人员违反本法规定，签署虚假评估报告的，由有关评估行政管理部门责令停止从业两年以上五年以下；有违法所得的，没收违法所得；情节严重的，责令停止从业五年以上十年以下；构成犯罪的，依法追究刑事责任，终身不得从事评估业务。

第四十六条 违反本法规定，未经工商登记以评估机构名义从事评估业务的，由工商行政管理部门责令停止违法活动；有违法所得的，没收违法所得，并处违法所得一倍以上五倍以下罚款。

第四十七条 评估机构违反本法规定，有下列情形之一的，由有关评估行政管理部门予以警告，可以责令停业一个月以上六个月以下；有违法所得的，没收违法所得，并处违法所得一倍以上五倍以下罚款；情节严重的，由工商行政管理部门吊销营业执照；构成犯罪的，依法追究刑事责任：

（一）利用开展业务之便，谋取不正当利益的；

（二）允许其他机构以本机构名义开展业务，或者冒用其他机构名义开展业务的；

（三）以恶性压价、支付回扣、虚假宣传，或者贬损、诋毁其他评估机构等不正当手段招揽业务的；

（四）受理与自身有利害关系的业务的；

（五）分别接受利益冲突双方的委托，对同一评估对象进行评估的；

（六）出具有重大遗漏的评估报告的；

（七）未按本法规定的期限保存评估档案的；

（八）聘用或者指定不符合本法规定的人员从事评估业务的；

（九）对本机构的评估专业人员疏于管理，造成不良后果的。

评估机构未按本法规定备案或者不符合本法第十五条规定的条件的，由有关评估行政管理部门责令改正；拒不改正的，责令停业，可以并处一万元以上五万元以下罚款。

第四十八条 评估机构违反本法规定，出具虚假评估报告的，由有关评估行政管理部门责令停业六个月以上一年以下；有违法所得的，没收违法所得，并处违法所得一倍以上五倍以下罚款；情节严重的，由工商行政管理部门吊销营业执照；构成犯罪的，依法追究刑事责任。

第四十九条 评估机构、评估专业人员在一年内累计三次因违反本法规定受到责令停业、责令停止从业以外处罚的，有关评估行政管理部门可以责令其停业或者停止从业一年以上五年以下。

第五十条 评估专业人员违反本法规定，给委托人或者其他相关当事人造成损失的，由其所在的评估机构依法承担赔偿责任。评估机构履行赔偿责任后，可以向有故意或者重大过失行为的评估专业人员追偿。

第五十一条 违反本法规定，应当委托评估机构进行法定评估而未委托的，由有关部门责令改正；拒不改正的，处十万元以上五十万元以下罚款；情节严重的，对直接负责的主管人员和其他直接责任人员依法给予处分；造成损失的，依法承担赔偿责任；构成犯罪的，依法追究刑事责任。

第五十二条　违反本法规定，委托人在法定评估中有下列情形之一的，由有关评估行政管理部门会同有关部门责令改正；拒不改正的，处十万元以上五十万元以下罚款；有违法所得的，没收违法所得；情节严重的，对直接负责的主管人员和其他直接责任人员依法给予处分；造成损失的，依法承担赔偿责任；构成犯罪的，依法追究刑事责任：

（一）未依法选择评估机构的；

（二）索要、收受或者变相索要、收受回扣的；

（三）串通、唆使评估机构或者评估师出具虚假评估报告的；

（四）不如实向评估机构提供权属证明、财务会计信息和其他资料的；

（五）未按照法律规定和评估报告载明的使用范围使用评估报告的。

前款规定以外的委托人违反本法规定，给他人造成损失的，依法承担赔偿责任。

第五十三条　评估行业协会违反本法规定的，由有关评估行政管理部门给予警告，责令改正；拒不改正的，可以通报登记管理机关，由其依法给予处罚。

第五十四条　有关行政管理部门、评估行业协会工作人员违反本法规定，滥用职权、玩忽职守或者徇私舞弊的，依法给予处分；构成犯罪的，依法追究刑事责任。

第八章　附　则

第五十五条　本法自 2016 年 12 月 1 日起施行。

附录 2　森林资源资产评估暂行规定

第一章　总　则

第一条　为加强森林资源资产评估管理工作，规范森林资源资产评估行为，维护社会公共利益和资产评估各方当事人的合法权益，根据《中华人民共和国森林法》《国有资产评估管理办法》《中共中央国务院关于加快林业发展的决定》等法律法规，制定本规定。

第二条　在中华人民共和国境内从事森林资源资产评估，除法律、法规另有规定外，适用本规定。

第三条　本规定所指森林资源资产，包括森林、林木、林地、森林景观资产以及与森林资源相关的其他资产。

第四条　森林资源资产评估是指评估人员依据相关法律、法规和资产评估准则，在评估基准日，对特定目的和条件下的森林资源资产价值进行分析、估算，并发表专业意见的行为和过程。

第五条　国有森林资源资产评估项目，实行核准制和备案制。

东北、内蒙古重点国有林区森林资源资产评估项目，实行核准制，由国务院林业主管部门核准或授权核准。

其他地区国有森林资源资产评估项目，涉及国家重点公益林的，实行核准制，由国务院林业主管部门核准或授权核准。对其他国有森林资源资产评估项目，实行核准制或备案制，由省级林业主管部门规定。对其中实行核准制的评估项目，由省级林业主管部门核准或授权核准。

第六条　非国有森林资源资产评估项目涉及国家重点公益林的，实行核准制，由国务院林业主管部门核准或授权核准。其他评估项目是否实行备案制，由省级林业主管部门决定。

第七条　森林资源资产评估工作，由财政部门和林业主管部门按照各自的职责进行管理和监督。

第八条　森林资源资产评估的具体操作程序和方法，遵照资产评估准则及相关技术规范的要求执行。

<h2 style="text-align:center">第二章　评估范围</h2>

第九条　国有森林资源资产占有单位有下列情形之一的，应当进行资产评估：

(一)森林资源资产转让、置换；

(二)森林资源资产出资进行中外合资或者合作；

(三)森林资源资产出资进行股份经营或者联营；

(四)森林资源资产从事租赁经营；

(五)森林资源资产抵押贷款、担保或偿还债务；

(六)收购非国有森林资源资产；

(七)涉及森林资源资产诉讼；

(八)法律、法规规定需要进行评估的其他情形。

第十条　非国有森林资源资产是否进行资产评估，由当事人自行决定，法律、法规另有规定的除外。

第十一条　森林资源资产有下列情形之一的，可根据需要进行评估：

(一)因自然灾害造成森林资源资产损失；

(二)盗伐、滥伐、乱批滥占林地人为造成森林资源资产损失；

(三)占有单位要求评估。

<h2 style="text-align:center">第三章　评估机构和人员</h2>

第十二条　从事国有森林资源资产评估业务的资产评估机构，应具有财政部门颁发的资产评估资格，并有2名以上(含2名)森林资源资产评估专家参加，方可开展国有森林资源资产评估业务。

森林资源资产评估专家由国家林业局与中国资产评估协会共同评审认定。经认定的森林资源资产评估专家进入专家库，并向社会公布。

资产评估机构出具的森林资源资产评估报告，须经2名注册资产评估师与2名森林资源资产评估专家共同签字方能有效。签字的注册资产评估师与森林资源资产评估专家应对森林资源资产评估报告承担相应的责任。

第十三条　非国有森林资源资产的评估，按照抵押贷款的有关规定，凡金额在100万元以上的银行抵押贷款项目，应委托财政部门颁发资产评估资格的机构进行评估；金额在 100 万元以下的银行抵押贷款项目，可委托财政部门颁发资产评估资格的机构评估或由林业部门管理的具有丙级以上(含丙级)资质的森林资源调查规划设计、林业科研教学等单位提供评估咨询服务，出具评估咨询报告。

上述森林资源调查规划设计、林业科研教学单位提供评估服务的人员须参加国家林业局与中国资产评估协会共同组织的培训及后续教育。

第十四条　资产评估机构和森林资源资产评估专家从事评估业务应当遵守保密原则，保持独立性。与评估当事人或者相关经济事项有利害关系的，不得参与该项评估业务。

第四章　核准与备案

第十五条　凡需核准的国有森林资源资产评估项目，占有单位在评估前应按照行政隶属关系，经上级林业主管部门审核同意后，由审核部门向省级林业主管部门或国务院林业主管部门报告下列有关事项：

(一)评估项目的审核情况；
(二)评估基准日的选择情况；
(三)森林资源资产评估范围的确定情况；
(四)森林资源资产实物量清单；
(五)选择森林资源资产评估机构的条件、范围、程序及拟选定机构的资质；
(六)森林资源资产评估的时间进度安排情况。

第十六条　国有森林资源资产评估项目的核准工作按照下列程序进行：

(一)国有森林资源资产占有单位收到资产评估机构出具的资产评估报告后应按照隶属关系，报上级林业主管部门初审，经初审同意后，由审核部门在评估报告有效期届满前 3 个月向省级林业主管部门或国务院林业主管部门提出核准申请。

(二)省级林业主管部门或国务院林业主管部门收到核准申请后，对符合核准要求的，及时组织有关专家和单位审核，在 20 个工作日内完成评估报告的核准；对不符合核准要求的，予以退回。

第十七条　国有森林资源资产评估项目核准的申请应包括下列文件材料：

(一)资产评估项目核准申请文件；
(二)资产评估项目核准申请表(附表 1)；
(三)评估项目批准文件或有效材料；
(四)与所评估项目有关的林权证和权属变更的相关证明；
(五)资产评估机构、签字注册资产评估师和森林资源资产评估专家资质证明；
(六)资产评估机构聘请核查机构对占有单位提供的森林资源资产实物量进行核查的，应提供核查机构资质证明；
(七)资产评估机构提交的森林资源资产评估报告和核查报告；
(八)资产评估各当事方的相关承诺函；
(九)其他有关材料。

第十八条　省级林业主管部门或国务院林业主管部门受理资产评估项目核准申请后，

应当对下列事项进行审核：

(一)资产评估项目是否获得批准；

(二)资产评估机构是否具备相应评估资质；

(三)评估人员是否具备相应资质；

(四)评估基准日的选择是否适当，评估结果的使用有效期是否明示；

(五)资产评估范围与项目批准文件确定的范围是否一致；

(六)评估依据是否适当；

(七)占有单位是否就所提供的资产权属证明文件、财务会计资料及生产经营管理资料的真实性、合法性和完整性作出承诺；

(八)评估过程是否符合相关评估准则的规定。

第十九条 评估项目的备案按照下列程序进行：

(一)国有森林资源资产占有单位收到评估机构出具的评估报告后，应在评估报告有效期届满前3个月将备案材料报送上级林业主管部门；

(二)上级林业主管部门收到占有单位报送的备案材料后，对材料齐全的，应在20个工作日内办理备案手续；对材料不全的，待占有单位或评估机构补充完善有关材料后予以办理。

第二十条 森林资源资产评估项目备案需报送下列文件材料：

(一)资产评估项目备案申请表(附表2)；

(二)资产评估报告和核查报告；

(三)评估项目的批准文件或有关证明材料；

(四)与所评估项目有关的林权证和权属变更的相关证明；

(五)其他有关材料。

第二十一条 各级林业主管部门受理资产评估项目备案申请后，应当对下列事项进行审核：

(一)资产评估项目是否获得批准或相关证明；

(二)资产评估范围与评估项目确定的资产范围是否一致；

(三)评估基准日的选择是否适当，评估结果的使用有效期是否明示，评估程序是否符合相关评估准则的规定；

(四)占有单位是否就所提供的森林资源资产清单、资产权属证明文件等资料的真实性、合法性和完整性作出承诺。

第二十二条 经核准或备案的森林资源资产评估结果有效期为自评估基准日起1年。

第二十三条 国有森林资源资产占有单位在进行与资产评估相应的经济行为时，应当以核准或备案的资产评估结果为作价参考依据。在产权交易过程中，当交易价低于评估结果的90%时，应当暂停交易，在获得产权转让批准机构同意后方可继续交易。

第五章 监督管理

第二十四条 省级财政部门和林业主管部门应当加强对国有森林资源资产评估工作的监督检查工作，采取定期或不定期检查方式对森林资源资产评估项目备案情况进行抽查。

第二十五条　省级林业主管部门应当于每年度终了 30 个工作日内将本省(区)森林资源资产评估项目的核准、备案情况及检查结果报国家林业局。

第六章　附　则

第二十六条　各省(自治区、直辖市)财政部门和林业主管部门可根据本省(自治区、直辖市)实际情况，依据本规定制定实施细则或操作办法，报财政部和国家林业局备案。

第二十七条　本规定由财政部、国家林业局负责解释。

第二十八条　本规定自 2007 年 1 月 1 日起施行。原林业部和原国家国有资产管理局发布的《关于〈森林资源资产产权变动有关问题的规范意见(试行)〉的通知》和《关于加强森林资源资产评估管理工作若干问题的通知》同时废止。

附表 1　森林资源资产评估项目核准申请表

填表日期：　　年　　月　　日　　　　　　　　　　　　　编号：

资产占有单位			
上级单位			
集团公司(林业厅)			
资产所在地	省(区、市)　市(地)　区(县)		
评估目的			
评估范围	整体/部分资产	主要评估方法	
资产实物量	林木资产　立方米	林地资产　亩	其他资产
评估结果(万元)	价值量　万元	价值量　万元	价值量　万元
评估机构名称		资质证书编号	
注册资产评估师和森林资源资产评估专家名单		评估基准日	
申请核准 申请单位盖章 法定代表人签字： 　　年　月　日	同意申请 上级单位盖章 单位领导签字： 　　　　年　月　日	同意核准 核准单位公章 　　　　年　月　日	

附表 2　森林资源资产评估项目备案申请表

填表日期：　　年　　月　　日　　　　　　　　　　　　　编号：

资产占有单位		
上级单位		
集团公司(林业厅)		
资产所在地	省(区、市)　市(地)　区(县)	
评估目的		
评估范围	整体/部分资产	主要评估方法

（续）

资产实物量	林木资产　立方米		林地资产　　亩		其他资产
评估结果（万元）	价值量　万元		价值量　　万元		价值量　　万元
评估机构名称			资质证书编号		
注册资产评估师和森林资源资产评估专家名单			评估基准日	年 月 日	
占有单位联系人		联系电话	通讯地址		
上级单位联系人		联系电话	通讯地址		
申报备案 资产占有单位盖章 法定代表人签字： 　年　月　日		同意转报备案 上级单位盖章 单位领导签字： 　　年　月　日		备案 备案单位公章 　　年　月　日	

附录3　资产评估执业准则——森林资源资产

第一章　总　则

第一条　为规范森林资源资产评估行为，保护资产评估当事人合法权益和公共利益，根据《资产评估基本准则》制定本准则。

第二条　本准则所称森林资源资产，是指由特定主体拥有或者控制并能带来经济利益的，用于生产、提供商品和生态服务的森林资源，包括森林、林木、林地、森林景观、森林生态等。

第三条　本准则所称森林资源资产评估，是指资产评估机构及其资产评估专业人员遵守法律、行政法规和资产评估准则，根据委托对评估基准日特定目的下的森林资源资产价值进行评定和估算，并出具资产评估报告的专业服务行为。

第四条　执行森林资源资产评估业务，应当遵守本准则。

第二章　基本遵循

第五条　执行森林资源资产评估业务，应当具备森林资源资产评估的专业知识和实践经验，能够胜任所执行的森林资源资产评估业务。

当执行某项特定业务缺乏相关的专业知识和经验时，应当采取弥补措施，包括聘请林业专业技术人员或者相关专业机构协助工作等。

第六条　在对持续经营前提下的经济组织价值进行评估时，作为经济组织资产的组成部分，森林资源资产价值通常受其对经济组织贡献程度的影响。

第七条　执行森林资源资产评估业务，应当根据评估目的等相关条件，选择恰当的价值类型。

第八条　执行森林资源资产评估业务，应当考虑国家相关林业法规和政策，以及森林资源的自然属性、经营特性、使用期限、用途等因素对森林资源资产价值的影响。

执行涉及生态公益林等特殊用途的森林资源资产评估业务，除评估其经济价值外，还应当结合评估目的考虑是否评估其生态服务价值。

第九条　资产评估专业人员应当履行适当的评估程序，核实森林资源资产实物量及相关信息，分析经营管理的合理性，选择恰当的评估参数进行评定估算，编制和提交资产评估报告。

第三章　操作要求

第十条　执行森林资源资产评估业务，应当要求委托人明确森林资源资产评估目的、评估对象和范围。

第十一条　执行森林资源资产评估业务，应当根据评估目的和具体情况进行合理假设，并在资产评估报告中予以披露。

第十二条　资产评估专业人员应当要求委托人或者其他相关当事人明确森林资源资产的权属，出具林权证或者相关权属证明文件，并对其真实性、完整性、合法性做出承诺。资产评估专业人员应当对森林资源资产的权属资料进行核查验证。

第十三条　执行森林资源资产评估业务，应当要求委托人或者其他相关当事人提供森林资源资产实物量清单。

第十四条　森林资源资产实物量是价值评估的基础。资产评估专业人员在进行森林资源资产价值评定估算前，可以委托相关专业机构对委托人或者其他相关当事人提供的森林资源资产实物量清单进行现场核查，由核查机构出具核查报告。

第十五条　当森林资源资产实物量清单由相关专业机构为满足所进行的资产评估需求，通过开展调查工作，以出具调查报告方式确定时，资产评估专业人员可以对调查工作进行现场核查。

第十六条　资产评估专业人员应当依法对森林资源资产评估活动中使用的资料进行核查验证。

第四章　评估方法

第十七条　执行森林资源资产评估业务，应当根据评估对象、评估目的、价值类型、资料收集等情况，分析市场法、收益法和成本法三种资产评估基本方法的适用性，选择评估方法。

第十八条　采用市场法评估森林资源资产时，应当考虑：

(一)森林资源资产市场的活跃程度，市场提供足够数量可比森林资源资产交易数据的可能性及其可靠性；

(二)森林资源所在地域的差异性对森林资源资产交易价格的影响；

(三)森林资源资产的用途和功能对交易价格的影响；

(四)不同林分质量、立地等级、地利条件、交易情况等因素对森林资源资产价值的影响。

第十九条　采用收益法评估森林资源资产时，应当考虑：

（一）森林资源结构、功能、质量、自然生长力等对收益的影响；

（二）森林资源管理相关法律、行政法规、财政补贴政策、采伐制度等对收益的影响；

（三）根据森林资源资产的特点、经营类型、风险因素等相关条件合理确定折现率；

（四）森林资源采伐方式和采伐周期对收益的影响。

第二十条　采用成本法评估森林资源资产时，应当考虑：

（一）森林资源培育过程的复杂性对成本的影响；

（二）森林资源经营的长期性对价值的影响；

（三）森林资源质量对价值的影响；

（四）森林资源培育技术、林地利用方式等造成的影响。

第二十一条　执行森林资源资产评估业务，应当关注各龄组之间计算结果的合理性。

第五章　披露要求

第二十二条　无论单独出具森林资源资产评估报告，还是将森林资源资产评估作为资产评估报告的组成部分，都应当在资产评估报告中披露必要信息，使资产评估报告的使用人能够正确理解评估结论。

第二十三条　资产评估专业人员应当在资产评估报告中对森林资源资产的权属状况、自然条件、地理分布、生产经营情况进行恰当描述。对评估范围内具有典型代表性或者经济价值高的森林资源资产，应当进行重点描述。

第二十四条　资产评估专业人员应当在资产评估报告中披露利用森林资源资产核查报告的情况。

第二十五条　资产评估专业人员应当在资产评估报告中披露重大事项对评估结论可能产生的影响，包括林地使用费用支付方式的影响等。

第二十六条　资产评估专业人员应当在资产评估报告中披露森林资源资产存在的抵押及其他权利受限情形。

第二十七条　资产评估专业人员应当将森林资源资产的权属证明、图面材料等资料作为资产评估报告的附件。法律、行政法规另有规定的从其规定。

第六章　附　则

第二十八条　本准则自 2017 年 10 月 1 日起施行。

附录 4　森林资源资产评估技术规范

1　范围

本标准规定了森林资源资产评估程序、评估方法以及森林资源资产核查等。

本标准适用于我国境内各种评估目的的林木资产、林地资产和森林景观资产等评估行为。

2　规范性引用文件

下列文件对于本文件的应用是必不可少的。凡是注日期的引用文件，仅注日期的版本适用于本文件。凡是不注日期的引用文件，其最新版本（包括所有的修改单）适用于本文件。

《造林技术规程》（GB/T 15776—2016）

《旅游区（点）质量等级的划分与评定》（GB/T 17775—2003）

《中国森林公园风景资源质量等级评定》（GB/T 18005—1999）

《旅游资源分类、调查与评价》（GB/T 18972—2017）

《森林资源规划设计调查技术规程》（GB/T 26424—2010）

《森林采伐作业规程》（LY/T 1646—2005）

3　术语和定义

下列术语和定义适用于本文件。

3.1　森林资源资产 forest resources assets

在现有认识水平和科学条件下，由特定主体拥有或控制并能带来经济利益的森林资源。

3.2　林木资产 forest wood assets

林地上尚未被伐倒的树木，包括活立木和枯立木。

3.3　林地资产 forest land assets

具有资产属性的林地。

3.4　森林景观资产 forest landscape assets

通过经营能为其经营主体带来经济收益的森林景观资源。主要包括森林公园、森林游憩地、以森林为依托的野营地、森林浴场或具有森林环境特征的旅游地等。

3.5　森林资源资产评估 forest resource assets evaluation

评估人员依据相关法律、法规和标准，对具有资产属性的森林资源在评估基准日特定目的下的价值进行分析、估算并发表专业意见的行为和过程。

3.6　森林资源资产清单 forest resource assets list

森林资源资产进行评估时，由评估委托方（自然人、法人或其他组织）提交的需要评估的全部森林资源资产的权属、数量、质量和空间分布情况的详细材料。

3.7　核查总体 check overall unit

一个用以进行核查样块（如样地、标准地、小班等）数量计算、抽取、布设和误差计算的单位。它可以是一个完整的森林资源资产地块（范围），也可以由若干个在地域上不相连接的森林资源资产地块（范围）组成。

3.8　评估目的 evaluation purposes

各种不同的经济行为对资产评估结果的特定用途。评估报告载明的评估目的应唯一，评估报告只能在特定的评估目的下具有有效性。

3.9 价值类型 value type

人们对资产评估结果价值属性的定义及其表达方式。森林资源资产评估中价值类型包括市场价值、投资价值、在用价值、清算价值、残余价值等价值类型。

市场价值：自愿买方和自愿卖方在各自理性行事且未受任何强迫的情况下，评估对象在评估基准日进行正常公平交易的价值估计数额。

投资价值：评估对象对于具有明确投资目标的特定投资者或者某一类投资者所具有的价值估计数额。

在用价值：将评估对象作为企业组成部分或者要素资产按其正在使用方式和程度及其对所属企业的贡献的价值估计数额。

清算价值：在评估对象处于被迫出售、快速变现等非正常市场条件下的价值估计数额。

残余价值：评估对象因灾害清理和更新采伐时，林木变现价值估计数额。

3.10 评估基准日 date of assessment benchmark

评估结论开始成立的一个特定时日，在形成评估结论过程中所选用的各种作价标准、依据均要在该时点有效，评估中的一切取价标准均为评估基准日有效的价格标准。

4 评估程序

4.1 基本程序

评估人员执行森林资源资产评估业务应履行下列基本评估程序：

a)明确评估业务基本事项；

b)签订业务约定书；

c)编制评估计划；

d)现场核查，编制核查报告；

e)收集评估资料；

f)评定估算；

g)编制和提交评估报告；

h)工作底稿归档。

4.2 业务约定书

评估业务约定书应包括下列基本内容：

a)评估机构和评估委托方的名称、住所；

b)评估目的；

c)评估对象和评估范围；

d)评估基准日；

e)评估报告使用者；

f)评估报告提交期限和方式；

g)评估服务费总额、支付时间和方式；

h)评估机构和评估委托方的其他权利和义务；

i)违约责任和争议解决；

j)签约时间。

4.3 评估委托方提交的相关资料

4.3.1 森林资源资产清单

森林资源资产清单，应依据森林资源调查成果（森林资源规划设计调查、作业设计调查或为评估进行的专题调查）或森林资源档案等资料编制，最小单位应落实到小班。

评估有效期内采伐的森林资源资产清单应依据采伐作业设计调查成果编制。因条件所限，未能取得依据采伐作业设计调查成果编制的森林资源资产清单，应说明原因及对评估结果所产生的影响。

古树名木、零星分布的高价值珍贵树木、森林景观、林下动植物资源等森林资源资产，应根据专业调查资料编制资产清单。

4.3.2 其他相关资料

其他相关资料主要包括：

a)林权证书（或相关权属证明文件）；

b)评估范围内的森林资源图面资料；

c)有特殊经济价值的林木种类、数量和质量材料；

d)按照评估目的应提交的其他相关材料。

4.4 收集评估资料

评估机构收集的评估资料应包括以下内容：

a)营业生产技术标准及有关成本费用资料；

b)木材生产、销售等有关成本费用资料；

c)当地森林培育、森林采伐和基本建设等方面的技术经济指标；

d)森林培育的账面历史成本资料；

e)评估基准日各种规格的木材、林副产品市场价格，及其销售过程中的税、费征收标准；

f)当地及周边地区的林地使用权出让、转让和出租的价格资料；

g)当地及周边地区的林业生产投资收益率；

h)各树种的生长过程表、生长模型、收获预测等资料；

i)使用的立木材积表、原木材积表、材种出材率表、立地指数表等测树经营数表资料；

j)其他与评估有关的资料。

4.5 资产核查与评定估算

4.5.1 评估机构受理委托后，应对评估委托方提交的森林资源资产清单进行现场核查，核查符合要求方可进行评估。

4.5.2 在有关资料达到要求的条件下，评估机构对评估委托方拟评估森林资源资产价值进行评定估算。

4.6 编制和提交评估报告

评估机构对评定估算结果进行分析确定，汇集森林资源资产评估工作底稿，形成森林资源资产评估报告，并提交给评估委托方。

4.7 建立项目档案

评估工作结束后，评估机构应及时将有关文件和资料分类汇总，并登记造册，建立项目档案。按国家和行业有关规定进行管理。

5 森林资源资产核查

5.1 基本要求

5.1.1 应对评估委托方提交的森林资源资产清单标注的内容进行核查，并要求账面、图面、实地三者一致，核查结果应满足核查的精度要求。

5.1.2 拟评估森林资源资产的范围为核查总体，在核查总体内应恰当确定核查总体单元的大小和边界，并计算在一定可靠性前提下的核查精度；一个核查总体单元只允许对应一个独立使用的评估值。

5.1.3 核查工作按《森林资源规划设计调查技术规程》（GB/T 26424—2010）和《森林采伐作业规程》（LY/T 1646—2005），以及林业行业相关标准的规定进行。

5.2 核查项目

5.2.1 一般核查内容、方法和要求

5.2.1.1 应阅读查验与拟评估森林资源资产有关的文件、证件、图件、资料、档案等。

5.2.1.2 应依据林权证或有效法律文件，核对拟评估森林资源资产（林地及林木）的权属（所有权、使用权）及权属年限、四至界线等。

5.2.1.3 应依据林相图、森林分布图、林业基本图等图面资料，核对森林资源资产的空间位置、边界线走向等。

5.2.1.4 应依据县级及以上林业主管部门批准执行并具有时效的林地保护利用规划、森林区划、分类经营规划等文件，核对森林资源资产的土地种类和森林类别等。

5.2.2 林地资产核查内容

林地资产应核查的主要项目有：林地类型、森林类别、林种、树种、林下资源、使用期限、使用方式（指地租支付方式）、面积、位置、立地条件、地利条件等。

5.2.3 林木资产核查内容

5.2.3.1 用材林资产核查内容

5.2.3.1.1 幼龄林资产（含未成林造林地）应核查的主要项目有：起源、树种组成、林龄（造林时间、苗龄）、造林成活率、造林保存率、单位面积株数、平均胸径、平均树高、蓄积量、林木生长状态、病虫害发生及自然灾害损失状况、立地条件、地利条件等。

5.2.3.1.2 近、中龄林资产应核查的主要项目有：起源、树种组成、林龄、郁闭度、平均胸径、平均树高、蓄积量、林木生长状态、病虫害发生及自然灾害损失状况、立地等级、地利条件等。

5.2.3.1.3 成、过熟林资产应核查的主要项目有：起源、树种组成、林龄、郁闭度、平均胸径、平均树高、蓄积量、材种出材率、林木生长状态、病虫害发生及自然灾害损失状况、可及度、立地等级、地理条件等。

5.2.3.2　竹林资产核查内容

竹林资产应核查的主要项目有：竹种（品种）、平均直径、平均竹高、立竹度、年龄结构、整齐度、均匀度、平均单竹重量、竹林产量、出笋量、生长级、经营级、立地等级、地利条件等。

5.2.4　经济林资产核查内容

经济林资产应核查的主要项目有：树种、品种、产期、生长阶段、冠幅、单位面积株数、生长状况、单位面积产量、产品品质等。

5.2.5　特种用途林资产核查内容

特种用途林资产应核查的主要项目有：除核查与林木核查内容相同的有关项目外，还要核查具有的特殊用途、经营条件和人工措施、曾经取得的效果、收益或评价等。具有科学研究性质的特种用途林，则应了解开展科学研究的时间、项目、目的、已经取得的研究数据、成果以及尚未完成的科研内容等。此外，需要核查与评估目的有关的其他项目。

5.2.6　防护林资产核查内容

防护林资产应核查的主要项目有：除核查与林木核查内容相同的有关项目外，还应收集与生态服务相关的资料，主要包括：涵养水源、保持水土、防风固沙、固碳释氧、净化大气环境、保护生物多样性等方面的内容。

5.2.7　森林景观资产核查内容

森林景观资产核查按《旅游区（点）质量等级的划分与评定》（GB/T 17775—2003）、《中国森林公园风景资源质量等级评定》（GB/T 18005—1999）和《旅游资源分类、调查与评价》（GB/T 18972—2017）的规定进行。除核查与林木核查内容相同的有关项目外，重点核查与观赏、游憩、保健、娱乐等方面相关的服务和特色，以及交通条件、周边环境及旅游开发程度及建设条件等内容。

5.3　核查方法

5.3.1　林地资产核查方法

5.3.1.1　抽样调查法

对大面积森林资源资产进行林地评估时，宜采用抽样调查法，对林地资产总面积和各类型林地面积进行调查核实，抽样调查法见附录 A。

5.3.1.2　小班调绘法

5.3.1.2.1　航片调绘法：使用近期拍摄的（以不超过 2 年为宜）、比例尺不小于 1∶25 000 或由 1∶50 000 放大到 1∶25 000 的航片、1∶100 000 放大到 1∶25 000 的侧视雷达图片在室内进行小班勾绘，然后到实地核对，或直接到现地调绘。

5.3.1.2.2　卫片调绘法：使用近期（以不超过 1 年为宜）经计算机几何校正及影像增强的比例尺 1∶25 000 的卫片（空间分辨率 10m 以内）在室内进行小班勾绘，然后到实地核对。

5.3.1.2.3　地形图小班调绘法：采用测绘部门最新绘制的比例尺为 1∶10 000~1∶25 000 的地形图到实地进行勾绘。对于没有上述比例尺的地区可采用由 1∶50 000 放大到 1∶25 000 的地形图。

5.3.1.3 实测法

5.3.1.3.1 定位仪测定法：利用定位仪测定小班边界控制点的坐标位置信息，并自动求算小班面积的方法。利用定位仪核查林地面积时，应做到小班边界控制点选择正确，定位仪的定位精度符合要求。

5.3.1.3.2 罗盘仪测定法：利用罗盘仪测定小班边界控制点的方位角和水平距离，并按导线测量方法求算小班面积的方法。利用罗盘仪核查林地面积时，应做到小班边界控制点选择正确，导线测量的闭合差符合罗盘仪测量的技术要求。

5.3.2 林木资产核查方法

5.3.2.1 抽样调查法：对大面积森林资源资产进行总体评估时，宜采用抽样控制法，对林木资产的总蓄积量和各种森林类型的蓄积量进行调查核实；采用抽样调查法进行调查核实时，应正确划分抽样总体，抽样调查法详见附录A。

5.3.2.2 小班抽查法：提交的森林资源资产清单是森林资源规划设计调查和采伐作业设计调查资料时，宜采用小班调查法对森林资源资产清单的准确程度进行调查核实。小班抽查法是抽取部分森林资源资产清单上的小班进行调查核实，小班抽查法见附录B。

5.3.2.3 全面调查法：全面调查法是对森林资源资产清单上的全部小班逐个进行调查核实的方法。

5.4 核查精度要求

5.4.1 抽样调查法

5.4.1.1 精度判断标准

总体的蓄积量抽样精度达到90%以上，林地面积抽样精度达到95%以上。

5.4.1.2 资产清单判定标准

森林资源资产清单作为评估依据的判定标准：

a) 当森林资源资产清单上的资产总量在$(\bar{y}+\Delta_{\bar{y}})$区间内，资产清单可信，可作为评估的依据。

b) 当森林资源资产清单上的资产总量在$(\bar{y}+2\Delta_{\bar{y}})$区间内，应查明原因，通过补充调查等技术措施，对森林资源资产清单进行修正，落入$(\bar{y}+\Delta_{\bar{y}})$区间后，可以作为评估的依据。

c) 当森林资源资产清单上的资产总量落在$(\bar{y}+2\Delta_{\bar{y}})$区间外，资产清单不可信，不能作为评估的依据。

5.4.2 小班调查法

5.4.2.1 合格小班判定标准

5.4.2.1.1 不允许误差项

小班权属、地类、林种、树种、起源等核查项目不应有误，每个被核查小班不允许误差项中有一项有误为不合格小班。

5.4.2.1.2 允许误差项

各调查因子允许误差按《森林资源规划设计调查技术规程》（GB/T 26424—2010）中主要小班调查因子允许误差A级标准的规定执行。每个被核查小班允许误差项中有一项核查项目误差超出允许值为不合格小班。具体核查项目允许误差范围见表1。

表1   各调查因子允许误差范围表

核查项目	允许误差(%)	核查项目	允许误差(%)
小班面积	5	每公顷蓄积量	15
树种组成	5	每公顷株数	5
平均树高	5	每公顷断面积	5
平均胸径	5	造林成活率	5
平均年龄	10	造林保存率	5
郁闭度	5	材种出材率	5

5.4.2.2   资产清单判定标准

森林资源资产清单作为评估依据的判定标准：

a)当小班合格率≥90%时，森林资源资产清单的质量为合格，可以作为评估的依据。

b)当小班合格率<90%时，森林资源资产清单的质量不合格，不能作为评估的依据。

5.5   森林资源资产核查报告

5.5.1   概况

简述核查对象概况，包括地理位置、自然条件、社会经济情况、林业生产经营状况；核查的依据、目的、要求、组织、工作起止时间；评估委托方提交的资产清单简况；核查机构的资质、核查人员的组成状况等。

5.5.2   核查依据

叙述核查依据，采用的标准和各种数表。

5.5.3   核查方法

叙述核查采用的技术方法、核查对象抽取方法和各因子调查方法等。

5.5.4   核查结果

叙述、分析和评价对评估委托方提交的森林资源资产清单进行核查的结果、合格率、核查精度和误差。

5.5.5   结论

叙述通过核查和分析确定评估委托方提交的森林资源资产清单的可信程度，提出该森林资源资产清单是否可以接受作为评估的基础数据。

5.5.6   签章

核查报告要由相关人员签字，附《林业调查规划设计资质证书》并加盖核查机构法人章。

5.5.7   附表

附表主要包括：

a)核查记录表；

b)已进行补充调查的森林资源资产小班一览表；

c)各种森林资源资产实物量统计表。

5.5.8   附图

在评估委托方提供的林业基本图上应进行核查工作的标志，标明本次进行核查对象的空间位置、类型、面积等内容。如果原件与实地情况不符，则应标记修正的内容。

5.5.9　附件

主要包括林权证书（或权属证明文件）、核查机构资质证书等。

6　森林资源资产评估基本方法

6.1　市场法

6.1.1　市场价格倒算法

市场价格倒算法（又称剩余价值法）是将被评估的林木皆伐后所得木材的市场销售总收入，扣除木材生产经营所耗费的成本（含税、费等）及应得的利润后，剩余的部分作为林木资产评估值的一种方法。其计算公式为：

$$E = W - C - F \quad\cdots\cdots\cdots\cdots\cdots\cdots\cdots\cdots\cdots\cdots\cdots\cdots\cdots (1)$$

式中：E——评估值；

　　　W——木材销售总收入；

　　　C——木材生产经营成本；

　　　F——木材生产经营利润。

当森林培育与木材生产为同一方时，评估人员应结合评估目的等因素，恰当确定是否扣减木材生产经营利润 F。

6.1.2　市场成交价比较法

市场成交价比较法是将相同或类似的森林资源资产的现行市场成交价格作为比较基础，估算拟评估森林资源资产评估值的方法。对同一评估对象应选取三个以上参照交易案例，并从评估资料、评估参数指标等的代表性、适宜性、准确性方面，客观分析参照交易案例，对各估算结果进行分析判断后，可采用简单算术平均法、加权算术平均法、中位数法、众数法、综合分析法等方法确定评估结果，并在评估报告中披露所采用方法和理由。其中简单算术平均法计算公式为：

$$E = \frac{X}{N} \sum_{i=1}^{n} K_i \times K_{bi} \times G_i \quad\cdots\cdots\cdots\cdots\cdots\cdots\cdots\cdots\cdots (2)$$

式中：E——评估值；

　　　X——拟评估森林资产的实物量；

　　　K_i——第 i 个参照交易案例林分质量综合调整系数，综合调整系数的确定见附录 C；

　　　K_{bi}——第 i 个参照交易案例物价调整系数；

　　　G_i——第 i 个参照物的市场交易价格；

　　　N——参照交易案例个数。

6.2　收益法

6.2.1　收益现值法

收益现值法是通过估算被评估的森林资源资产在未来经营期内各年的预期净收益按一定的折现率（投资收益率）折算为现值，并累计求和得出被评估森林资源资产评估值的一种评估方法。其计算公式为：

$$E_n = \sum_{i=n}^{u} \frac{A_i}{(1+P)^{i-n+1}} \quad\cdots\cdots\cdots\cdots\cdots\cdots\cdots\cdots (3)$$

式中：E_n——评估值；

A_i——第 i 年的年净收益；

u——经营周期；

P——投资收益率；

n——林分年龄。

6.2.2　收获现值法

收获现值法是利用收获表预测被评估林木资产在主伐时净收益的折现值，扣除评估基准日后到主伐期间所支出的营林生产成本折现值的差额，作为被评估林木资产评估值的一种方法。其计算公式为：

$$E = K \times \frac{A_u + A_a (1 + P)^{u-a} + A_b (1 + P)^{u-b} + \cdots}{(1 + P)^{u-n+1}} - \sum_{i=n}^{u-1} \frac{C_i}{(1 + P)^{i-n+1}} \quad \cdots\cdots (4)$$

式中：E——评估值；

K——林分质量综合调整系数，综合调整系数的确定见附录C；

A_u——参照林分 u 年主伐时的净收益；

A_a，A_b——参照林分第 a、b 年的间伐和其他纯收益（$n>a$，b 时，A_a，$A_b=0$）；

u——经营周期；

n——林分年龄；

P——投资收益率；

C_i——评估后到主伐期间的年营林生产成本。

在林业生产实践中，间伐的成本在间伐净收益计算时扣除了，这阶段的营林成本主要是按面积分摊的年森林管护成本（V），其计算公式可简化为：

$$E = K \times \frac{A_u + A_a (1 + P)^{u-a} + A_b (1 + P)^{u-b} + \cdots}{(1 + P)^{u-n+1}} - \frac{V}{P}\left[1 - \frac{1}{(1 + P)^{u-n+1}}\right] \quad \cdots (5)$$

6.2.3　年金资本化法

年金资本化法是将被评估森林资源资产每年的稳定收益作为资本投资的收益，再按恰当的投资收益率求出资产的价值，使用该方法以实现森林资源永续利用为前提条件，其计算公式为：

$$E = \frac{A}{P} \cdots\cdots\cdots\cdots\cdots\cdots\cdots\cdots\cdots\cdots\cdots\cdots\cdots (6)$$

式中：E——评估值；

A——年平均纯收益；

P——投资收益率；

6.2.4　周期收益资本化法

周期收益资本化法是将被评估林木资产稳定的周期收益作为资本投资的收益，再按适当的投资收益率求出资产的价值，使用该方法以实现森林资源永续利用为前提条件。根据林木资产经营的具体情况，分为刚择伐后的林木资产评估和择伐 m 年后的林木资产评估。

6.2.4.1　刚择伐后的林木资产评估

林木择伐后要经过一个经营周期才达到下一次择伐期，其刚择伐后的林木资产评估的收益现值法计算公式为：

$$E = K \times \frac{A_u}{(1+P)^u - 1} - \frac{V}{P} \quad\cdots\cdots\cdots\cdots\cdots\cdots\cdots (7)$$

式中：E——刚择伐后的林木资产评估值；

$\quad\quad K$——林分质量综合调整系数，综合调整系数的确定见附录 C；

$\quad\quad A_u$——择伐的纯收益；

$\quad\quad V$——年森林管护成本；

$\quad\quad P$——投资收益率；

$\quad\quad u$——择伐周期。

6.2.4.2 择伐 m 年后林木资产评估

森林择伐 m 年后，随着林分生长逐渐接近下一次择伐期，林分的蓄积量在增长，林分的价值在增加，其择伐 m 年后的林木资产评估的收益现值法计算公式为：

$$E = K \times \frac{A_u \times (1+P)^m}{(1+P)^u - 1} - \frac{V}{P} \quad\cdots\cdots\cdots\cdots\cdots\cdots\cdots (8)$$

式中：E——择伐 m 年后的林木资产评估值；

$\quad\quad K$——林分质量综合调整系数，综合调整系数的确定见附录 C；

$\quad\quad A_u$——择伐的纯收益；

$\quad\quad V$——年森林管护成本；

$\quad\quad P$——投资收益率；

$\quad\quad u$——择伐周期；

$\quad\quad m$——距评估基准日最近一次择伐的年限。

6.2.4.3 未成熟林的林木资产评估

未成熟林先按成熟林的择伐纯收益和计算公式计算价值，再将其折为现值，计算公式为：

$$E = K \times \frac{A_u \times (1+P)^u}{[(1+P)^u - 1] \times (1+P)^{q-n}} - \frac{V}{P} \quad\cdots\cdots\cdots\cdots\cdots\cdots\cdots (9)$$

式中：E——未成熟林的林木资产评估值；

$\quad\quad K$——林分质量综合调整系数，综合调整系数的确定见附录 C；

$\quad\quad A_u$——参照林分 m 年时择伐的纯收益；

$\quad\quad V$——年森林管护成本；

$\quad\quad P$——投资收益率；

$\quad\quad u$——择伐周期；

$\quad\quad q$——林分成熟年龄；

$\quad\quad n$——林分年龄。

6.3 成本法

重置成本法是按现时的工价及生产水平重新营造一块与被评估森林资源资产相类似的森林资源资产所需的成本费用，作为被评估森林资源资产的评估值。其计算公式为：

$$E_n = K \cdot \sum_{i=1}^{n} C_i \cdot (1 + P)^{n-i+1} \quad\cdots\cdots\cdots\cdots\cdots\cdots\cdots\cdots \quad (10)$$

式中：E_n——评估值；

　　　K——林分质量综合调整系数，综合调整系数的确定见附录C；

　　　C_i——第 i 年的以现时工价及生产水平为标准的生产成本；

　　　n——林分年龄；

　　　P——投资收益率。

7　用材林资产评估

7.1　同龄林资产评估

7.1.1　成、过熟林资产评估宜选用木材市场价倒算法。见式(1)，应恰当确定拟评估林分的各材种的出材率、销售价格、木材生产成本、各种税费和木材生产阶段的合理利润等。

7.1.2　中林龄及近熟林资产评估宜采用收获现值法。见式(4)，主伐时间 u 应取该林分所属森林经营类型的主伐年龄的龄级上限、下限之间的年龄，并应恰当确定标准林分 u 年主伐时的净收益，技术经济指标按评估基准日时点取值。

7.1.3　幼龄林资产评估宜采用重置成本法。见式(10)，在用材林的经营过程中，资产的使用仅形成资本的累积，使用过程中没有收益，要到主伐时一次性收回。因此，不存在用材林资产的折旧，即不应有成新率。

7.1.4　在林木资产交易市场公开、活跃、发育完善的条件下，宜采用市场成交价比较法。该方法适用于各龄组的林木资产评估，但应恰当选取 3 个以上参照交易案例。

7.1.5　在林木资产评估中，应恰当衔接各龄组间林木资产评估结果，短周期的林木资产评估中，幼龄林采用重置成本法时，应恰当考虑投资的增值收益。

7.2　异龄林资产评估

7.2.1　根据异龄林的特点，异龄林的资产评估宜采用周期收益资本化法和市场成交价比较法。

7.2.2　根据异龄林经营的具体情况，分为刚择伐后、择伐 m 年后和未成熟的异龄林资产评估，见式(7)~式(9)。择伐周期与择伐强度的确定：

　　a)择伐周期的确定可用择伐强度与择伐后林分蓄积量的平均生长率计算，其计算公式为：

$$u = \frac{-\log(1-s)}{\log(1+p)} \quad\cdots\cdots\cdots\cdots\cdots\cdots\cdots\cdots\cdots\cdots \quad (11)$$

式中：u——择伐周期；

　　　s——择伐强度；

　　　p——蓄积生长率。

　　b)择伐强度按《森林采伐作业规程》(LY/T 1646—2005)的规定执行。

7.2.3　由于异龄林结构与经营特殊性，在异龄林资产评估中，应合理确定择伐周期、择伐强度、出材率和各项收入及成本费用。

7.2.4 由于异龄林的林相较同龄林复杂，采用市场成交价比较法时，其林分质量调整系数的确定应考虑树种结构、径级分布、蓄积量、立地等级和地利条件等，测算公式见式(2)。

7.2.5 当异龄林资产评估为有期限(n年)时，则周期收益资本化法计算公式为：

a) 刚择伐后的异龄林资产评估

$$E_n = \left[\frac{A_u}{(1+P)^u - 1} - \frac{V}{P} \right] \times \left[1 - \frac{1}{(1+P)^n} \right] \quad\cdots\cdots\cdots\cdots (12)$$

b) 择伐 m 年后的异龄林资产评估

$$E_n = \left[\frac{A_u \times (1+P)^m}{(1+P)^u - 1} - \frac{V}{P} \right] \times \left[1 - \frac{1}{(1+P)^n} \right] \quad\cdots\cdots\cdots (13)$$

c) 未成熟的异龄林资产评估

$$E_n = \left[K \times \frac{A_u \times (1+P)^u}{\left[(1+P)^u - 1 \right] \times (1+P)^{q-n}} - \frac{V}{P} \right] \times \left[1 - \frac{1}{(1+P)^n} \right] \cdots\cdots (14)$$

8 竹林资产评估

8.1 新造未投产竹林资产评估

8.1.1 新造竹林资产投资的成本明确，宜采用重置成本法，也可用市场成交价比较法，重置成本法见式(10)，市场成交价比较法见式(2)。

8.1.2 采用重置成本法时，成本的计算应以社会的平均成本计算，并且应达到一定质量标准。因此，应对现在林分立竹的成活和生长情况等进行比较，以确定一个综合调整系数。

8.1.3 由于竹林培育成林的短周期性与后续收益的连续和稳定性，使用重置成本法时应考虑其增值收益。

8.2 已投产竹林资产评估

8.2.1 结构不合理的竹林

8.2.1.1 收益现值法

8.2.1.1.1 花年竹林

花年竹林即大小年不明显的竹林，花年竹林收益现值法是将收益值分为调整期和稳产期两段进行计算。调整期应根据竹林的现有年龄结构确定，但调整期最长不应超过 6 年。花年竹林的收益现值法计算公式为：

$$E = \sum_{i=1}^{m} \frac{A_i}{(1+P)^i} + \frac{AI}{P \times (1+P)^m} \quad\cdots\cdots\cdots\cdots (15)$$

式中：E——评估值；

$\quad m$——调整期的年数；

$\quad A_i$——调整期内第 i 年的净收益；

$\quad AI$——进入稳产期时的年净收益；

$\quad P$——投资收益率。

8.2.1.1.2 大小年竹林

评估大小年明显的竹林，可将其看成两个以 2 年为周期进行永续经营的总体，并将其收益现值相加，再加上调整期内的收益现值。其计算公式为：

$$E = \sum_{i=1}^{m} \frac{A_i}{(1+P)^i} + \frac{AI_1 \times (1+P) + AI_2}{[(1+P)^2 - 1] \times (1+P)^m} \quad \cdots\cdots\cdots\cdots\cdots (16)$$

式中：E——评估值；

$\quad m$——调整期的年数；

$\quad A_i$——调整期内第 i 年的净收益；

$\quad AI_1$——进入稳产期后大年的年净收益；

$\quad AI_2$——进入稳产期后小年的年净收益；

$\quad P$——投资收益率。

8.2.1.2 有限期竹林资产评估方法

收益现值法是竹林在永续经营的前提下，或无期限转让，当竹林经营或转让为有限期（n 年）时，竹林资产评估计算公式为：

a）花年竹林

$$E_n = \left[\sum_{i=1}^{m} \frac{A_i}{(1+P)^i} + \frac{AI}{P \times (1+P)^m} \right] \times \left[1 - \frac{1}{(1+P)^n} \right] \quad \cdots\cdots\cdots\cdots (17)$$

b）大小年竹林

$$E_n = \left[\sum_{i=1}^{m} \frac{A_i}{(1+P)^i} + \frac{AI_1 \times (1+P) + AI_2}{[(1+P)^2 - 1] \times (1+P)^m} \right] \times \left[1 - \frac{1}{(1+P)^n} \right] \quad \cdots (18)$$

8.2.1.3 市场成交价比较法

结构不合理的竹林（包括花年竹林和大小年竹林）资产评估的市场成交价比较法见式（2）。

8.2.2 结构合理的竹林

8.2.2.1 年金资本化法

8.2.2.1.1 花年竹林

花年竹林的竹材、竹笋产量稳定，投入也稳定，其资产评估可直接用年金资本化法，见式（6）。

8.2.2.1.2 大小年竹林

大小年竹林的收入已达稳定，但大小年的收入差异明显，因此，可看作 2 年为周期的两个总体的年金相加。其计算公式为：

$$E = \frac{AI_1 \times (1+P) + AI_2}{(1+P)^2 - 1} \quad \cdots\cdots\cdots\cdots\cdots\cdots\cdots\cdots\cdots (19)$$

式中：E——评估值；

$\quad AI_1$——进入稳产期后大年的年净收益；

$\quad AI_2$——进入稳产期后小年的年净收益；

$\quad P$——投资收益率。

8.2.2.2 有期限竹林评估法

年金资本化法是竹林在永续经营的前提下，或无期限转让，当竹林经营或转让为有限期（n 年）时，竹林资产评估计算公式为：

a）花年竹林

$$E_n = \frac{A}{P} \times \left[1 - \frac{1}{(1+P)^n} \right] \quad\cdots\cdots\cdots\cdots\cdots\cdots\cdots (20)$$

b）大小年竹林

$$E_n = \left[\frac{AI_1 \times (1+P) + AI_2}{(1+P)^2 - 1} \right] \times \left[1 - \frac{1}{(1+P)^n} \right] \quad\cdots\cdots\cdots (21)$$

8.2.2.3　市场成交价比较法

结构合理的竹林(包括花年竹林和大小年竹林)资产评估的市场成交价比较法见式(2)。

9　经济林资产评估

9.1　产前期经济林资产评估

产前期经济林资产评估宜选用重置成本法，在经济林交易市场公开、活跃、发育完善的条件下，也可使用市场成交价比较法。重置成本法见式(10)，市场成交价比较法见式(2)。

9.2　初产期经济林资产评估

9.2.1　重置成本法

经济林资产评估中重置成本的全价应计算到经济林资产年经营收入大于年投入的前一年，并通过经济林林分质量调整系数来修正重置成本值，以确定经济林资产评估值。

当 $n>m$ 时，其计算公式为：

$$E = K \times \sum_{i=1}^{m} (C_i - A_i) \times (1+P)^{m-i+1} \quad\cdots\cdots\cdots\cdots\cdots (22)$$

当 $n<m$ 时，其计算公式为：

$$E = K \times \sum_{i=1}^{n} (C_i - A_i) \times (1+P)^{n-i+1} \quad\cdots\cdots\cdots\cdots\cdots (23)$$

式中：E——评估值；

K——林分质量综合调整系数，综合调整系数的确定见附录C；

C_i——第 i 年投入；

A_i——第 i 年经营收入；

P——投资收益率；

m——投入大于经营收入的年数；

n——林分年龄。

9.2.2　收益现值法

初产期阶段采用收益现值法应明确该品种经济林的经济寿命，拟评估经济林初产期和盛产期的平均产量，并分段计算。其计算公式为：

$$E = K \times \left\{ \sum_{i=n}^{n_1-1} \frac{A_i}{(1+P)^{i-n+1}} + AI \times \frac{(1+P)^{n-n_1+1}-1}{P \times (1+P)^{u-n+1}} + \frac{AJ}{(1+P)^{u-n+1}} \right\} \quad\cdots\cdots (24)$$

式中：E——评估值；

K——林分质量综合调整系数，综合调整系数的确定见附录C；

　　　　AI——盛产期平均年净收益；

　　　　AJ——经济寿命期末经济林木材的净收益；

　　　　A_i——初产期各年的净收益；

　　　　u——经济寿命期；

　　　　n——林分的年龄；

　　　　n_1——盛产期的开始年；

　　　　P——投资收益率。

9.2.3　市场成交价比较法

　　经济林初产期市场成交价比较法见式(2)。

9.3　盛产期经济林资产评估

9.3.1　收获现值法

　　盛产期是经济林资产获取收益的阶段，这一阶段产品产量高、收益多且相对稳定，其资产评估值的计算公式为：

$$E = K \times AI \times \frac{(1+P)^{u-n+1}-1}{P \times (1+P)^{u-n+1}} \quad\cdots\cdots\cdots\cdots\cdots\cdots\cdots\cdots\cdots\cdots\cdots（25）$$

式中：E——评估值；

　　　　K——林分质量综合调整系数，综合调整系数的确定见附录 C；

　　　　AI——盛产期内年净收益；

　　　　u——经济寿命期；

　　　　n——林分年龄；

　　　　P——投资收益率。

9.3.2　市场成交价比较法

　　经济林盛产期市场成交价比较法见式(2)。

9.4　衰产期经济林资产评估

　　衰产期经济林的产量明显下降，继续经营将是高成本低收益，甚至出现亏损，因此应及时采伐更新。这个阶段的经济林资产可用剩余价值法进行评估。特别是乔木树种的经济林中，剩余价值主要是林木的价值。

10　防护林和特种用途林资产评估

10.1　防护林资产评估

　　防护林是以水土保持、防风固沙、改善生态环境等防护功能为主要目的的森林。防护林资产评估应考虑林木的价值和生态服务价值。

10.2　实验林资产评估

　　实验林是以提供教学或科学研究实验场所为主要目的的森林。实验林资产评估宜选用收益净现值法和成本法。在采用收益净现值法时，收益的预测应在满足原经营目的条件下进行；在采用成本法时，应考虑历史成本的投入。

10.3　母树林资产评估

　　母树林是以培育优良种子为主要目的的森林。母树林林木资产评估宜参照经济林林木资产评估的方法进行。在评估时应充分考虑母树林木材价值较高和优良种子资源保存价值的特点。

10.4 风景林、名胜古迹和革命纪念林资产评估

参见森林景观资产评估的方法。

10.5 环境保护林资产评估

参见防护林资产评估的方法。

10.6 国防林资产评估

依据特殊性恰当选择评估方法，并要通过实际调查确定标准和参数。

10.7 自然保护区森林资产评估

参见森林景观资产评估和防护林资产评估的方法。

11 林地资产评估

11.1 市场成交价比较法

市场成交价比较法是以具有相同或类似条件林地的现行市价作为比较基础，估算林地评估值的方法。评估时应选取三个以上与拟评估的林地条件相类似的参照交易案例，并从评估资料、评估参数指标等的代表性、适宜性、准确性等方面，客观分析参照交易案例，对各估算结果进行分析判断后，可采用简单算术平均法、加权算术平均法、中位数法、众数法、综合分析法等方法确定评估结果，并在评估报告中披露所采用的方法和理由。其中简单算术平均法计算公式为：

$$E = \frac{S}{N} \sum_{i=1}^{n} K_i \times K_{bi} \times G_i \quad\cdots\cdots\cdots\cdots\cdots\cdots (26)$$

式中：E——评估值；

S——拟评估林地面积；

K_i——林地质量调整系数，调整系数的确定见附录C；

K_{bi}——物价指数调整系数；

G_i——参照案例的单位面积林地交易价格；

N——参照交易案例个数。

11.2 林地期望价法

林地期望价法以实现森林永续利用为前提，并假定每个轮伐期林地上的收益相同，支出也相同，从无林地造林开始进行计算，将无穷个轮伐期的净收益全部折为现值累加求和作为拟评估林地资产评估值。其计算公式为：

$$E = \frac{A_u + A_a(1+P)^{u-a} + A_b(1+P)^{u-b} + \cdots - \sum_{i=1}^{u} C_i \times (1+P)^{u-i+1}}{(1+P)^u - 1} - \frac{V}{P} \cdots\cdots\cdots (27)$$

式中：E——林地期望价；

A_u——林分 u 年主伐时的净收益；

A_a，A_b——分别为一个轮伐期内第 a 年、第 b 年间伐或其他净收益；

C_i——各年度营林直接投资；

V——平均营林生产间接费用；

u——轮伐期；

P——投资收益率。

11.3　年金资本化法

年金资本化法是以实现森林永续利用为前提，且林地每年有稳定的收益，按恰当的投资收益率求出林地资产价值的方法，见式(6)。

11.4　使用权有限期林地评估

林地期望价法、年金资本化法均要求林地使用权为无限期。当林地使用权为有限期(n年)时，其计算公式为：

a) 林地期望价法

$$E_n = \left[\frac{A_n + A_a(1+P)^{u-a} + A_b(1+P)^{u-b} + \cdots - \sum_{i=1}^{u} C_i \times (1+P)^{u-i+1}}{(1+P)^u - 1} - \frac{V}{P} \right] \times \left[1 - \frac{1}{(1+P)^n} \right] \cdots (28)$$

b) 年金资本化法

$$E_n = \frac{A}{P} \times \left[1 - \frac{1}{(1+P)^n} \right] \cdots\cdots\cdots\cdots\cdots\cdots (29)$$

式中：E_n——林地使用权为 n 年的评估值；

A——年平均收益；

n——林地使用权期限；

P——投资收益率。

11.5　林地费用价法

林地费用价法是用取得林地所需要的费用和把林地维持到现在状态所需的费用来确定林地价格的方法，其计算公式为：

$$E = CI \times (1+P)^n + \sum_{i=1}^{n} C_i \times (1+P)^{n-i+1} \cdots\cdots\cdots\cdots (30)$$

式中：E——林地评估值；

CI——林地购置费；

C_i——林地购置后第 i 年的林地改良费；

n——林地购置年限；

P——投资收益率。

林地费用价法适用于林地购入后经改良使之适合于林业用途的林地评估。

11.6　用材林林地资产评估

11.6.1　同龄林林地资产评估宜选用市场成交价比较法和林地期望价法。市场成交价比较法见式(26)，林地期望价法见式(27)和式(28)。选用林地期望价法时应注意以下特殊情况：

a) 因地力衰退需要轮作；

b) 轮作后造林成本不同；

c) 轮作后纯收益和轮伐期不同。

11.6.2 异林龄林地资产评估宜选用周期收益资本化法和市场成交价比较法。市场成交价比较法见式（26），周期收益资本化法见式（7）~式（9）、式（12）~式（14）。由于异林龄的结构与经营特点，选用周期收益资本化法时应对土地的价值与林木的价值进行分割，分割方式有2种，比例系数法和剩余价值法：

a）比例系数法是将用周期收益资本化法计算的异林龄的收益现值按规定（约定或当地森林经营的习惯）比例分为林地价值和林木价值两部分。

b）剩余价值法是将用周期收益资本化法计算的异林龄的收益现值，减去林地上现有林木价值余额作为林地的价值。

11.7 竹林林地资产评估

竹林林地资产评估宜选用收益现值比例系数法、年金资本化法和市场成交价比较法。收益现值比例系数法见式（15）~式（18），比例系数按规定（约定或当地森林经营的习惯）确定。年金资本化法见式（6）、式（19）~式（21）。市场成交价比较法见式（26）。

11.8 经济林林地资产评估

经济林林地资产评估宜选用林地期望价法、年金资本化法和市场成交价比较法。年金资本化法见式（6）。市场成交价比较法见式（26），林地质量调整系数除考虑一般规定外，还应考虑树种、品种和林龄等。林地期望价法计算公式为：

$$B_u = \frac{\sum_{i=1}^{u} A_i (1+P)^{u-i+1} - \sum_{i=1}^{u} C_i (1+P)^{u-i+1}}{(1+P)^u - 1} \quad\cdots\cdots\cdots\cdots\cdots (31)$$

式中：B_u——林地期望价；

A_i——各年销售收入；

C_i——各年经营成本；

u——经济寿命期；

P——投资收益率。

为了便于计算，当造林投资基本一致，盛产期收入基本相同，初产期收入基本相近，每年营林生产成本大体也基本一样时，计算公式可简化为：

$$B_u = \frac{A_n \times [(1+P)^n - 1] \times (1+P)^{u-n} \div P + A_m \times [(1+P)^m - 1] \div P - C(1+P)^u}{(1+P)^u - 1} - \frac{V}{P}$$

$$\cdots\cdots\cdots\cdots\cdots\cdots\cdots\cdots\cdots\cdots\cdots (32)$$

式中：B_u——林地期望价；

A_n——初产期平均年收益；

A_m——盛产期平均年收益；

V——年平均营林生产成本；

C——造林时投资；

n——初产期年数；

m——盛产期年数；

P——投资收益率。

12　森林景观资产评估

12.1　市场成交价比较法

市场成交价比较法是以相同或类似森林景观资产的市场价格作为比较基础，估算评估对象价值的方法。其计算公式为：

$$E = \frac{S}{N} \sum_{i=1}^{n} K_i \times K_{bi} \times G_i \quad\cdots\cdots\cdots\cdots\cdots\cdots\cdots (33)$$

式中：E——评估值；

S——拟评估森林景观资产的有效利用面积；

K_i——森林景观质量调整系数；

K_{bi}——旅游消费水平调整系数，调整系数的确定见附录C；

G_i——参照案例的有效利用面积的市场价格；

N——参照交易案例个数。

12.2　年金资本化法

对市场发育比较成熟，年均收益相对稳定，景观资源开发、建设和管理已日趋完善的森林景观资产的价值评估宜选择年金资本化法，见式(6)。

12.3　模拟开发法（又称假设开发法）

此方法是森林景观资产评估中最常用的方法。模拟开发法是假设景区在科学、合理、有效的开发建设条件下，预测未来开发建设的投资、经营成本、经营收益，并将其净收益的折现值之和作为森林景观资产评估值的一种方法。模拟开发法的测算分为两个阶段，一是开发与发展阶段，二是稳定经营阶段。在开发与发展阶段，逐年计算其投资成本、经营成本及投资利润，并将其折为现值；在稳定经营阶段，利用年金资本化法公式将其超额利润折为现值，将两个阶段的折现值之和作为该景区森林景观资产的评估值。其计算公式为：

$$E = \sum_{i=1}^{n} \frac{A_i - C_i - F_i}{(1+P)^i} + \frac{AI}{P(1+P)^n} \quad\cdots\cdots\cdots\cdots\cdots (34)$$

式中：E——评估值；

A_i——第i年的预期经营收入；

C_i——第i年的投资与经营成本；

F_i——投资利润；

AI——景区开发建设成熟后，收益稳定阶段年净收益；

n——景区开发建设和收益不稳定期；

P——投资收益率。

12.4　重置成本法

森林景观资产的重置成本包括森林和旅游设施的重置成本。森林景观资产重置成本法的计算公式为：

$$E = K \times \sum_{i=1}^{n} C_i \times (1+P)^{n-i+1} + CI \quad\cdots\cdots\cdots\cdots\cdots (35)$$

式中：E——评估值；

　　K——森林景观资产质量调整系数，调整系数的确定见附录 C；

　　C_i——第 i 年的营林投入；

　　CI——旅游设施重置成本；

　　n——林龄；

　　P——投资收益率。

13　森林资源资产评估报告

森林资源资产评估报告的内容参见附录 E。

附录 A
（规范性附录）
抽样调查法

A.1　概述

抽样调查法是一种建立在概率论基础上的调查方法。应用这种方法应以评估对象为抽样总体，按照随机、系统、分层等抽样调查方式的要求，在抽样总体中布设一定数量的样地作为样本，进行实地测定后估测评估对象的森林资源资产数量与状况。

A.2　抽样技术方法

A.2.1　简单随机抽样调查法

简单随机抽样是从抽样总体中，随机等概率地抽取足够数量的总体单元组成样本，用样本的测定值来估计总体的一种调查方法。

A.2.1.1　确定样本总体

总体范围的确定与核查目的有关。当核查只是要了解整个评估对象的林木资产总量，则可将整个评估对象作为一个抽样总体。如果要了解其中的一部分或某种类型的资产量，就需要以这一部分区域或类型作为抽样总体。

A.2.1.2　确定样地的形状和大小

在森林资源调查中宜使用方形样地，但在地形平坦，通视良好的情况下也可以采用圆形样地。

在抽样总体中，样地面积大小的确定，要考虑调查方法、林分年龄、林分内部的一致性、工作效率等因素，样地面积宜采用 $0.067hm^2$。

A.2.1.3　确定样本单元数

样地的形状和大小确定之后，计算所需样本单元数：

$$n = \frac{t^2 c^2}{E^2} \quad \cdots\cdots\cdots\cdots\cdots\cdots\cdots\cdots\cdots\cdots\cdots\cdots\cdots (A.1)$$

式中：n——样本单元（样地）数；

　　　t——可靠性指标，当可靠性要求达到95%时，t 取值为1.96；

　　　c——总体单元（样地、样本单元）蓄积量的变动系数；

　　　E——要求达到的估计值相对误差。

为确保调查精度，实际工作中宜在上述计算的样本单元数上增加10%~20%的安全系数。

A.2.1.4　样地布点

用一张较密的网点板覆盖在平面图或林业基本图上，用随机数字表抽取样本单元的纵横坐标，然后落实到图面上，这些点即为样地位置。

A.2.1.5 样地设置

在图面上量算距样地最近的明显地物点与样地的方位角和距离，然后引点定位。在现地设置样地，进行样地调查。

当林地坡度大于5°时，应将测量的斜距按实际坡度改算为水平距离。样地周界测量的闭合差不应超过1/200。

A.2.1.6 特征数计算

计算总体平均数估计值 $\bar{y}$：

$$\bar{y} = \frac{1}{n}\sum_{i=1}^{n} y_i \quad\cdots\cdots \text{（A.2）}$$

式中 y_i——样本单元观察值（野外测定的样地蓄积量）；

n——样本单元数（野外测定的样地个数）。

方差估计值：

$$S^2 = \frac{1}{n-1}\sum_{i=1}^{n}(y_i - \bar{y})^2 = \frac{1}{n-1}\left[\sum_{i=1}^{n} y_i^2 - \frac{1}{n}\left(\sum_{i=1}^{n} y_i\right)^2\right] \quad\cdots\cdots \text{（A.3）}$$

标准差估计值：

$$S = \sqrt{\frac{\sum_{i=1}^{n}(y_i - \bar{y})^2}{n-1}} \quad\cdots\cdots \text{（A.4）}$$

平均数估计值的方差（即样本平均数方差）：

$$S_{\bar{y}}^2 = \frac{S^2}{n} \quad\cdots\cdots \text{（A.5）}$$

标准误差：

$$S_{\bar{y}} = \sqrt{S_{\bar{y}}^2} = \frac{S}{\sqrt{n}} \quad\cdots\cdots \text{（A.6）}$$

估计误差：

$$\Delta_{\bar{y}} = t \times S_{\bar{y}} \quad\cdots\cdots \text{（A.7）}$$

估计区间（置信区间）：

$$\bar{y} \pm \Delta_{\bar{y}} \quad\cdots\cdots \text{（A.8）}$$

相对误差：

$$E = \frac{\Delta_{\bar{y}}}{\bar{y}} \times 100\% \quad\cdots\cdots \text{（A.9）}$$

估计精度：

$$P_c = 1 - E \quad\cdots\cdots \text{（A.10）}$$

A.2.2 系统（机械）抽样调查法

除样本抽取的方式外，系统抽样与简单随机抽样的做法相同。系统抽样样地的抽取方法是在随机起点之后，从含有 N 个单元的总体中，按照一定的间隔抽取 n 个样本单元组成样本。其优点是，样本单元能比较均匀分布在总体范围里，在无偏差的条件下，可以有比简单随机抽样更好的效果。在系统抽样中，采用下式计算系统配置的样地间距：

$$d = \sqrt{\frac{A}{n}} \times 100 \quad\cdots\cdots\cdots\cdots\cdots\cdots\cdots\cdots\cdots\cdots\text{（A.11）}$$

式中：d——样地间距，m；

    A——总体面积，hm^2；

    n——样本单元个数。

采用系统抽样时，应避免森林资源的周期性分布与系统抽样样地布设周期一致，从而出现有偏估计。如果发现出现了这种周期性耦合，可以将用作布点的网点板旋转 45° 重新布点。

A.2.3 分层抽样法

A.2.3.1 分层抽样概述

将总体按照一个既定的分层方案分成若干层，在层内随机或系统抽取样本单元组成样本，这种按由层到总体的顺序估计总体的抽样方法称为分层抽样。

分层抽样总体平均数估计值的方差 $\delta_{\bar{y}}^2$ 计算公式为：

$$\delta_{\bar{y}}^2 = \sum_{h=1}^{L} W_h^2 \delta_{\bar{y}}^2 \quad\cdots\cdots\cdots\cdots\cdots\cdots\cdots\cdots\text{（A.12）}$$

式中：L——层数；

    W_h——第 h 层的面积权重；

    $\delta_{\bar{y}}^2$——第 h 层层平均数估计值的方差。

A.2.3.2 确定分层方案

资源核查的目的决定分层方案的确定，例如为了查清森林资源的蓄积量，那么就应以影响森林蓄积的树种、林龄和郁闭度为分层因子，其目的是尽量缩小层内方差，扩大层间方差。表 A.1 说明分层方案的例子。

表 A.1 分层方案

分层因子	级 距
优势树种	落叶林、白桦、柞树
林龄组	幼龄林、中林龄、近成过熟林
郁闭度	≤0.3、0.4~0.6、≥0.7

A.2.3.3 划分层化小班

根据确定的分层因子及级距，在总体中划分层化小班。在森林资源核查中，宜利用林相图完成分层工作。

依据森林资源资产清单所列各小班属性，将所有小班进行分层。

A.2.3.4 计算各层面积权重

分层求算出各层的权重：

$$W_h = \frac{A_h}{A} \quad\cdots\cdots\cdots\cdots\cdots\cdots\cdots\cdots\cdots\cdots\text{（A.13）}$$

式中：W_h——第 h 层的面积权重；

A_h——属于第 h 层的全部小班的面积之和；

A——核查总体的总面积。

A.2.3.5　样本单元数的确定和分配

各层样本单元数的分配可采用比例分配法、最优分配法和经济分配法。在等比例重复抽样前提下，样本单元数 n 计算公式为：

$$n = \frac{t^2 \sum_{h=1}^{L} W_h \delta_h^2}{E^2 \bar{y}^2} \quad\cdots\cdots\cdots\cdots\cdots\cdots\cdots\cdots\cdots (A.14)$$

式中：t——可靠性指标；

δ_h^2——样本方差；

E——相对误差；

$\bar{y}$——总体蓄积量平均数。

为简便，也可以使用近似公式计算：

$$n = \frac{t^2 \sum_{h=1}^{L} W_h C_h^2}{E^2} \quad\cdots\cdots\cdots\cdots\cdots\cdots\cdots\cdots\cdots (A.15)$$

式中：C_h——层变动系数。实践中，常按面积比例分配各层的样地数量。

A.2.3.6　样地布点

参见 A.2.1.4。

A.2.3.7　样地的现地设置

参见 A.2.1.5。现地设置的每一个调查样地均不能跨越既定的层。

A.2.3.8　特征数计算

首先计算各层的层平均值（层平均数估计值）$\bar{y}_h$、方差 S_h^2 和标准误 $S_{\bar{y}h}^2$。

$$\bar{y}_h = \frac{1}{n_h} \sum_{i=1}^{n_h} y_{hi}^2 \quad\cdots\cdots\cdots\cdots\cdots\cdots\cdots\cdots\cdots (A.16)$$

式中：n_h——第 h 层的样本单元数；

y_{hi}——第 h 层的第 i 个样本单元的观测值。

$$S_h^2 = \frac{1}{n_h - 1} \left[\sum_{i=1}^{n_h} y_{hi}^2 - \frac{\left[\sum_{i=1}^{n} y_{hi}\right]^2}{n_h} \right] \quad\cdots\cdots\cdots\cdots\cdots (A.17)$$

$$S_{\bar{y}h}^2 = \frac{S_h^2}{n_h} \quad\cdots\cdots\cdots\cdots\cdots\cdots\cdots\cdots\cdots (A.18)$$

其次计算总体平均数的分层抽样估计值 $\bar{y}$ 及其方差估计 $S_{\bar{y}}^2$ 和其他特征数：

$$\bar{y} = \sum_{h=1}^{t} W_h \bar{y}_h \quad\cdots\cdots\cdots\cdots\cdots\cdots\cdots\cdots\cdots (A.19)$$

式中：W_h——第 h 层的权重。

$$S_{\bar{y}}^2 = \sum_{h=1}^{L} W_h^2 S_{\bar{y}h}^2 \quad\cdots\cdots\cdots\cdots\cdots\cdots\cdots\cdots\cdots (A.20)$$

$$S_{\bar{y}} = \sqrt{S_{\bar{y}}^2} \quad \cdots\cdots\cdots\cdots\cdots\cdots\cdots\cdots\cdots \text{（A.21）}$$

$$\Delta_{\bar{y}} = t\Delta S_{\bar{y}} \quad \cdots\cdots\cdots\cdots\cdots\cdots\cdots\cdots \text{（A.22）}$$

t 值按自由度为 $n-l$ 在小样本 t 分布表中查得。

$$E = \frac{\Delta_{\bar{y}}}{\bar{y}} \times 100\% \quad \cdots\cdots\cdots\cdots\cdots\cdots\cdots \text{（A.23）}$$

$$P = 1 - E \quad \cdots\cdots\cdots\cdots\cdots\cdots\cdots\cdots \text{（A.24）}$$

置信区间：

$$\bar{y}_h \pm \Delta_{\bar{y}} \quad \cdots\cdots\cdots\cdots\cdots\cdots\cdots\cdots \text{（A.25）}$$

附录 B
（规范性附录）
小班抽查法

B.1 概述

小班抽查法，是采用随机抽取或者典型选样的方法，在拟评估森林资源资产清单中抽取一定数量的小班进行现地调查，以期确认森林资源资产清单正确程度的一种森林资源资产核查方法。

B.2 技术方法

B.2.1 核查对象与数量的确定

B.2.1.1 核查小班数量

核查的小班个数要依据评估目的、林分状况等因素来确定。核查面积应执行国家林业局《森林资源规划设计调查技术规程》（GB/T 26424—2010）中的相关规定。

B.2.1.2 核查小班的抽取

核查小班的抽取方法可视被评估对象的具体情况，采用随机抽样法、机械抽取法或典型选样法。

B.2.1.2.1 随机抽取法

按森林资源资产清单的顺序，赋予小班顺序号，直至最后。然后利用随机数表或计算机随机数发生器获得随机数，凡数值小于或等于小班总个数的，其对应的小班即认为被抽中，直至预定抽取的小班数量为止。

B.2.1.2.2 机械抽取法

按森林资源资产清单的顺序，将小班面积逐个相加，并逐个小班记下累计面积数，直至最后。

将小班面积总累计值除以预定要抽取的小班个数，得一间隔值（步长），再利用随机数表获得小于此间隔值作为起始点，每增加一个间隔值的数，即为抽中数，该数所在的小班即为抽中的小班。

B.2.1.2.3 典型选样法

典型选样法的做法是，根据情况先将被评估对象按林种、土地类型、森林类型和龄组等因子分类，然后在各类中选取有代表性的一定数量小班，选取小班时除考虑林分因子外，还要考虑交通条件、居民点、人口分布等社会经济条件。选取时可用林相图或林业基本图作辅助。

B.2.2　现地核查

核查人员持林相图或林业基本图及小班调查卡片，逐个在现地定位被抽中小班，确定无误后，按既定的核查技术方案要求进行核查。

小班核查可采用目测法、实测法和典型标准地(带)法，具体方法如下：

a)目测法

目测法是调查员在用一些测树工具、仪器深入小班内部选择足够数量且有代表性的调查点进行测量后，充分利用森林生长发育的规律性来判定各种小班调查因子的方法。这种方法要求调查员应掌握坚实的专业理论基础和熟练的森林调查专业技能，还应在调查之前，接受严格的目测调查训练，经过考核成绩合格者，才允许进行目测调查。

b)实测法

依据《森林资源规划设计调查技术规程》(GB/T 26424—2010)，在小班范围内，通过随机、机械或其他抽样的方法，布设圆形、方形、带状或角规样地，在样地内实测各项调查因子，由此推算小班调查因子。布设的样地应符合技术规范，样地数量应满足本标准第5章的精度要求。

c)典型标准地(带)法

当林分比较单纯、林木分布比较均匀一致，可采用在小班有代表性的地段设置标准地(带)，在标准地内实测各调查因子，用标准地数据推算小班各调查因子。

附录 C

（规范性附录）

林分质量综合调整系数 K 值和投资收益率 P 值的确定

C.1 林分质量综合调整系数 K 值的确定

在森林资源资产评估中，由于林分不是规格产品，它们的市场价值随着林分生长状态、立地条件及所处地理位置（地利等级）的不同而发生变化。各种评估方法测算出的评估值都是某一状态下的整体林分的价值。要将这些价值落实到每个具体的拟评估的林分，就应通过一个林分质量调整系数 K 将拟评估林分与参照林分的价格联系起来。K 值的大小对评估的结果有较大的影响。

K 值的确定应考虑林分的生长状况、立地质量、地利等级和其他四大类因素，分别求出各类因素的调整系数 K_i，最后综合确定总的林分质量调整系数 K，其表达式如下：

$$K = f(K_1, K_2, K_3, K_4, K_5) \quad\cdots\cdots\cdots\cdots\cdots\cdots\cdots\cdots \text{（C.1）}$$

C.1.1 林分生长状况调整系数 K_1 和 K_2 的确定

林分生长状况调整系数 K_1 和 K_2 通常以拟评估林分中的主要生长状态指标（如株数、树高、胸径和蓄积等）与参照林分的生长状态指标相比较后确定。

参照林分在不同的评估方法中其含义不同，在各种成本法的计算中参照林分应是当地同一年龄的平均水平的林分，在收获现值法中参照林分应是各种收获表上的标准林分，在现行市价法中应是作为参照案例的交易林分。

C.1.1.1 用材林

C.1.1.1.1 幼龄林和未成林造林地，K_1 和 K_2 以株数保存率（r）与树高（h）两项指标确定调整。

依据《造林技术规程》（GB/T 15776—2016）的相关规定

当 $r \geqslant R$ 时：

$$K_1 = 1 \quad\cdots\cdots\cdots\cdots\cdots\cdots\cdots\cdots\cdots\cdots \text{（C.2）}$$

当 $r < R$ 时：

$$K_1 = \frac{r}{R} \quad\cdots\cdots\cdots\cdots\cdots\cdots\cdots\cdots\cdots \text{（C.3）}$$

式中：r——拟评估林分株数保存率；

R——造林标准合格率。

$$K_2 = \frac{h}{H} \quad\cdots\cdots\cdots\cdots\cdots\cdots\cdots\cdots\cdots \text{（C.4）}$$

式中：h——拟评估林分平均树高；

H——参照林分平均树高。

C.1.1.1.2 中龄林以上林分，K_1 和 K_2 以单位面积蓄积和林分平均胸径两项指标确定调整。

$$K_1 = \frac{m}{M} \quad\text{...} \quad (\text{C.5})$$

式中：m——拟评估林分单位面积蓄积；
　　　M——参照林分单位面积蓄积。

$$K_2 = \frac{d}{D} \quad\text{...} \quad (\text{C.6})$$

式中：d——拟评估林分平均胸径；
　　　D——参照林分平均胸径。

　　K_2 应通过大量的实测资料测定不同树高与胸径的立木价格的影响和林分径级分布的影响来求出其参数值。

C.1.1.2　竹林

　　竹林资产评估调整系数的确定应注意参照的成交案例与拟评估资产在年龄结构、均匀度、整齐度、立竹度、经营级、生长级等的差异。

C.1.1.3　经济林

　　经济林林分生长状况调整系数通常以拟评估林分中的主要生长状态指标(如株数、树高、冠幅和产量等)与参照林分的生长状态指标相比较后确定。

C.1.1.3.1　经济林产前期调整系数有 $K_1(r)$、$K_{2-1}(h)$ 和 $K_{2-2}(c)$ 3 项指标确定调整。

　　当 $r \geq R$ 时

$$K_1 = 1 \quad\text{...} \quad (\text{C.7})$$

　　当 $r < R$ 时

$$K_1 = \frac{r}{R} \quad\text{...} \quad (\text{C.8})$$

式中：r——拟评估林分株数；
　　　R——造林标准株数或参照林分株数。

$$K_{2-1} = \frac{h}{H} \quad\text{...} \quad (\text{C.9})$$

式中：h——拟评估林分平均树高；
　　　H——参照林分平均树高。

$$K_{2-2} = \frac{c}{C} \quad\text{...} \quad (\text{C.10})$$

式中：c——拟评估林分平均冠幅；
　　　C——参照林分平均冠幅。

C.1.1.3.2　经济林初产期以后，除考虑经济林林分冠幅修正以外，还应考虑经济林产品产量的修正。

$$K_1 = \frac{m}{M} \quad\text{...} \quad (\text{C.11})$$

式中：m——拟评估林分单位面积产量；

M——参照林分单位面积产量。

C.1.1.3.3 经济林盛产期，由于其经营的特点，采用重置成本法时，还要确定成新率 K_2

$$K_2 = 1 - \frac{n}{u} \quad\cdots\cdots\cdots\cdots\cdots\cdots\cdots\cdots\cdots\cdots\cdots\cdots\quad (C.12)$$

式中：n——拟评估林分盛产期已收获的年数；

u——参照林分盛产期可收获的总年数。

C.1.2 立地质量调整系数 K_3 的确定

林分立地质量通常按地位指数级，地位级或立地类型确定。

$$K_3 = \frac{s}{S} \quad\cdots\cdots\cdots\cdots\cdots\cdots\cdots\cdots\cdots\cdots\cdots\cdots\cdots\quad (C.13)$$

式中：s——拟评估林地立地等级的标准林分主伐时的蓄积；

S——参照林地立地等级的标准林分主伐时的蓄积。

C.1.3 地利等级调整系数 K_4 的确定

地利等级是林地的采、集、运生产条件的反映，宜采用采、集、运的生产成本来确定。

$$K_4 = \frac{t}{T} \quad\cdots\cdots\cdots\cdots\cdots\cdots\cdots\cdots\cdots\cdots\cdots\cdots\cdots\quad (C.14)$$

式中：t——拟评估林地立地等级的标准林分主伐时的立木价；

T——参照林地立地等级的标准林分主伐时的立木价。

C.1.4 其他因素调整系数 K_5 的确定

K_5 应包括的内容主要有病虫害、自然灾害、枯死木、超强度采脂、过度开展林下经济、林地集中度、林业行业政策要求等因素对评估值的影响。

C.1.5 森林景观质量调整系数 K 和旅游消费水平调整系数 K_b 的确定

$$K = \frac{q}{Q} \quad\cdots\cdots\cdots\cdots\cdots\cdots\cdots\cdots\cdots\cdots\cdots\cdots\cdots\quad (C.15)$$

式中：q——拟评估林分森林景观质量等级系数；

Q——参照案例林分森林景观质量等级系数。

$$K_b = \frac{z}{Z} \quad\cdots\cdots\cdots\cdots\cdots\cdots\cdots\cdots\cdots\cdots\cdots\cdots\cdots\quad (C.16)$$

式中：z——拟评估地区的游客日消费水平；

Z——参照案例地区的游客日消费水平。

C.1.6 林地评估质量调整系数

林地评估质量调整系数包括立地质量调整系数 K_1、地利等级调整系数 K_2 和其他综合因子调整系数 K_3，综合因子调整系数 K_3 主要考虑林地的分散程度、林地的有效利用率等。

C.2 投资收益率 P 值的确定原则

由于森林资源的特殊性，森林资源资产经营的收益水平会有很大差异，因此评估人员应根据森林资源资产的特点、经营类型等相关条件，参考行业投资收益率合理确定不同类型评估项目的投资收益率。

在森林资源资产评估成本法与收益法中，成本费用和收入如果是以评估基准日的价格水平计算的，投资收益率也应是不含通货膨胀率的收益率。

附录 D
（规范性附录）
评估中林地使用费的确定

D.1 概述

由于林地的价值体现在林地上生长的林木中，两者不可分割，因此在林木资产评估中，林地使用费（地租）的确定，应根据评估项目的具体情况分析而定，并在评估报告中予以披露。

D.2 评估基准日后不再支付林地使用费

评估基准日后不再支付林地使用费时，林地的使用价值在林木生长过程中转移到了林木资产价值中，因此对各类林种资产评估不应再扣除林地使用费。

D.3 评估基准日后需要支付林地使用费

评估基准日后需要支付林地使用费时，由于林地使用费支付方式不同，评估人员在各类林种资产评估过程中应合理计算并恰当扣除林地使用费。

D.3.1 收益法

有规定（约定）的应执行规定（约定），否则应参照评估基准日时林地使用费价格确定并扣除。

D.3.2 市场价倒算法

应根据林木采伐计划、林地使用费支付时间和相关约定确定是否扣除林地使用费。

D.4 成本法

评估基准日前已经支付的或按合同（约定）应支付的林地使用费应纳入重置成本计算中。

附录 E

（资料性附录）
森林资源资产评估报告

E.1　主要内容

评估报告应包括标题及文号、声明、摘要、正文和附件。

E.2　声明的内容

评估报告声明应包括：

a)评估人员恪守独立、客观和公正的原则，遵循有关法律、法规和行业标准的规定，并承担相应的责任；

b)提醒评估报告使用者关注评估报告特别事项说明和使用限制；

c)其他需要声明的内容。

E.3　报告摘要

应提供评估业务的主要信息及评估结论。

E.4　报告正文

评估报告正文应包括的内容：

a)评估委托方、产权持有者和评估委托方以外的其他评估报告使用者；

b)评估目的；

c)评估对象和评估范围；

d)价值类型及其定义；

e)评估基准日；

f)评估依据；

g)评估方法；

h)评估程序实施过程和情况；

i)评估假设；

j)评估结论；

k)特别事项说明；

l)评估报告使用限制说明；

m)评估报告日；

n)评估人员和法定代表人签字，评估机构加盖公章。

E.5 报告使用者

评估报告使用者包括评估委托方、业务约定书中约定的其他评估报告使用者和国家法律、法规规定的评估报告使用者。

E.6 载明的评估目的

评估报告载明的评估目的应唯一，表述应明确、清晰。

E.7 评估对象和评估范围

评估报告中应载明评估对象和评估范围，应具体描述评估对象的基本情况，通常包括法律权属状况、经济状况和物理状况等。

E.8 价值类型及其定义

评估报告应明确价值类型及其定义，应说明选择价值类型的理由。

E.9 评估基准日

评估报告应载明评估基准日，应与业务约定书约定的评估基准日保持一致。评估报告应说明选取评估基准日时重点考虑的因素。评估基准日可以是现在的时点，也可以是过去或者将来的时点。

E.10 评估依据

评估报告应说明评估遵循的法律依据、标准与准则依据、权属依据及取价依据等。

E.11 评估方法

评估报告应说明所选用的评估方法及其理由。

E.12 评估程序实施过程和情况

评估报告应说明评估程序实施过程中现场调查、资料收集与分析、评定估算等主要内容。

E.13 评估假设

评估报告应披露评估假设及其对评估结论的影响。

E.14 评估结论

评估报告应以文字和数字形式清晰说明评估结论。评估结论应是确定的数值，经与评估委托方沟通，评估结论也可使用区间值表达。

E.15 特别事项说明

评估报告特别事项说明应包括的内容：

a）产权瑕疵；

b）未决事项、法律纠纷、林业政策重大事项等不确定因素对评估结果的影响；

c）重大期后事项；

d）引用其他机构出具的森林资源资产核查报告时，应对资产核查的数量、核查方式、核查技术方法、核查结论等的合理性做出必要的判断和披露，并说明承担引用不当的相关责任；

e）特别事项可能对评估结论产生的影响，并提示评估报告使用者予以关注。

E.16　报告使用限制说明

评估报告使用限制说明应包括的内容：

a）评估报告应唯一用于评估报告载明的评估目的和用途；

b）评估报告应由评估报告载明的评估报告使用者使用；

c）未征得出具评估报告的评估机构同意，评估报告的内容不得被摘抄、引用或披露于公开媒体，法律、法规规定以及相关当事方另有约定的除外；

d）评估报告的使用有效期；

e）因评估程序受限造成的评估报告的使用限制。

E.17　评估报告日

评估报告载明的评估报告日应为评估人员形成最终专业意见的日期。

E.18　附件

评估报告应包括的附件：

a）森林资源资产核查报告；

b）评估对象所涉及的主要权属证明资料；

c）评估委托方和相关当事方的承诺函；

d）评估机构及评估人员的资质、资格证明文件；

e）评估对象涉及的森林资源资产评估明细表和森林资源资产评估结果汇总表；

f）评估对象所涉及范围的各种图面资料。